Indonesian Fashion Designers:
In relation to Cultural Multiplicity,
Traditionality and Globalization

インドネシアの
ファッション・
デザイナーたち

多文化性・伝統・
グローバル化を読み解く

松本由香 著 Yuka Matsumoto

ナカニシヤ出版

はじめに

　被服学の立場で，服飾文化を研究すること。これは，これまで私が家政学部で被服学を学んでから，今日までずっと続けてきたことです。この三十数年の私自身の経験からも，被服学のたどってきた道筋には，感慨深いものがあります。

　私の学部生時代には，自然科学系の被服材料学，被服管理学，被服生理学があり，被服構成学は被服意匠学に変わり，また服装史が新たに人文・社会科学系の被服生活学へと展開していました。被服学の広範な領域の中で，私は，なかなか自分の学びたい分野を見つけることができず，空虚な学生時代を送っていました。やっとその空虚さから抜け出せたのは，いったんアパレル・デザイナーを目指したものの，新稀性を求めて未来に進むファッションの世界と，各地に昔から日常にあった生活，また伝統的なものの世界という双方を，同時にみたいと思って再び大学にもどってからでした。服飾をデザイン学と民族学的な立場で考察する方法でテーマを探したいと思って調べていくうちに，ついに私はインドネシアの染織に出会ったのでした。その大学院生時代から今日まで，主にインドネシア東部のスンバ島と，スマトラ島北西端のアチェの服飾文化，そしてインドネシア各地のファッション・デザイナーを対象にして研究してきました。

　修士課程修了後，最初に私は短期大学に就職し，それから今日まで被服学を教えてきました。そしてこれまでに5つの学部および学科，つまり家政学科，生活学科，生活デザイン学科，生活文化学科ファッション専攻，学校教育教員養成課程に所属してきました。所属したいくつかの大学では改組を経験することになりました。被服学を含む大きな範疇である家政学が変化し，生活科学などに名称が変わり，また被服学の領域が縮小・廃止される中で，生活文化，ファッション・デザイン，被服学教育と，私の立場は変わり，被服学をどう教えるかが，常に私の課題となりました。被服学は，いうまでもなく私たちの衣・食・住などから構成される生活の大きな一分野ですが，素材の物性から人々の

はじめに

おしゃれ意識にいたるまで，かなり広範囲にわたっていて，私が学部生時代に思ったとらえどころのなさという問題に，今もやはりもどっていくような気がします。私はそのような状況の中で，生活文化，ファッション，歴史・社会，また自然科学の領域のバウンダリーを越えて被服学を教えることに努めてきました。

私はまた，非西洋のインドネシアのファッション・デザイナーたちが，何を表現しようとしているのかに興味をもって，学問領域のバウンダリーを越えた研究・考察を試みてきました。

私がインタビューしたデザイナーたちは，その時々の時代を感じ，自分の立場を認識して，デザインを創作していて，彼らの創作についての考えを，私に真摯に語ってくれました。自らの出身・民族を問いながらその答えを創作に求めるデザイナー，インドネシアの国としてのデザインとは何かを追求するデザイナー，伝統文化の保存活動をするデザイナーらに，二十数年間，彼らのいろいろな思いを，訪ねた時々に聞きながら，私は，デザイナーたちの思考を必ずまとめあげ，広く世に紹介しなければならないと強く思いました。彼らは，彼らの思考のバウンダリーをそれぞれに工夫して乗り越えていて，私は彼らへのインタビューを通して，私自身の内にあるバウンダリーの乗り越え方を彼らから学んできたのだと気づきました。私は，インドネシアのファッション・デザイナーたちにインタビューすることで，私自身がどう生きるのかを彼らから学んできたのです。

こうしてまとめた本書が，被服学における服飾文化研究の進展に，少しでも貢献できればと思います。

　　　　　　　　　　　　　　　　冬の沖縄にて　　　2014 年 12 月 1 日
　　　　　　　　　　　　　　　　　　　　　　　　　松本　由香

目　　次

はじめに　*i*

序　章　カルティニとインドネシア人ファッション・デザイナー
　　　　　……………1
　　1. ファッション・デザイナーを調査する　1
　　2. ファッション・モード・流行とデザイナー　3
　　3. グローバル・ファッション・システム　5
　　4. 民族服とファッションのはざまをとらえた研究　7
　　5. 本書の構成　13

第1章　歴史・文化的背景……………………………………………21
　　1. 伝統的文化体系の形成　22
　　2. 西欧文化の影響　27
　　3. カルティニの思考様式と衣服の創作活動　32
　　4. ナショナリズムの形成期　39
　　5. 多文化国家の形成と近代化　42
　　6. ファッション・デザイナーたちの歴史・文化的背景　48

第2章　ファッション・デザイナーたちのプロフィールとエスニシティ
　　　　の認識………………………………………………………55
　　1. 誕生期を形成したデザイナー　55
　　2. 興隆期を形成したデザイナー　61
　　3. 新世代のデザイナー　80
　　4. エスニシティと創作活動　83

第3章　アイデンティティの形成……………………………………87
　　1. デザイナーのエスニック・アイデンティティ　89
　　2. デザイナーのナショナル・アイデンティティ　94

　　　　　　3．トランスナショナルなアイデンティティ　　101
　　　　　　4．アイデンティティと創作活動　　106

第4章　デザインの創作 …………………………………………113
　　　　　　1．多様な伝統文化の混合　　115
　　　　　　2．伝統文化と西欧文化の混合　　116
　　　　　　3．伝統文化と西欧文化の超越　　132
　　　　　　4．創作のしかたと創作の目的・意味・源泉　　143

第5章　デザイン活動と展開 ……………………………………149
　　　　　　1．活動の展開　　151
　　　　　　2．デザイナーの組織化　　171
　　　　　　3．活動の多様化　　181
　　　　　　4．創作活動の展開とグローバル化・ローカル化・組織化　　185

第6章　ファッション・デザイナーたちのインドネシア的あり方
　　　　　　　　　　　　　　　　　　　　　　…………191
　　　　　　1．誕　生　期　　191
　　　　　　2．興　隆　期　　193
　　　　　　3．拡　　　散　　197
　　　　　　4．アジアン・シック・ファッションへの挑戦　　200

あとがき　205
引用文献　209
索　　引　217

序章
カルティニとインドネシア人ファッション・デザイナー

1. ファッション・デザイナーを調査する

　世界経済が低迷する中でも，香港やソウルをはじめとするアジアでのファッション・ウィークの開催や，アジアのファッション・デザイナーの活躍が，メディアを通して，私たちの生活に身近に感じられるようになっている。世界経済の動向の影響を比較的受けず，経済成長が続く東南アジア，アセアンの国々では，ファッション・デザイナーの活躍がめざましくなっている。本書の舞台であるインドネシアでは，安定した政治・社会状況のもとで，中小規模のアパレル会社や衣料品店を経営するファッション・デザイナーたちが，自らのブランドのファッション・ショーを開催するようになっていて，彼らは，自ら店舗を経営し，流通を確保して，主にファッション・ショーや展示会，店舗で，消費者へファッションを実際に提案することを行っている。こうして現在，彼らのデザインは，インドネシア国内で浸透している。

　本書では，現代におけるインドネシア人ファッション・デザイナーの創作活動をとりあげ，彼らの活動が，インドネシアの社会・文化，とくに多文化性・伝統・グローバル化とどのようにかかわっているのかについて考えてみたい。

　私が最初にインドネシアを訪れたのは1986年である。その後，1990年代初めにかけて，インドネシア東部に位置するスンバ島の伝統染織を調べるために，私はたびたび現地を訪れるようになった。スンバ島を訪ねる旅の間に，女性雑誌を買って読んだことが，私がファッション・デザイナーに興味をもつようになった発端である。その女性雑誌の代表的なものとして，1973年に創刊され，現在まで刊行され続けている『フェミナ（*Femina*）』がある。そして現在では，フェミナ・グループによる『クレオ（*CLEO*）』や若者向けの『セブン

ティーン（seventeen）』『チタ・チンタ（CITA CINTA 恋心）』やミセス向けの『ペソナ 35 ＋（PESONA 魔法 35 ＋）』といったさまざまな世代に向けた雑誌がある。

　女性雑誌には，ファッション，音楽，料理，インテリアや暮らしの工夫，健康，女性の生き方にいたるまで，さまざまなジャンルのテーマが集められている。その中でファッションは，どの雑誌においてもメインとなるテーマで，デザインのほとんどが，インドネシア各地の伝統染織，つまりバティック（batik 臈纈染め），絣，絞りなどを使っているのである。それらのデザインは，伝統的とも現代的ともいいようがなく，エスニックといったらよいのか。これには何か文化的な意味があるのだろうか。

　女性雑誌から，インドネシア人ファッション・デザイナーの存在を知り，彼らがつくるデザインに，どんな意味があるのかに興味をもつようになった私は，シンガポールで毎年開催される，アセアンのデザイナーたちが集まるアセアン・ファッション・コネクションを見に行くことにした。1992年夏のことである。この時，会場で，勇気を出して話しかけたデザイナーのチョシー・ラトゥ氏には，ジャカルタのデザイナーの現状について聞くことができ，この機会が，その翌年のジャカルタのデザイナーへのインタビューにつながっていった。それから私は，ほぼ1年おきのペースで，ファッション・デザイナー協会が主催するショーを見に出かけてきたのである。

　ある時私は，ジャカルタでファッション・ショーを見た合間に，街の中心にある国立博物館を訪ねた。その染織コーナーに，カルティニが描いたバティックが一点展示されていた。19世紀末から20世紀初めにかけて生きたラデン・アジェン・カルティニ（Raden Adjeng Kartini 1879-1904年）は，第二次世界大戦後，インドネシア共和国建国の母に位置づけられ，彼女の誕生日である4月21日は，現在，国の祝日となっている。カルティニは，出身地であるジャワ島北岸のジュパラを含めたジャワを自らの由来する土地と考え，民族意識をもつようになった人物である。展示されていた彼女によって描かれたバティックの文様は，ジャワの伝統的な花のモチーフとオランダを象徴するカーネーションの花のモチーフを組み合わせたもので，いわば伝統文化と西欧文化を混合したものであった（写真1，p.35）。その展示説明に，このデザインが，インド

ネシアとオランダの二つの国を象徴する花を組み合わせたものであり，カルティニのバティックづくりは，彼女の絶え間ない自己啓発の一つであったと書かれていた。カルティニは，ジュパラ県知事の娘として生まれ，当時の貴族女性が，バティックを描くことは，たしなみとして当然であったのだろう。彼女のバティックづくりについての研究はあるのだろうか。またカルティニが考案しのちにクバヤ・カルティニ（kebaya Kartini）とよばれるようになったへちま衿のブラウスがあるが，これはどのようにデザインされたのだろうか。彼女の思想は，その後のナショナリズム形成の萌芽として研究されてきているが，彼女のバティックおよび衣服づくりは，彼女の思想とどうかかわっているのか。現代のファッション・デザイナーが伝統文化と西欧文化を組み合わせたデザインを創作することは，かつてカルティニがしたことと同じ意味をもつのではないか。果たして両者の創作には脈絡があるのだろうか。

　こう考えた私は，カルティニによる衣服の創作活動を調べ，彼女の思想とのかかわりについて考察し，創作活動の特徴を導き出してみようと思った。そしてカルティニの創作活動の特徴と，デザイナーの創作活動とを比較してみることで，デザイナーが自民族や国に対してどのような意識をもって創作活動を行っているのか，彼らの創作活動の社会・文化的な特徴が描き出せないだろうかと考えるようになったのである。

2. ファッション・モード・流行とデザイナー

　ここで，ファッション・モード・流行の語の意味，および本書におけるファッション・デザイナーのとらえ方について，整理しておきたい。

　「ファッション」の語には，「つくること・行為・活動」の意味があり [The Philological Society (ed.) 1970:83-86]，もともと衣服をつくるという意味を含んでいたと考えられる。「ファッション」の語は，「モード」と同義に使われることが多い。しかしこれら二つの語を比較すると，厳密には，「モード」はデザイナーがある時期に創作して発表した，その時々のテーマをもつデザインの様式のことであり，「ファッション」とは，デザイナーによって発表されたモードが，広く一般化して人々に着用される現象のことである。すなわち「モード」

とは，デザイナーによってつくり出されるものであり，「ファッション」とは，それを受ける着用者によって形成されるものであるといえる。さらに「流行」とは，「ファッション」と「モード」を包括する語として位置づけられ，衣服のつくり手と着用者の相互作用によって形成される社会現象の一つであるととらえられる[1]。

インドネシア[2]での「ファッション」や「モード」の語の使い方をみると，「ファッション」の語が，デザイナーと着用者を含めた「流行」と同義にとらえられ，より広範に用いられているといえる[3]。したがってここでは，「ファッション」の語を，デザイナーと着用者とのかかわりを包括する意味をもつ語として用いることにする。

さらに本書では，衣服を社会と個人の両方にまたがるものとしてとらえる。衣服づくりは，つくり手の思考様式が作用して衣服が形成されるという，つくり手による創作である。つくり手の思考様式とは，自由な発想と，つくり手のある時代・ある地域の社会や文化に方向づけられる生活の中でつちかわれた経験によって形成され，そのもとに，つくり手の自己をどうとらえるかというアイデンティティが存在すると考えることができる。ここで個人のアイデンティティとは，性別や人種，民族の意識，国家への帰属意識，教育や生活経験とかかわりながら形成されるものとみなされる。その背景に，彼らのライフ・ヒストリーにおける家庭環境やキャリア形成，つくり手となる契機のあり方，また染織品・工芸品などの伝統文化に対する価値観などが存在すると考えられる。このように構成されるつくり手の思考様式に，創作は作用され，つくられる衣服は，その思考様式を表象するのである。またつくり手は，創作の場を維持し，あるいは広げようと，社会とかかわりながら活動の展開をはかっている。そしてファッション・デザイナーの思考様式・創作・活動には，市場への意識がより大きく加わり，デザイナーたちは，国内・国外の動きと連動して，商業ベースに合致した創作活動を行うのである。つまりファッション・デザイナーの創作活動は，個人のアイデンティティと自由なデザイン表現に，より大きな社会的意味や経済的意味が入り込んだものととらえることができる。このような意味をもつファッション・デザイナーの創作活動は，彼らの帰属する文化の中で形成され，創作活動の意味を考察することは，文化そのものの意味を明らかに

しようとすることなのである。

　現在，インドネシアにおける衣服づくりは，次の三つの場合に分けてとらえることができる。まず，各家や各村で自給自足あるいは現金収入にするためにつくる場合で，衣服の文様や染めを，主にその集団での規範をもとにほどこしてきた。このような衣服づくりには，インドネシア各地で古くから，各家で女性がたずさわってきた。二つめは，染織布やアパレル製品を，手づくりにしろ機械生産にしろ，工場でつくる場合で，量産され，デザイン性がさほど求められない場合が多い。このような染織工場やアパレル工場は，インドネシア各地に存在し，とくにジャワ島バンドゥン，ジョグジャカルタ，スラバヤやバリ島などに集中している。これらの工場での生産には，女性とともに，男性の従事がみられる。三つめは，衣服のつくり手が，自らの思考を，つくられる衣服に自由に表現する場合で，そのような場合，テキスタイルやアパレル製品のデザイン性が比較的重んじられ，デザインを考案する個々のデザイナーの存在が明らかに認められる。デザイナーは，ジャカルタを中心とするアパレル会社を営む経営者である場合が多く，オートクチュール（高級注文仕立て）のデザイナーもいる。現在，インドネシアでは，これら三つの場合が各地で混在し，本書では，三つめの場合に着目する。

3. グローバル・ファッション・システム

　以上のようなファッション・モード・流行およびデザイナーの成立条件として，フィンケルシュタイン［1998:66-67］は，個人をとりあげ，自己の個性についての認識が必要であるとした。近代に，政治や経済が再編され，個性の概念が出現し，個人主義が標榜されるようになって，ファッションは，その社会的実践の一つとなったという［フィンケルシュタイン 1998:66］。北山［1999:323-324］は，近代における個人主義の時代に，かつて共同体のものであった文明化行為としての身体表象は，個人の営為となり，個人と社会の関係性を構築し調整する社会的装置として使われるようになり，個人のアイデンティティ確認のための道具になったと述べている。この身体表象を可能にしたのは，19世紀に急速に普及した衣服の生産体制であるといえよう［北山 1999:323］。このよう

にファッションが展開していくためには，服飾の自由が制度的に保証される必要があり，社会・経済が発展して，都市の中産階級が形成され，社会に上昇エネルギーがあるという社会的条件が必要であると考えられる［北山 1991:319-320］。

このような条件が整った世界各地において，服飾の西欧化が進んだ背景に，産業の発展，工業化の進展と，植民地の建設，交通網の発達があると考えられている［ロゼル 1995:289-290］。西欧化は，世界各地のローカル色と地方主義を破壊し，西欧のファッションの浸透をもたらしたのである。そして衣服のパターンを大量に複製して販売するアパレル企業があらわれ，いわゆる洋服が，グローバルにあらゆる社会層に広まっていったのである。

第二次世界大戦後，世界中のファッションが，パリ・モードをコピーするようになった。その一例として，1960年代半ばから，クレージュのミニ・スカートや，同時期にサン・ローランによる女性のパンタロン・ルックが世界的に広まったことがあげられる。パリ・モードは非フランス化し，しだいにグローバルなファッションとなっていったのである。

一方で1960年代には，ヨーロッパのファッションは，逆に各地の民族服の要素をとり入れるようになった［ロゼル 1995:291］。そして近年，ヨーロッパのデザイナーが，非西欧の地域の伝統文化をモチーフとしてデザインにとり入れるようになり，とくにアジアの伝統的文化要素を欧米のファッションにとり入れた「アジアン・シック・ファッション（Asian chic fashion）」がつくり出される動きが顕著にみられるようになった。例えば2008年にはジョン・ガリアーノが，中国の古典美術やインドの民族服をイメージさせる「東洋の桃源郷」をテーマにし，話題をよんだ。2010年には，ドリス・ヴァン・ノッテンが，日本の曼荼羅，インドのカシミール，インドネシアの絣の文様を鮮やかな色彩でアレンジしたスカートやジャケットを発表している。

このように西欧におけるアジアン・シック・ファッションへの嗜好の高まりが続く一方で，非西欧の人々が，自らの地域の伝統文化を見直し，民族服と洋服を合わせたファッション・デザインをつくり，そのようなデザインを国内外に発信するようになっていった。さらに欧米や日本などで，パリ・モードに意義を唱えた脱モード化や，若者にみられる着る側からのファッションの創作と

もとらえられるストリート・ファッションの現象がみられるようになった。このようなファッション・ヒエラルキーに挑戦する動きの存在が認められても、依然、パリ・モードを頂点としてその他の欧米のファッションを上位に置く動きは保持されているといえる。そしてその下位に非西欧のファッションを組み込もうとするヒエラルキー構造が、世界中の服飾文化に存在するといえよう。本書では、このヒエラルキーを含む西欧と非西欧におけるすべてのファッションにかかわる営みを、「グローバル・ファッション・システム」とよぶことにする。

4. 民族服とファッションのはざまをとらえた研究

　インドネシアの衣服や服飾というと、これまで各地の伝統染織がとりあげられ、染織技法や、その文化的な特徴について考察されることがほとんどであった。またファッション・デザイナーといえば、欧米や、ひいては日本のデザイナーがとりあげられ、彼らが創作するデザインの特徴、その時代背景などが考察の対象とされてきた。したがってこれまで、とくに20世紀において、非西欧のファッションが考察の対象とされることはほとんどなかったといえる。しかし2000年代に入って、欧米においてアジアン・シック・ファッションについての研究が行われるようになった。この研究のほか、グローバル・ファッション・システムにおける民族服とファッションのはざまの問題をとりあげた研究には、一体どのようなものがあり、どのような議論がなされてきたのだろうか。そこで、民族服とファッションとの関係に焦点をあてた研究での主な議論を、次に紹介してみたい。

　Eicher and Sumberg [1995:295-305] は、衣服を「世界のファッション (world fashion)」「民族服 (ethnic dress)」と「ナショナル・ドレス (national dress 国の衣服)[4]」の三つに分け、「民族服」と「世界のファッション」は相対する性格をもち、「民族服」は伝統的な「非ファッション (non-fashionable dress)」であり、過去を反映し、ゆっくりとしか変化せず、時代の影響をほとんど受けないものとした [Eicher and Sumberg 1995:301]。「ナショナル・ドレス」は、政策的境界における社会的な概念につながるものとし [Eicher and Sumberg

1995:302]，「世界のファッション」は流動的で，現代を反映し，時代の影響を受けるものとした［Eicher and Sumberg 1995:299］。これら「世界のファッション」・「民族服」・「ナショナル・ドレス」は，今日のグローバルな共同体の中で内的に関係するとする。その例として，都市の人々は，デザイナーがテーマとして用いる民族服に影響を受けていることをあげ，人々は生活の場面に応じて，ワードローブにファッショナブルな衣服と民族服を併せもって使い分けるとする［Eicher and Sumberg 1995:304-305］。ここでは，「世界のファッション」，「民族服」と「ナショナル・ドレス」が，それぞれ個々に独自に存在し，それらは内的に関係するとしているが，それらのかかわり方については明確にされていない。またデザイナーが，民族服をテーマとしてあつかう社会的意味や背景などについてはふれられていない。しかし本書では，ファッション・デザイナーの活動が，さまざまな社会・文化的要因とからみ合っていることを，個々の事象を通して明らかにしてみたい。

　衣服にかかわるアイデンティティのあり方についての研究に，Roach-Higgins and Eicher［1995］がある。それによれば，衣服を着る人のアイデンティティは，個人のアイデンティティの一部であり，衣服を着る人と見る人の間で伝達されるものである。そして着装する個人のさまざまな社会的立場にしたがって，社会的地位や職業にかかわる複数のアイデンティティが併せもたれ，それらは状況に応じて選択されると考えられている［Roach-Higgins and Eicher 1995:12］。本書では，このような衣服を着る人のアイデンティティのとらえ方を，衣服のつくり手のアイデンティティのあり方に適用できるかどうか検討する。

　ファッション・デザイナーの文化的アイデンティティのあり方を考える上で参考となる研究に，Kondo［1997］がある。彼女は，ファッションを民族のプライドを映し出すもので，政治性を覚醒する役割をもち，知的・威厳的・美的楽しみであると主張した。そしてファッション・ショーを，現代資本主義における最大のスペクタクルであり，娯楽主義・商品制度を象徴するものであると考えた［Kondo 1997:15］。その上で，1980年代初めの日本のファッションを検討し，それは単なる西欧のイミテーションではなく，「アジアの身体（Asian bodies）」が，国際的な舞台へ展開されたものであると述べた［Kondo

1997:16]。具体的に三宅一生，山本耀司，川久保玲のデザインを分析し，彼らのデザインは，革新的で美的な視点からつくられていて，建築的なかたち，アシンメトリー，特殊な素材，くすんだ色，穴の開いたレース，布の破れといったデザイン要素は，衣服が人間の体と密接にかかわるとする西欧的考え方になじまないものであると主張した［Kondo 1997:55］。彼らは，東京を，ひいてはアジアを，ファッション産業の創造の中心にしたとし，彼らのデザインは，西洋のまなざしを流用して，東洋を西洋化した，いいかえれば自己を異邦化したデザインであると述べた。そして日本人デザイナーは，東洋と西洋を調合（blend）し，彼らがとらえる「本当に日本的な（truly Japanese）」デザインをつくり出したとする［Kondo 1997:93-94］。

　このKondo［1997］の視点は，日本人デザイナーの創造性を，その中から日本の伝統的な要素だけを読みとることによって評価しようとするものではなく，彼らがデザインを通して，新たに形成したアイデンティティを明らかにしようとしたものである。日本人デザイナーは，自らの民族・国家の中に本源的なものを見出し，一方でアイデンティティを再形成する行為をとってきたことを明らかにし，西洋人による「オリエンタリズム（Oriental-isms）」，日本人デザイナーによる「対抗的オリエンタリズム（counter-Orientalisms）」および「自らオリエンタル化すること（self-Orientalizing）」が，国家の枠組みを越えた多様でトランスナショナル[5]な位置でからみ合っていると考えている［Kondo 1997:23］。本書では，このようなファッション・デザイナーの選択的，流動的な文化的アイデンティティのあり方に注目し，インドネシア人デザイナーたちの事例の検討に適用してみたい。

　本研究にかかわる伝統，グローバル化に関する研究例に，Niessen, Leshkowich and Jones［2003］による編書（Jones［2003］，Jones and Leshkowich［2003］，Niessen［2003］）とLeshkowich and Jones［2003］がある。

　Niessen, Leshkowich and Jones［2003］による編書の序論Jones and Leshkowich［2003］は，1990年代に，欧米がアジアの文化に着目し，アジアの伝統的な衣服を自らのファッション・デザインの中にとり入れ，それが「アジアン・シック」とよばれて広がった現象を問題として設定した。一方で，そのような欧米のデザインがアジアの服飾文化に影響し，「伝統的で不朽の異

国情緒的なアジア（traditional, timeless and exotic Asia）」を演出したデザインがアジアでつくられ，アジアのファッションとしてグローバルに広がっている現象を「シック・イン・アジア（chic in Asia）」とよび，もう一つの問題に設定した。この本のタイトル『ファッションの再定位（Re-Orienting Fashion）』（「再び東に向かうファッション」の意味をかけている）にあるように，アジアの人々が，自らを西洋からの視点で見直し，「再オリエンタル化（re-Orientalizing）」したアジアのスタイルがグローバル・ファッションとなっていると，彼らがみなす現象に注目したのである［Jones and Leshkowich 2003:5］。本書では，果たしてこの「シック・イン・アジア」の現象が，インドネシア人デザイナーの創作にあてはまるかどうかについて検討してみたい。

　Jones and Leshkowich［2003］とLeshkowich and Jones［2003］によれば，アジアにある衣服とは，「西洋の衣服（Western dress）」「伝統的衣服（traditional dress）」と「自らオリエンタル化したファッション（self-Orientalizing fashion）」の三つである。そして三つめの「自らオリエンタル化したファッション」は，「西洋の衣服」と「伝統的衣服」の中間的位置にあると考えられている。本書のテーマとなる衣服は，それらのうちの三つめにあたると考えられるが，「自らオリエンタル化したファッション」の私の考えについて，第6章で述べることにする。

　Niessen, Leshkowich and Jones［2003］の編書の最終章で，Niessen［2003］は，Polhems and Proctor［1978］の「ファッションとアンチ・ファッション（anti-fashion）」の概念をとりあげた。ファッションとは西洋の産物で，「変化をあらわす時間のモデル（model of time as change）」である。アンチ・ファッションとは，ファッションの変化の体系の外にあるすべてのスタイル，装飾をさし，ファッションでないものすべてを含む概念で，これはいわゆる民族服をさし，「連続性をあらわす時間のモデル（model of time as continuity）」とした［Niessen 2003:251］。このファッションとアンチ・ファッションを分ける基準とは，「不朽の伝統（timeless tradition）」が存在するかどうかである。アンチ・ファッションは，この「不朽の伝統」の特徴をもち，「プリミティブ（primitive 原初的）」「部族的（tribal）」「農民的（peasant）」という形容表現に象徴される。

Niessen［2003］は，西洋のファッションが変化する一方で，アンチ・ファッションがファッションへと移行すること（fashionalization）を指摘した。そしてファッションとアンチ・ファッションの力関係が，「衣服のダイナミクス（clothing dynamics）」を世界規模でみられるものにしていったと考えた。この相対する二者について，西洋が東洋を求めるように，ファッションはアンチ・ファッションを求め，アンチ・ファッションは，ファッションの存在を前提として存在していることから，相互補完的な関係にあると考えた。そしてファッション・グローバリゼーションには，「アンチ・ファッション化の過程（a process of anti-fashionalization）」を加えるべきであると主張した［Niessen 2003:252-253］。

Niessen［2003］は，このファッションとアンチ・ファッションのかかわりに，オリエンタリズムを重ねてとらえている。

オリエンタリズムとは，サイード［1986:2］によれば，西洋における東洋学や東洋趣味を意味するほか，西洋の人々の日常生活や認識にも浸み込んだ東洋支配の様式を意味する語である。オリエントは，単なる想像上の存在にとどまらず，ヨーロッパの実体的な文明・文化の一構成要素を成すと考える。内なる構成部分としてのオリエントを，文化的にもイデオロギー的にも一つの態様をもった言説として，諸制度・語彙・学識・形象・信条・植民地・官僚制を植民地的様式に支えられたものとして表現することとされる［サイード　1986:2-3］。

Niessen［2003］は，ファッションとアンチ・ファッションのかかわりに，このオリエンタリズムの概念を適用し，西洋と東洋のかかわりとして置きかえる。これにさらにグローバリゼーションの概念を加え，「世界規模でのファッションの通る弾道（global fashion trajectory）」が，アンチ・ファッションに働きかけ，「非西洋の衣服の伝統（non-Western clothing traditions）」をファッション化すると考える［Niessen 2003:254-255］。さらに国家によって政策的に伝統が使われて，アンチ・ファッションが意図的につくられる例についても述べていて，本書でとりあげるインドネシアの服飾の事例も，これらの議論とかかわらせて考えられるであろう。アンチ・ファッションは，自らオリエンタル化することによって複雑化し，やがてファッションとアンチ・ファッションの区別は曖昧になるのである［Niessen 2003:262］。Niessen［2003］は，バイナリー

の限界がここにあるとし，複合化され，革新化され，二分は曖昧になり，しだいに境界のない状態に近づいていくと考えた。二者の間の大きな差異がなくなっていく中で，むしろアンチ・ファッションの要素が意図的に明確化された差異は，グローバル・ファッションとして消費されていくというのである［Niessen 2003:262］。

Niessen［2003］のファッションとアンチ・ファッションのこのようなとらえ方は，Helman［2008］による1950年代イスラエルの集産主義的共同体キブツの衣服についての考察にもあげられる。しかしHelman［2008］は，アンチ・ファッションがファッション化を余儀なくされていく過程と，その中に，逆にファッションに対抗する動きを含むことを考察し，アンチ・ファッションはファッションと関係しないのではなく，ファッションに対する意図的な反動であるとした［Helman 2008:316］。

本書では，以上のようなファッションとアンチ・ファッションの相互補完あるいは反駁という相互作用のとらえ方を参考にしながら，ファッション・デザイナーの創作活動について検討する。

最後に，現代における衣服生産・販売のしかたの変化のとらえ方として，メキシコ南部に由来しアメリカ南西部に住むザポテック人の染織生産の研究であるWood［2000］と，イタリア・ブランドの衣服を販売する中国企業の研究であるReinach［2005］を参考にする。

Wood［2000］によれば，ザポテック人の染織は，仲介者がばらばらで，複数地方で生産される［Wood 2000:134］。しっかりした生産拠点をもつマス・プロダクトに対し，小市場・低価格の民芸品の生産は，フレクシブルな創作である。アメリカのバイヤーがナバホの製品を見本として示すなどして，デザインを依頼し，ザポテック人は，それに対応した新しい染織のデザインをつくり出した。そのようなデザインの染織は，もはやザポテックのものではなく，アメリカ南西部をあらわすものとしてアメリカ内外で販売されているという。このような，地方でのフレクシブルな小規模生産が，グローバル経済につながる状況の例を参考にすることができる。

Reinach［2005］は，中国の企業が，イタリアの先進ブランドと提携してそのブランドの衣服を販売しながら，そのデザインに近い，自社ブランドの衣服

も生産し安価に販売する「パラレル・プロダクション」について考察している。ファッションには高級ブランド，オリジナル性が求められる反面，大量生産と大量消費が不可欠であることが，西洋のオリジナル・ブランドと東洋のコピー・ブランドという相対する価値をもつ製品の販売に読みとられ，中国企業の経営の生き残りと事業拡大をかけたたくましさが，アパレル・ビジネスのあり方を変えていると考察している。この例から，オリジナル・デザインとコピーのとらえ方，またそれに対応させた西洋と東洋の対比的関係という考察の視点が導かれる。

　以上にあげたファッション・デザイナーの文化的アイデンティティのあり方，伝統のとらえ方，オリエンタリズムとグローバリゼーションとのかかわり，複数地方での活動のあり方，およびデザインにおけるオリジナルとコピーの関係のあり方を，インドネシア人デザイナーたちの事例の解釈に用いることにする。そして最終的な結論として，インドネシア人デザイナーたちの創作が，「シック・イン・アジア」としての欧米主導のデザインを受けて導かれたものか，それとも彼らによる主体的なものなのかどうかについて，私の考えを述べてみたい。

5. 本書の構成

　本書は，7つの章で構成されている。
　序章で，インドネシア人ファッション・デザイナーを調査するようになった契機，ファッションおよびデザイナーのとらえ方，民族服とファッションのはざまをとらえた先行研究，本書の構成について述べたあと，第1章で，インドネシア人ファッション・デザイナーたちの歴史・文化的背景を明らかにする。そのためにまず，インドやイスラーム諸国，中国の外来文化と相互作用しながら伝統的文化体系の再構成を繰り返し，さらにヨーロッパと相互作用して大きく再構成を遂げたインドネシアの社会・文化的背景を明らかにする。このような特徴をもつインドネシアにおけるファッション・デザイナーたちの精神的・文化的・社会的系譜を理解するために，とくにヨーロッパの影響を受けた時代に注目し，およそ100年前に民族意識に目覚めたラデン・アジェン・カルティ

ニのバティックや衣服創作を考察し，彼女の思考様式・創作・活動の特徴を明らかにする[6]。その考察から，デザイナーが自己のエスニシティをどのように認識し，その認識から文化的アイデンティティをどのように導き出し，デザインに表現してきたのか，またどのように創作を行ってきたのか，さらにどのようにデザインおよびビジネスを広げる活動を展開していったのかという，デザイナー分析の三つの視点を導く。

　第2章では，23人のファッション・デザイナーのプロフィールを提示する。そしてデザイナーたちがどのように自己のエスニシティを認識し，創作活動に位置づけているのかを明らかにする。(1) 誕生期を形成したデザイナーとして2名，(2) その後のデザイナー興隆期を形成し，現在，壮年期を迎えるデザイ

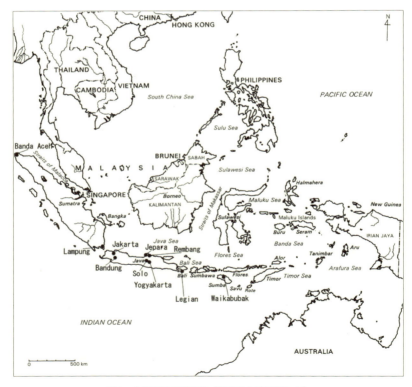

図1　本研究での調査地［調査地を●で示した］

ナーとして，首都ジャカルタから10名，バティックの有名な産地である古都ジョグジャカルタから2名，観光地バリ島で活動するデザイナーとして1名，その他の地域から，ジャワ島バンドゥン[7]の1名，スマトラ島南端ランプン[8]の1名，スマトラ島北端バンダ・アチェ[9]の1名，東部ヌサ・テンガラ州に位置するスンバ島西部の町ワイカブバク[10]の1名，最後に(3)新世代のデザイナーとして4名である（図1・表1参照）。1992年から2011年にかけての延べ20回

表1 調査対象のデザイナーと活動地域 ［デザイナー名は，本文での記述順］

期	地域	デザイナー（性別）	生年
誕生期	ソロ	1 ハルジョナゴロ（男）	1931[※1]
	ジャカルタ	2 イワン・ティルタ（男）	1935[※2]
興隆期	ジャカルタ	1 ラムリ（男）	1950
		2 シャムシダール・イサ（女）	1946
		3 ジョセフィーヌ・コマラ（女）	1955
		4 ポピー・ダルソノ（女）	1957
		5 ゲア（女）	1955
		6 チョシー・ラトゥ（男）	1959
		7 スーザン・ブディアルジョ（女）	1950
		8 エドワード・フタバラット（男）	1958
		9 カルマニタ（女）	1956
		10 ビヤン（男）	1954
	ジョグジャカルタ	11 ボヨンズ・イリアス（男）	1966
		12 カリエット・バンバン（女）	1957
	バリ（レギャン）	13 エリス・シムール（女）	1959
	バンドゥン	14 エディ・P・チャンドラ（男）	1947
	ランプン	15 デシー・ムナフ（女）	1965
	バンダ・アチェ	16 ヘラワティ・S・ワハブ（女）	1948
	ワイカブバク	17 ヨハンナ・G・ウォレカ（女）	1940
新世代	ジャカルタ	1 ロナルド・V・ガッガーナ（男）	1962
		2 セバスチャン・グナワン（男）	1967
		3 オスカー・ラワラタ（男）	1977
	バンダ・アチェ	4 シャリファ・ズハイラ（女）	1969

※1：2011年没
※2：2010年没

のフィールド調査[11]において,これらのデザイナーにインタビューを行った。対象者を選んだ方法は,ファッション・デザイナー協会の会員を,会員数の分布状態に合うように,各地域から選択したことである。また1990年代に,私が,衣生活における現代ファッションの位置づけについてのフィールド調査を行った時にインタビューしたデザイナーを,その後の変化を把握するために含めた。これらのデザイナーから聞きとりした内容は,彼らのライフ・ヒストリーおよびデザインのしかた,伝統文化と西欧文化についての考え,ビジネスの現状とそれに対する考え,海外(日本や欧米)市場,協会組織とデザイン教育のあり方に対する考えについてである。

デザイナーのプロフィールから,彼らのエスニシティの多様なあり方が,デザインの多様さを導き,インドネシアの多文化社会のあり方と深くかかわっていることを明らかにする。そしてデザイナーたちは,自己のエスニシティの認識を,彼らの思考様式のもとに位置づけながら,創作や活動を多様に展開してきたことを明らかにする。

第3章から第5章は,第2章のデザイナーのプロフィールに,第1章で導き出した三つの視点を用いて考察を行う,デザイナーの思考様式・創作・活動についての章である。これらの章では,民族服とファッションのはざまをとらえた研究での議論を用いるとともに,各章のテーマにしたがって選択した文化人類学や文化社会学での議論を援用して考察を進めることにする。

第3章では,デザイナーたちが,自己のエスニシティの認識からアイデンティティをどう形成し,創作活動に位置づけてきたかについて,インドネシアの社会・文化とかかわらせながら考えてみたい。デザイナーたちは,それぞれに文化的アイデンティティを調整しながら衣服を創作してきたことについて論じる。

第4章では,デザイナーたちが,ファッション・デザインをどのように創作してきたのか,また創作の目的・意味・源泉は何かについて考える。デザイナーたちは,デザインの源泉に伝統文化を位置づけながら,伝統文化の表現のしかたを調整して創作してきたことについて論じる。

第5章では,デザイナーたちが,世界規模で広がるグローバル・ファッション・システムにどのように対応したり適応しているかを考え,彼らの活動のグ

ローバル化とそれに対するローカル化，デザイナー協会にみられる組織化のあり方，近年みられる活動の多様化について考える。そしてデザイナーたちの活動のグローバル化およびローカル化が相互にかかわりあい，多様な活動に展開していることを明らかにする。

　第6章では，以上の各章から，ファッション・デザイナーの思考様式・創作・活動について総合的に考察を行い，デザイナーたちのインドネシア的あり方を明らかにする。彼らが，トランスナショナルな思考様式・創作・活動の特徴をもちながら，グローバル・ファッション・システムの中に独自の位置を築こうとしてきたことについて論じる。そして全体的な結論として，デザイナーの文化的アイデンティティのあり方，デザイン創作のしかた，活動のグローバルおよびローカルな展開のしかた，活動の多様化が，彼らによる服飾の再構成のしかたを多様に方向づけ，独自のデザインの主体的な創出をうながしてきたこと，デザイナーの精神的・文化的・社会的系譜が，インドネシアの社会・文化との相互作用によってかたちづくられてきたことを導く。

注

1　荻村［2002:504］によれば，流行とは，「ある一定期間内，その社会の相当広範囲の人々が，趣味趣向・生活態度・思考判断などにおいて，模倣を媒体にしてとる，流動的な社会的同調行動の様式である。社会的同調行動をとる反面，自己を他者から区別しようとする自己顕示の欲求を満たしながら，一定の社会の中で繰り返される一時的で非合理的な行動の一形体である」とされる。
2　公用語であるインドネシア語は，マライ語を母語とし，共和国として独立後，綴り字などが整えられて成立した言語である。さらにその後，ジャワ語やアラビア語，オランダ語，英語などが含められながら，よりさまざまな現代的表現に対応してきた。"fashion"や"mode"の語も，外来語として，第二次世界大戦後に，インドネシア語の中にとり入れられた。
3　ファッション・デザイナーをあらわす語には，このほか，インドネシア語で"perancang（計画する人）"が用いられる。
4　ある国の中で，多数の人々が用いる特定の民族服を，その国を象徴する衣服に定めて，国の儀礼時に着用するような場合をさす。日本の着物がこれにあたる。
5　「トランスナショナル」とは，ある事象が，自由に国境を越えて拡張していくようすを意味する。
6　カルティニについての資料は，文献と，カルティニの妹ルクミニの孫，ロマニ・サントソへのインタビュー（2001年8月11日に，ジャカルタ南部の彼女の自宅で実施）で得

た，彼女が祖母ルクミニから聞いた生前のカルティニについての話と，ジャワ島北岸ジュパラとレンバンにある両カルティニ博物館（Museum Kartini），ジャカルタにある国立博物館での展示資料である。
7　バンドゥン市（Kota Bandung）は西ジャワ州（Propinsi Java Barat）の内陸に位置し，人口は約237万4000人である［Badan Pusat Statistik Kota Bandung 2009:43］。
8　ランプンの正式名称Bandar Lampungは，スマトラ島南部のランプン州（Propinsi Lampung）の州都で，人口約81万2000人である［Badan Pusat Statistik Kota Lampung 2008:41］。
9　バンダ・アチェ（Banda Aceh）は，アチェ州（Propinsi Aceh）の州都であり，人口は約22万人である［Badan Pusat Statistik Nanggröe Aceh Darussalam 2009:32］。アチェ特別区（Daerah Istimewa Aceh）であった名称が，2002～2009年までにナングロ・アチェ・ダルサラーム（Nanggröe Aceh Darussalam）とよばれ，現在ではアチェ州に変えられた。アチェ州の総人口は，1990年の調査で，約341万5000人であった［Sujitno and Achmad 1995:39］が，2004年12月のスマトラ沖地震による災害で，約20万人が死亡したとされる。
10　東部ヌサ・テンガラ州（Propinsi Nusa Tenggara Timur）に位置する西スンバ県（Kabupaten Sumba Barat）の主都ワイカブバクは，2008年の統計では人口約2万4000人である。
11　①1992年8月26～28日：シンガポール・ファッション・コネクション'92，②1993年8月2～23日：インドネシア・ジャカルタ，スンバ島西部コディとワイカブバク，③1993年9月28～30日：シンガポール・ファッション・コネクション'93，④1994年9月20～22日：シンガポール・ファッション・コネクション'94，⑤1995年8月8～11日：ジャカルタでのアジア・ファッション・デザイン・コンペティション'95，⑥1997年12月18・19日：ジャカルタでのA.P.P.M.I.トレンド・ショー，⑦1998年8月16～30日：スマトラ島アチェ，⑧1999年11月22～24日：ジャカルタでのI.P.M.I.トレンド・ショー，⑨2001年8月4～30日：ジャワ島ジャカルタ，ジョグジャカルタ，ジュパラ，レンバン，スンバ島ワイカブバク（インドネシア科学院LIPI調査No.4469/II/KS/2001），⑩2002年8月19～31日：ジャワ島ジャカルタ，バンドゥン，スマトラ島ランプン，バリ島（LIPI調査No.4964/SU/KS/2002，平成14年度高知女子大学学長特別枠研究費国際研究活動推進事業），⑪2004年8月22～24日：シンガポール・ファッション・ウィーク2004，⑫2005年9月26～29日：スマトラ島アチェ（平成17年度高知女子大学学長特別枠研究費国際研究活動推進事業），⑬2007年11月26日～12月1日：ジャワ島ジャカルタ（平成19年度高知女子大学生活科学部長留保金国際学術研究活動推進事業），⑭2008年8月3～18日：ジャワ島ジャカルタ，ジョグジャカルタ，ソロ，バリ島，スンバ島ワイカブバク（平成20年度高知女子大学生活科学部長留保金国外研究補助），⑮2009年7月22日～8月11日：ジャワ島ジャカルタ，スマトラ島ランプン，アチェ（平成21年度高知女子大学生活科学部長留保金国外研究補助），⑯2010年9月22日～10月2日：ジャワ島ジャカルタ，スマトラ島アチェ，⑰2009年12月7日～24日（インドネシア政府研究技術省RISTEK調査No.0279/FRP/SM/XII/09）と⑱2010年5月7日～15日と⑲2010年12月17日～30日と⑳2011年5月1日～9日：文化学園大学・文化ファ

ッション研究機構の文部科学省「特色ある共同研究拠点の整備の推進事業」支援による服飾文化共同研究（テーマ「衣服・布づくりと人間の自立についての研究―インドネシア・アチェ州の事例調査」研究代表者：松本由香）。

第1章
歴史・文化的背景

　インドネシア各地の村落集合体は，紀元後1世紀頃からインド，13世紀頃からイスラーム諸国，15～16世紀に中国の影響を受けて，独自の伝統的文化体系を形成し，16世紀以降，主にヨーロッパの影響を受けて，それを再構成していったと考えられる［レッグ 1984:44-45］。とくに現代のインドネシア社会にみられる文化的特徴を理解しようとする時，19世紀末におけるヨーロッパの影響が大きいと考えられている［レッグ 1984:7］。しかしレッグ［1984:7］がいうように，インドネシア社会における伝統文化と西欧文化との関係は相互作用的であり，西欧の影響が，それまでに形成された伝統的文化体系を根本的に変えたわけではないと考えるのが正しいであろう。
　この相互作用的視点は，デザイナーの歴史・文化的背景としてのインドネシアの服飾の歴史をとらえるのに有効である。これまでのインドネシアの服飾および染織に関する多くの文献は，現在みられるようなインドネシアの文化を，抽出可能な単位から成っていると考え，インド，イスラーム諸国，中国，ヨーロッパの要素を抽出し，それらが重層的に累積したものとみなす構造主義的立場[1]をとってきた[2]。しかし，各地域内および地域間の人々の移動，また異なる文化的背景をもつ人々どうしの文化的接触，政治的支配関係などを考慮すると，異なる文化的要素の積み重ねというよりも，各地域で実際に生じた異文化どうしの相互作用に着目しなければならないと考えられるのである。したがってインドネシアの伝統的文化体系は，異なる文化との相互作用により，それと混合し，新しい伝統的文化体系に再構成されていったと考えるべきであろう。
　この視点で，衣服をつくる人についてみると，インドネシア各地の人々は，土着の固有の文化的特徴に，インド，イスラーム諸国，中国の文化的特徴を混合させて，各地域独自の服飾を構成・再構成してきたとみなせるのである。いい

かえれば，各地の人々は，服飾を含めた伝統文化を，外来文化との相互作用の中で何度も再構成してきたといえる。

こうした立場に立つことで，インドネシアの人々が，伝統的文化体系の再構成を経た後に，ヨーロッパ文化との相互作用が加速する中で，服飾をどのように再構成してきたのかが理解できるであろう。本章では，インドネシア人ファッション・デザイナーたちの精神的・文化的・社会的系譜を理解するために，多民族・多文化で構成されるインドネシアで誕生し，成長したファッション・デザイナーの背景にある歴史・文化的特徴を，大きな歴史的枠組みの中で多面的にとらえてみたい。

1. 伝統的文化体系の形成

■ 固有文化について

紀元前の時代，現在のインドネシアに含まれる一万数千の島々の各地で，アジア大陸から移り住んだマライ系の人々が，首長を中心に慣習（adat）と地縁関係をもとにした村落集合体を形成し，固有文化をはぐくんだと考えられている［クンチャラニングラット 1980:23-37］。しかし紀元前6世紀から紀元前3世紀頃に，現在の中国雲南省からベトナム北部にかけてみられたドンソン文化の影響が，すでにジャワ島やスマトラ島にあったことが考古学的に明らかにされ［クンチャラニングラット 1980:34-37］，この文化に特徴的な銅鼓に描かれた円列，斜線，S字渦巻，鋸歯文，人物，鳥，動物などの文様が，インドネシアの染織にとり入れられているのをみることができる［吉本 1976（上巻）:231］。このように，インドネシア地域に存在してきた純粋な固有文化を求めることは困難であるといえる。

固有文化をもとに伝統的文化体系を形成する時，インドネシア各地の民族は，自らの服飾と染織を慣習に結びつけて展開し，民族独自の様式をもつようになった。中国の呉の見聞録『呉時外国伝』によると，一枚布から成る腰布の素材に関して，3世紀にジャワ島（諸薄国）において，「白畳の花布」がつくられていたとされ，これは文様のある木綿の布と考えられている［吉本 1976（上巻）:231-232］。この木綿の起源は明らかではない。木綿は，綿花を紡ぐ技術と

ともに，インドから伝わったともいわれ［吉本 1976（上巻）:232］，この頃すでにあったヒンドゥー文化の影響も受けて，各地で服飾に用いられていたことが考えられる。

6世紀に，バリ島で「班糸布（絣）」が織られていたことを示す，中国の南朝梁の史書『梁書』がある［吉本 1976（上巻）:231-232］。これは，絣についての最初の記述である。当時の絣の技法が，ヒンドゥー文化によってもたらされたものかどうかは明らかではない。経絣は，経糸紋織とともに，古くから各地で行われてきたが，現在，それらは主に東部ヌサ・テンガラ州の島々やスマトラ島北部で行われているだけである。

総じて，固有文化によって形成された服飾については，木綿や，そのほか芭蕉，麻などが素材として用いられ，藍や茜染めによる経絣や経糸紋織で一枚布がつくられていたと考えられる。しかし先に述べたように，外来文化の影響を受けずに形成された固有文化を抽出することは困難である。なぜなら，紀元前に伝わったとされる北ベトナム地域のドンソン文化に特徴的な抽象文様が，インドネシアの染織の文様にみられることや，木綿と綿花を紡ぐ技術は，インド起源であるとする説もあるからである。また経絣も，ヒンドゥー文化の影響によってもたらされた可能性を否定できない。このように考えると，インドネシアの固有文化は概念としてとらえられるべきであるといえる。

■ インドの影響

インドの文化的影響は，1～2世紀頃，スマトラ島に及び，7世紀までに，東南アジア各地に広がっていたとされる［Maxwell 1990:149］。7世紀頃のインドネシアにおいて，インド化された諸王国は互いに対立し，侵略・興亡・統合を繰り返すようになった。その中でも，7世紀から13世紀頃にスマトラ島南部に栄えた大乗仏教国シュリーヴィジャヤ，および13世紀頃から16世紀頃までジャワ島に栄えたヒンドゥー王国マジャパイトが有力であった。マジャパイト王国は，高度に中央集権化され，祖先崇拝とヒンドゥー教が融合した信仰から成る「ヒンドゥー・ジャワ文化」とよばれる文化をもっていた。

服飾へのインドの文化的影響は，現在，カイン（kain 腰布）の着方として一般的である一枚布を前で襞をとる着方にみられる。また，スマトラ島やスラ

ウェシ島，バリ島などに広がった絹の使用と，緯絣や緯糸紋織の染織技法にみられる［Maxwell 1990:158-159］。インドネシア地域の中で，最も初期にヒンドゥー文化が伝わったとされ，今日まで，独自の文化様式が残るバリ島トゥンガナン村で織られる木綿の布グリンシン（gerinsing）は，インドネシアで唯一の経緯絣であり，インドのグジャラート地方でつくられた絹の経緯絣パトラ（patola）と，インド更紗（chintz）の影響を色濃く残している。

現代インドネシアのデザイナーの多くが創作に関与しているバティックも，インド更紗の影響を受けた布で，13世紀から14世紀にかけてすでにジャワ島で多くつくられていたと考えられる［吉本1976（上巻）:234］。その文様を考案し，描き，染める数カ月ほどかかる制作過程は，常に集中力を必要とすることから，13～14世紀頃のマジャパイト王国で，ヒンドゥー・ジャワ文化における精神訓練の一つとなっていた［Geertz 1960:287］。しかしこの時代のバティックの文様や染めのあり方は明らかではない。

染色に関するインドの文化的影響は，現在，ジャワ島やスマトラ島，インドネシア東部をはじめとする広範な地域で，固有の染色方法と相まって行われてきた茜染めおよび，ジャワ島やスマトラ島で行われてきたラック虫を使った赤色染色に残されている。文様では，インドのパトラの文様が，ジャワ島やスマトラ島，スラウェシ島などで，緯糸紋織やバティックの技法により描かれてきた［Maxwell 1990:187-198］。

その他，インドから伝えられたテレポック（telepok）やプラダ（prada）とよばれる金箔による箔置きの技法があり，これはスマトラ島やジャワ島で多くみられる。

このようにインドの文化的影響は，各地域の固有文化に作用しながら，特有の様式をもたらしたと考えられるが，そののちのイスラーム文化の浸透によって，現在のインドネシア全体に一様にみられるものではなくなっている。

■ イスラームの影響

インドネシアのイスラーム化は，840年にすでにスマトラ島北端アチェ地方においてイスラーム王国が存在した［Bangkaru 1997:15］ことから，それ以前に始まり，17世紀後半までに完成したと考えられている［Reid 1992:8］。アチ

ェには、13世紀末までに、強大なイスラーム教国が興り、16世紀初めに成立したアチェ・ダルサラーム（Atjeh Darussalam）王国は、17世紀初めに黄金期を迎え、北スマトラからマレー半島にまで勢力を伸ばした［Smith 1997:5-6］。

イスラーム教は、13世紀までの少なくとも4世紀の間に、スマトラ島、カリマンタン島、スラウェシ島などの海岸近くの地方、とくにヒンドゥー教に強く影響されなかった地域に深く入り込み、各地域の固有文化に大きな影響を与えた［クンチャラニングラット 1980:40-41］。イスラーム文化は、イスラーム教と一体となって交易とともに伝播したことから、市場が内陸へと拡大していくとともに、しだいに内陸に及んですべての地域に広がったと考えられる。

イスラーム文化の浸透が、16世紀以後、かなり進んでいたことは、その時期に、縫製された衣服の着用がしだいに一般化し、頭布や丈の短い上衣の着用が広範にみられるようになったことから明らかである［Maxwell 1990:306］。さらに18世紀頃に、スマトラ島やジャワ島を中心に、イスラーム文化に特徴的な丈長のチュニック（ジュバ jubah）、女性用貫頭衣（バジュ・クルン baju kurung）、ズボン形式の脚衣（スルアル seluar）が着用されるようになった［Maxwell 1990:310-313］。ただし脚を隠すために脚衣の上から着用したのは、男女とも伝統的な腰布であり、ここに固有文化とイスラーム文化の相互作用をみることができる。

イスラーム的染織技法である金属糸によるソンケット（songket 緯糸紋織）と刺繍が、17世紀頃より、イスラーム化した地域で、パトラの土着化した文様を描くのに用いられるようになった［Maxwell 1990:315-316, 320］。またこの頃、イスラーム文化圏の中央アジアやインドのムガール帝国に由来するプランギ（pelangi 縫い締め絞り）やトゥリティック（tritik 板締め絞り）とよばれる多色の絞りの技法が、スマトラ島やスラウェシ島に伝わり、それまで緯絣や緯糸紋織で表現されてきた染織文様が、これらの技法によってあらわされるようになった［Maxwell 1990:321］。

もともとヒンドゥー文化の影響によって始まったと考えられるバティックは、浸透するイスラーム文化に吸収されていった。15世紀末にヒンドゥー教国のマジャパイトが衰退し、同じくヒンドゥー教国であったマタラム王国[3]が、16世紀後半にイスラーム化していった過程で、バティックは受け継がれ、一

つの芸術に高められた［Maxwell 1990:325］。この王国において，バティックの技術は保護され，王権と結びついて発展し，ヒンドゥー・ジャワ文化の名残として，宮廷で暮らす王侯貴族の子女の高級技芸になった［Warming and Gaworski 1991:145］。

　マタラム王国は，1755年にスラカルタ（現在のソロ）とジョグジャカルタの二つの王国に分裂し，それぞれの王宮において，独自のバティック芸術がつちかわれていった。スラカルタでは17世紀初めに開発された染色の効果が大きく，茜などの土着の植物染料と，インドからもたらされたラック虫による染料を混ぜ合わせたソガ（soga）とよばれる茶色の染料によって，濃茶を基本的色調とする重厚な印象のいわゆる中部ジャワ様式のバティックがつくられていった。それと対照的にジョグジャカルタでは，白地の多いバティックが特徴的である。

　そしてバティックの文様が階級によって区別されるようになった［Frazer-Lu 1986:55-57］。またイスラーム文化が具象文様を嫌うことから，染織の文様は，人物文様を避けて，アラベスク文様やアラビア文字のカリグラフィをもとにした文様が基本となった。

　以上のように，イスラーム文化は，各地でそれまでに形成された服飾文化と相互作用し，衣服形態，着方，染織技法，文様の面に影響を及ぼし，バティックに関しては，とくに文様・染色の面で再構成された新しい様式が生み出されることになった。今日，インドネシア的とみなされているのが，この新しい様式である。

■ 中国の影響

　16世紀から19世紀半ば頃まで，現在の中国福建省や広東省にあたる地域出身の華人が，ジャワ島北岸や中部ジャワ，東部ジャワ，スマトラ島東海岸などへ大量に移住した［ヴァサンティ 1980:425］。彼らは親族関係を利用した中小規模の商業・交易を行い，実質的に，インドネシア全域で経済的実権を握ってきた。ジャワ島中東部に住むペラナカン（Peranakan）[4]とよばれる中国系の人々は土着化し，ジャワ人と変わらない生活を営んできたが，ジャワ島西部や東スマトラ，西カリマンタンなどの地域では，ムスリム（muslim イスラーム

教徒）との婚姻関係をもつことはほとんどなく，独自の文化を保持してきたといえる［ヴァサンティ 1980:427］。

彼らを通じて，中国文化がインドネシアの服飾文化に与えた影響に，例えばスマトラ島ミナンカバウの女性が着用した丈長のチュニックがある。これは中国で着用されてきたチュニックと，イスラーム文化に由来する貫頭衣との混合形態になっている。そのチュニックに，中国風の文様が，イスラーム文化に由来する金糸刺繍でほどこされたりした。そしてこれは，伝統的な下衣であるカインやサロン（sarong 筒型の腰衣）と組み合わせられた［Maxwell 1990:252-253］。また 18 世紀から 19 世紀初めまでに，ジャワ島北岸のチレボン，ペカロンガン，そしてラセムなどでつくられるバティックのデザインに，雲や牡丹の花などの中国文様がとり入れられるようになった［Maxwell 1990:265］。

一方，中国系の人々も，自らの服飾を再構成していった。彼らは，バティックをとり入れ始め，その文様に，中国に由来する蝶，魚，龍や貨幣を用いるようになったのである。それらの文様は，しだいに中国系の人たちだけのものではなくなり，バティックの一様式としてインドネシアに広まった。

つまり中国文化は，イスラーム文化と相まった体形型衣服の浸透をうながし，バティック文様に一様式をもたらしたのである。

2. 西欧文化の影響

■ オランダ植民地主義

ヨーロッパとアジアとの海のルートが開かれると，まず 16 世紀にポルトガル，スペイン，その後，オランダ，イギリス，フランスが，アラビアやインド経由で東南アジアに到達した［Maxwell 1990:353］。これらのヨーロッパ人と東南アジアの人々の間の主な交易品は，当初，香辛料やコショーで，1600 年前後から，しだいに染織品が含まれるようになっていった［浅田 1984:97-98］。つまりインドネシアの布は，ヨーロッパとそこにいたる中継地に広まっていったと考えられる。

1602 年，オランダは，ジャワ島のバタビア（現在のジャカルタ）を本拠地として東インド会社（V.O.C.）[5] を設立し，主にマルク諸島とスラウェシ島北部で

交易を行った。この会社は，現地の状況に合わせて活動していたと考えられていて［レッグ 1984:118-119］，インドネシア諸島間交易の形態を大きく変化させるものではなかった。この会社は，18 世紀になると，香辛料相場の下落，行政・軍事支出の増大，住民の抵抗，オランダ本国の国際的地位の低下などにより，しだいに経営不振となり衰退し，1799 年に破産宣告するにいたった［吉本 1976（上巻）:237］。

19 世紀に入ると，オランダ政府が，オランダ領東インドを直轄統治するようになった。1830 年に，新しい農耕体系である「強制栽培制度」[6] を導入し，とくにジャワにおいて，プリヤイ（priyai）とよばれる貴族階級のジャワ人を官吏に任命して，砂糖，コーヒー，藍の農園の管理をさせた［レッグ 1984:207］。18 世紀後半から 20 世紀初めにかけて，西ヨーロッパの工業化が進展すると，オランダは，スマトラ島などの外領へ関心を向けるようになり，石油やゴムなどの工業原料の獲得を目的とするようになった［レッグ 1984:149-151］。1870 年，植民地政府はそれまでの方針を 180 度転換して強制栽培制度を廃止し，植民地社会の文化や教育の発展を奨励する「倫理政策」をとった［レッグ 1984:158-161］。農園での強制的な労働から自由になった人々は，バティックを生産し始めた。その生産方式がチャンチン（cancing 蝋置き筆[7]）を使った手描きから，より速く蝋置きのできるように開発された押し型（チャップ cap 文様版型）方式に変わると，バティックの量産化が始まり，19 世紀末までに，ジャワはバティックの主産地となった［Tirta 1996:175］。

レッグ［1984:121-122］が指摘するように，この 19 世紀末は，インドネシアの大きな歴史的転換点となった。この頃，オランダは資本投資をよく行い，ジャワ島からスマトラ島などへの政治的コントロールの範囲を拡大させたことで，新しい経済体制を確立し，その後の政治的統一体の創出を導いたのである。新しい経済体制は，18 世紀後半から 20 世紀半ばまで続き，三重経済的特徴をもっていた。つまりオランダ人の支配下に発展した大農場や輸出入商会，銀行などの大規模な商業活動を行う経済と，村落をベースとした保守的・伝統的・自給自足の経済［レッグ 1984:172-173］，および中国系の人々による小売りを中心とする小規模商業であった。これらの経済は，社会区分にほとんど重なっていた。政治・経済的支配者であるヨーロッパ人，小農民耕作者の先住民（プリブ

ミ pribumi[8]），そして小売業において支配的地位を占める中国系の人々という明確な三区分である［レッグ 1984:181-182］。この区分は，今日，自由経済市場に基づく資本主義的経済と，手工業制や行商的な経済活動をもとにしたアジア的な交易スタイルが混在している中に，依然として残されている[9]［レッグ 1984:173-174］。

インドネシアの服飾へのヨーロッパの影響について，Reid［1988:88-89］は，ヨーロッパのジャケットが，16世紀から17世紀にかけて広まったことをあげ，ヨーロッパの商業主義が入り込むことで，それまであまりなかった職業や社会的役割による違いが，衣服によって明確になったと指摘した。そしてこの時期に，現在の流行現象にあたる動きがみられるようになったと考えた。一方 Maxwell［1990:354］は，インドネシアの服飾へのヨーロッパの影響は，17世紀になってからしだいにみられるようになったのであり，18世紀頃になってから，ヨーロッパの政治・経済の影響が強まった時に明確になり，衣服の形態が明確な性差をもたらすようになったと考えた。

20世紀に入ると，化学染料が導入され，レースや刺繍がしだいに地方へ広がり［Maxwell 1990:370-372］，19世紀から20世紀初めにかけて，中部ジャワの宮廷の儀式で，西欧式のジャケットと金糸刺繍や縫い取りをほどこした上衣の着用が始まった。そしてズボンの着用が，社会的に高い地位にあることを示すステイタス・シンボルとなり，人々は新しいズボンの上に，伝統的な一枚布の腰布を巻いた［Maxwell 1990:362-363］。その後，ヨーロッパ人と社会的にやりとりをする場で用いる服装として，ビロードのクバヤ・パンジャン（kebaya panjang）とよばれる丈長の上衣とズボンおよびバティックの腰布の組み合わせが整えられた［Maxwell 1990:362-363］。

これらの衣服スタイルは，現在，インドネシア的なものとみなされているもので，それまで伝統的文化体系の中で形成されてきた服飾に，西欧文化が相互作用した結果，生まれたスタイルである。

■ オランダ系の人々によるバティック創作

18世紀以降，バティック製作をする人々に変化がみられるようになった。いわゆる土着の人々だけでなく，外来の人々あるいは彼らの子孫が製作に加わる

ようになったのである。この変化は，バティックが，ジャワ島内だけでなく異なる民族の人々から受け入れられるようになり，生産に値する対象となったことと，つくり手にとって新たな手が加えられるものとなったこと，つまりデザイナー的センスを発揮できるものとなったことを示している。そこでこの変化についてみてみたい。

交易で栄えたジャワ島北岸[10]において，18世紀に，中国系やアラビア系の人々が，中部ジャワ様式と異なる文様と鮮やかな色彩をもったバティックをつくるようになった［Heringa 1996:47-48］。同様の地域で，19世紀前半に，オランダ人の官吏と貿易商人の二世，そしてインド・ヨーロッパ系[11]の人々が工房を設けて，「バティック・ブランダ（Batik Belanda オランダのバティック）」様式のバティックをつくるようになった［Veldhuisen 1993:12-13］。この様式は，当時，オランダから輸入されて普及した薄地の木綿キャンブリックを素材に，西欧風の文様や色彩を，西欧の絵画的技法で表現するものであった［吉本 1976（上巻）:238］。

やがて1840年にスマランでバティック工房を始め，インド・ヨーロッパ系で最初の女性工房経営者となったフォン・フランクモン（Carolina Josephina von Franquemont）が，多色の別の様式を，インド更紗を参考にしてつくり出した［Veldhuisen 1996:72-73］。ペカロンガンでも，インド・ヨーロッパ系の女性，ファン・ツァイレン（Eliza Charlotte van Zuylen）がリボンをモチーフに使い，自らのデザインのトレード・マークとした［Veldhuisen 1996:76-77］。当時，これらの各工房は，それぞれにデザイナーズ・ブランドとよべるバティックをつくり出していた［吉本 1993:147］。彼女らは，植民地の生活にとけ込みながらも，一方の親の母国に由来する文様や色彩のデザインをバティックに使うことになり，自らの文化的アイデンティティの一部を表現したのである。

その後，1894年から1917年にかけて鉄道などの交通網が整備されるようになると，バティックは，バタビア，ジョグジャカルタ，スラバヤ，バンドゥンなどのジャワ島各地の都市に運ばれるようになった［Veldhuisen 1993:87］。こうしてバティックは，しだいに各地の異なる民族も入手可能な染織品となり，需要が上がり続けた［Veldhuisen 1993:26］。

中部ジャワのジョグジャカルタにおいても，地域独自の様式をもつバティッ

ク産地である地の利を活かして，19世紀末に，オランダ系の人々がバティック工房を設けるようになった。しかし彼らの中でも，1900年にアール・ヌーボーとジャワ北岸様式を合わせたデザインによるリビング用品をつくりはじめたオランダ人ゴーブ（Gobe）姉妹が，中部ジャワの伝統的な様式をデザインに用いることをほとんどしなかった［Veldhuisen 1993:116-117］ように，オランダ系の人々が中部ジャワ様式を用いることはなかった。

　ジャワで，オランダ系の人々によるバティック生産が盛んになった時期に，オランダでもバティックをめぐる動きがみられるようになった。手仕事の良さを見直したウィリアム・モリスの影響を受けた芸術家たちが，1875年につくり出した「新芸術（Niewe Kunst）」様式[12]の一つである［Veldhuisen 1993:115］，ヨーロッパの植物の自然な曲線をバティックの文様に描くようになったのである。しかし彼らは，ヨーロッパで独自にこの様式を発達させたわけではなく，バティック・ブランダの様式を参考にしていたと考えられる。彼らは，1898年にハーグで，バティックのテーブル・クロス，壁飾り，枕カバーなどの展示会を行っていて［Veldhuisen 1993:115］，後述するカルティニのバティックも展示したのである。

　こうした動きの中で，バティックを生活用品に応用することが，しだいにドイツ，フランス，イタリアなどへ広がり，オランダの女性たちは，ジャワの手工芸品の質的向上を目指す「手工芸品財団（Boatan Foundation[13]）」を設立するまでになった。この財団は，自分たちの求める手工芸品を，ジャワにいるジャワ人の工芸家に伝え，求めに応じて彼らがつくった品をヨーロッパで販売しようとした[14]［Veldhuisen 1993:118］。この財団は，カルティニが，故郷ジュパラの木彫りの質を向上させようとして，バタビアに市場をつくることをオランダの別の財団に働きかけて，設立されたものであった。

　このような製品化により，1930年代までに，中部ジャワの伝統的なパラン（parang 刀）文様などの禁制文様は，本来の象徴的意味を失い［Heringa 1996:66］，西欧風の文様と合わせて描かれるようになっていった。

　しかしこうしたバティック・ブランダは，オランダ系の工房が，日本のインドネシア統治が始まる前の1940年頃から閉鎖されるようになると，つくられなくなっていった[15]［Veldhuisen 1993:146-147］。

以上にみてきたように，ジャワ島を中心にして各地の民族が生産してきたバティックを，アラビア系，中国系などの人々が商品として生産するようになったことと，社会基盤の整備が進んでいったことが相まって，バティックが各地に広まっていったのである。新たに加わったオランダ系の人々は，バティックを，それまでの伝統的文化体系の脈絡から切り離して生産するようになり，バティックと西欧文化との相互作用を新たに開始させることになった。現代のファッション・デザイナーたちは，こうした創作活動を，戦後に再開していったと考えられる。

3. カルティニの思考様式と衣服の創作活動

　オランダ系の人々が，バティック・ブランダの生産を続けていた時，オランダによる植民地支配下にあった土着の人々の中にも，独自の考えをもって衣服をつくる人がいた。

　現在のインドネシア地域を自らが由来する土地と考え，自らの民族意識をもつようになった人々の先駆者であるラデン・アジェン・カルティニは，バティック・ブランダの産地に近いジャワ島北岸のジュパラで，19世紀末から20世紀初めにかけて，バティックや衣服の創作を積極的に行った。彼女は，衣服創作を通して，自らの民族文化に対する考えを実践的に示そうとした。この意味において，彼女は，現代ファッション・デザイナーの先駆者とみなすことができる人物である。

　カルティニはまた，インドネシア地域を一つの国のまとまりととらえる意識の萌芽をもつようになった人物であるとみなされている［Roastam 1990, Soeroto 1982，土屋 1991］。彼女が目指したのは，自民族の文化が大切にされ，女性が尊重される社会の形成であり，自らのエスニシティを拡大したジャワ人女性全体の地位向上，教育の向上であった。当時，ジャワ人の貴族女性は，12歳になると，結婚するまで邸外を自由に出歩くことができないという婚前閉居ピンギタン（pingitan）の慣行に服さなければならなかった。カルティニがこのピンギタン中に書いた手紙に，当時のジャワ人の文化と教育の向上をはかろうとする彼女の考え方が書き綴られている［Coté 1991，Geertz 1964，Soeroto

1982, 土屋 1991]。

　オランダ人の友人や知人に宛てた彼女の手紙は，彼女の死後，1911 年に書簡集『光は暗黒を越えて (*Door Duisternis tot Licht*)』[16] として出版され，彼女の考えは，当時のインドネシアの知識人から共感を得るようになり [Soeroto 1982:424-425]，インドネシアの独立へと導いた民族意識の覚醒に大きな役割を果たした。このことから，カルティニは，今日，「建国の母」と評価されている。

■ 衣服創作と自文化の再認識

　カルティニは，1879 年に，ジャワ島北岸ジュパラ県知事 R. M. ソスロニングラット (Sosroningrat) の側室の長女[17]として生まれ，妹二人（ルクミニ，カルディナ）と一緒に育てられた。彼女が衣服創作とかかわり始めたのは，オランダ人家庭教師から刺繍と裁縫を学んだオランダ初等学校時代であった。この時期に，ヨーロッパの手芸，絵，ピアノや，オランダ語会話をたしなみ [Soeroto 1982:83-84]，自らの文化についても，バティックづくり，コーランの読経，ジャワ語の練習を通して学んだ [Soeroto 1982:34-35]。

　1892 年に，初等学校を卒業して 13 歳になったカルティニは，ピンギタンに服した。この間に彼女はさまざまな本を読み，理想と現実について内省的な思索をはぐくむことになった。読書に関しては，西欧の近代世界における社会問題，文学，フランス革命や自由平等の思想に関する書物，そしてジャワの文化や文学に関する書物を愛読していた父親の影響が強かった。また三姉妹は，女性の地位の向上，ジャワ人の生活の向上，教育の必要性などについて考え，どのようにすればそれらを実現できるのか話し合った [Soeroto 1982:84-85]。

　成人になったカルティニは，封建専制，一夫多妻，強制結婚などの旧態依然とした社会慣習から脱し，女性が尊重される社会を形成しなければならないと考えるようになった [Soeroto 1982:85]。このことについて，彼女は，1901 年にオランダに住む G. K. アントン教授に宛てた手紙の中で，次のように書いている。

　　虐げられた何千もの同胞の魂に，自由で幸せな世界への道を導くこと，

何千もの同胞をより高い道徳的次元に引き上げること。それによって完全な世界の実現への限りない精進を助けること。人類の中で最も優秀な人たちが何世紀にもわたって努力してきた偉大な仕事——つまり，この美しい世界を完成に近づけること。これは私たちすべてが全身全霊を捧げて問うに足る仕事ではないでしょうか。これこそ遠い太陽の国の三姉妹の夢なのです［スロト 1992:72］。

カルティニはまた，他の書簡で，民族的な自覚とそれに基づくジャワ人のための学校設立に対する意志を示した。彼女は，「私たちはヨーロッパ人と同じ学問的・文化的水準に達したいのです」[18]［スロト 1992:105-106］と手紙に綴り，自らの民族が立ち遅れていて低い水準にあるのは，植民地政府に支配され，知識や能力を開発するべき教育を与えられなかったからであると考えていた［Soeroto 1982:122］。彼女は，知識を開くには，オランダ語の習得が唯一の鍵であると考えながら，母国語を大切にする教育を考えていた。

カルティニは，自らの民族の現状と将来について考える時，習得した刺繍や裁縫などのヨーロッパの衣服づくりやバティックづくりを切り離すことはなかった。現状の打開と衣服づくりは，当時，多感な成長期にいたカルティニにとって，大きな関心事だったのである。彼女の中のオランダの文化要素とジャワの文化要素とを結びつける思考様式の土台を形成することになった，彼女と衣服づくりの関係について，次にみてみたい。

カルティニは，二人の妹たちとともに，昼食後，裏のテラスに出て，実母ンガシラから，週2回，バティックの教えを受けた。バティックづくりは，当時ジャワでは，貴族女性のたしなみであった。この時，彼女は，バティック創作に特別な思いを込めていたようで，バティックの全工程を自分でこなせるまでになり，自分たちの手がけた布が美しくできあがるのを誇りに感じていたという［Soeroto 1982:84］。

こうしてカルティニは，日頃考えていることを表現する媒体として衣服をとらえるようになり，ジャワとオランダの文化要素の部分を組み合わせて表現するようになった。彼女の作品に，ジャカルタの国立博物館で私が出会ったバティックがある[19]（写真1）[20]。これは，ソガ染めと藍染めを組み合わせ，長方形

3. カルティニの思考様式と衣服の創作活動　35

(a) 展示中のようす

(b) 部分

写真 1　カルティニが制作したバティック [Museum Negara, (a) 1997 年 12 月, (b) 2011 年 12 月]

の布の左右の端と下端の三辺に，ジャワに由来する花を描き，中央部分に，西欧のカーネーション[21]の花を繰り返し描いてつくったものである。

　この作品から，カルティニは，19 世紀後半のバティック・ブランダに特徴的な「トゥラン・ブラン（terang bulan 満月）」様式を踏襲して，ボーダー部分に中央部分と異なる文様を描いたと考えられる［Veldhuisen 1993:119］。カルティニは，モチーフに，オランダとジャワに由来する二種類の花を選び，西欧文化と伝統文化の要素をデザイン上で混合させる表現をとって，オランダとジャワの友好を深めようとする考えを込めたと推察される。また色彩について，

当時のバティック・ブランダ製作者が，赤を主体とするカラフルな色彩を用いたのに対して，カルティニは，身近にあった茶色のソガ染めを用いた。さらに彼女は，花のモチーフの描き方に，19世紀末にヨーロッパに広く流行したアール・ヌーボー様式をとり入れようとした。カルティニは，ジャワ北岸様式から，デザインのアイディアを得るとともに，おそらくオランダ人との親交を通して，アール・ヌーボーの植物文様に影響を受け，それをとり入れようとしたと考えられる。これらから，彼女は，衣服デザインによって，自民族の未来を西欧との友好的関係の中に求めようとしていることを象徴的にあらわそうとしたと解釈できよう[22]。

つくり手の考えをデザインにあらわすという，インドネシアの土着文化に伝わる伝統にしたがい，カルティニは，新しい考えをあらわすのに新しい衣服デザインを用いたといえる。この意味で，カルティニの創作活動の根幹にあるのは，ジュパラおよびジャワの人々の生活の向上をはかりたいという意欲であり，自民族の自立は，西欧文化を吸収して，独自の新しい姿を実現することによって達成できるという信念であったと考えられる[23]。

カルティニによる服飾への貢献として，他に新しい刺繍の考案や，クバヤ・カルティニとのちによばれるようになったへちま衿のブラウスを創作したことがある。クバヤ・カルティニは，その後スカルノの時代に，ナショナル・ドレスに指定された。それにいたる経過はまだ明らかではないが，おそらくカルティニが建国の母とされたことで，スカルノが，彼女の考案したブラウスを，国を代表する衣服と認めたのであろう。

以上のようにカルティニは，自己を西欧の視点から見直すことで，自己の文化を認識し，ジャワ人としてのアイデンティティを確認できたといえる。その過程を経て彼女は，地域の生活の向上のために，自らの伝統文化に西欧文化をとり入れる必要があると考え，この考えを衣服デザインにあらわしたと考えられよう。

■ 創作活動と思考様式の展開

次に，カルティニの創作活動についてみていくことにする。とくに前述したピンギタンが父親によって解かれた1898年以後，カルティニの創作活動は

めざましく活発になった［Soeroto 1982:93-94］。例えば，同年，オランダのハーグで行われた「全国婦人技芸展覧会（De Nationale Tentoonstelling van Vrouwenarbeid）」に，絵画，刺繡，数枚のバティック，さまざまな工程に分けたバティックの染色見本を出品した［Soeroto 1982:101］。当時のジャワ人社会では，ピンギタンに服する年齢の女性が，自らがつくった作品や書いた文章を人々の目前に披露することは，「はしたないこと」とみなされたにもかかわらず，カルティニと妹たちの作品がオランダに出品されたこと，それ以前にも，ジュパラの公邸で知事が催した展覧会に陳列されたこと［Soeroto 1982:98-99］は，カルティニら三姉妹と父親による当時のジャワの封建制への挑戦であったといえよう[24]。

　前述のハーグでの展覧会を訪れたオランダのウィルヘルミナ女王とエマ太后は，三姉妹の作品に対して多大な関心を示し［Soeroto 1982:99］，ヨーロッパの人類学者も，彼女たちのバティック・コレクションに注目した［Soeroto 1982:101］。文才のあるカルティニが，このコレクションのために，オランダ語で臈纈染めの全工程の説明文を科学的に書き［富永 1993:130-131］，説明がよく伝わったことが，注目を集めた理由の一つであったと考えられる［Soeroto 1982:101］。

　このカルティニの説明文「藍染め（"Het blauwverven"）」は，「ジュパラ草稿（"Djapara handschrift"）」と改題され，1914年にオランダで出版された『オランダ領東インドにおけるバティック美術とその歴史（*De Batikkunst in Nederlandsch-Indië*）』に，ジュパラ知事邸の後庭で，チャンチンで蠟置きする三姉妹の写真とともに収録されている。この草稿の中に，「バティックの仕事は，すべて女性の手作業で行われている」とあり，この文は，カルティニが，女性の置かれた状況を理解し［富永 1993:131］，伝統染織への関心と，そのつくり手である女性の地位向上への関心とを結びつけていたことを示している。

　さらにカルティニの活動は，地元の伝統工芸の保護・奨励へと発展していった。

　カルティニの伝統工芸に対する考えは，1980年代に新たに発見された彼女の書簡のうちの［Coté 1991:3］，アベンダノン夫妻宛の手紙から推察できる［Coté 1991:18］。カルティニは，故郷ジュパラの木彫工芸やバティック，刺繡などの

染織にたずさわる手工芸家から伝統的なデザインを記録し，それを解釈し，それらの手工芸品を商業生産に沿ったものに変えていこうとした [Coté 1991:18]。

　　　　私たちは，刺繍や美しいバティックの文様，また彫刻がほどこされた白い木製の儀式用椅子の製作を奨励したいのです。ワヤン（影絵人形）の刺繍や壁飾りなど，いずれも展示可能なものです。妹たちは，そうすることに大きな希望をもっています[25] [Coté 1991:226]。

　ここで注目したいのは，カルティニが，伝統的な意味をもった布を壊すことを考えていなかったこと，そして本来の伝統的なものと新しく商品化のために創作したものを区別していたことである。彼女は，伝統から切り離した新しいデザインによる木彫工芸などの手工芸品を，バタビアやジャワ島の他地域で販売し，さらにヨーロッパ市場に輸出した。それによって，ヨーロッパ市場に「ジャワ」の存在を伝える結果になったことは確かである。このような活動を行ったカルティニを，Zainu'ddin [1980:18] は，手工芸家たちをまとめる起業家であり，新しいモチーフを考案するデザイナーであったと評価した。

　以上のように，カルティニの衣服創作活動は，自身による創作から，地元の伝統工芸の保護・奨励に発展し，ジャワおよびヨーロッパへの紹介・輸出へと広がっていった。

　カルティニは，1903年にレンバン県知事と結婚し，翌年，男子を出産した数日後に，25歳で急逝した。前述したように，彼女と親交のあったアベンダノン夫人らによって，彼女の書簡集が，死後8年経った1911年にオランダで出版されるようになると，拡大する民族主義運動との関係で，多くの人々がカルティニの考えや行動を知るようになった[26]。

　同年，カルティニの考えを讃え継承する「東インド協会[27]（De Indische Vereeniging）」が，彼女の兄カルトノを中心にして，ジャワ人学生ら一団によって設立された。この協会は，オランダからの自立を考える民族主義の色彩をしだいに強めるようになり，カルティニを民族主義運動の先駆者とみなすようになった［スロト 1992:345］。1922年にその名称が，「インドネシア協会（De Indonesische Vereeniging）」と改称された。この時から「インドネシア」とい

う語が公に用いられるようになり，1928年の第2回全インドネシア青年会議における「青年の誓い（Sempah Pemuda）」の中で，明確に祖国，民族，言語をあらわすことばとして使われるようになった。そしてその後，初代大統領となったスカルノが，国の独立構想を具体化する時に，この語を用いたのである［土屋 1991:170-171］。

教育の面にも，カルティニの影響がみられる。1913年に，ハーグ市に設立された「カルティニ基金委員会（Komite Dana Kartini）」は，バタビアに「カルティニ協会（Perkumpulan Kartini）」を設立し，スマランに「カルティニ学校（Sekolah Kartini）」を設けた。この学校は，特定の宗教に束縛されずに，女性の置かれた状況，とくに貴族社会の女性たちの状況を改善するためのものであった[28]［Soeroto 1982:433-434］。

以上のように，カルティニは，伝統文化と西欧文化を混合したデザインの創作によって，自民族の生活を向上させようとする考えを表現した。そして彼女は，そのようなデザインの地元特産品の販路を広げようと，ジャワ島全体へ，さらにはヨーロッパへと自らの活動を展開したのである。

4. ナショナリズムの形成期

19世紀後半から20世紀前半にかけて，前述のように，オランダ領東インド（のちのインドネシア）は，大きな歴史的転換を経た。オランダは，植民地として統治する範囲を，ほぼ現在のインドネシア地域にまで拡大し［土屋 1991:65-66］，各地で西欧文化の流入に拍車がかかり，各地の文化は，新しい文化要素と混合していった［土屋 1991:114-115］。しかしこの動きは，各地で平和裡に進んだわけではなく，スマトラ島北端のアチェ地域の人々は，スマトラ島全域に勢力を広げようとしたオランダと，1873年に，約40年間に及ぶアチェ戦争を始めた［Smith 1997:9-13］。アチェにおける外部勢力への抵抗は，結局2004年のスマトラ島沖地震まで続くことになった[29]。

ジャワにおいては，1900年前後のオランダの寛容的な政策もあり，カルティニの兄カルトノのように，プリアイのジャワ人の間で，オランダに留学したり，西欧式の教育を受ける者がいた［レッグ 1994:186-187］。彼らは，ジャワ以

外の外の世界に生活することで，自民族の文化をみる目を養ったのである［土屋 1991:143-144］。そしてこれらの人々は，オランダの支配した地域を，自らの「国」と考える意識をもつようになった［土屋 1991:164］。こうして20世紀初め，西欧式教育を受けた若者たちは，民族主義運動の中心となり，オランダの権力拡大に対抗するようになった［レッグ 1984:199］。これに対してオランダは，1920〜30年代に，弾圧的な植民地政策をとるようになり［レッグ 1984:222］，そのため人々は不満をつのらせていった。

　このような社会的状況の中で，1930年代頃まで，ジャワ出身の政治家や知識人，作家の間に文化論争が起こっていた。問題は，オランダ領東インド内の諸地域の統合であり，各地の伝統文化の結合のあり方であった。そして伝統文化を，西欧文化と対峙させて封建的で遅れているととるか，それとも民族の精神的基盤を示すものととるか，また，イスラーム教の理念を国づくりとどうかかわらせるかなど，築き上げようとする国の文化的基盤に関して議論された［鏡味 2000:82］。西欧の技術と文化をとり入れるべきであるとする意見に対して，民族の伝統文化に根ざした文化をつくり出すべきであるとする意見があった。

　これらの議論の中で，スカルノが，1930年，のちに彼の副大統領となったハッタに，「［インドネシア地域の］未来の明るい輝きは，すでに現在を照らしはじめている。それをわれわれは新しい日の夜明けとして承認する」と述べたとされ，それが，カルティニが1901年に書簡に書いたことばの引用であったと考えられている［Zainu'ddin 1980:12］。スカルノは，カルティニがジャワ人を目覚めさせ，近代の光が発せられる時代［土屋 1991:160］へと導いたことを認め，自民族の文化を基盤とした社会に西欧文化をとり入れること，つまり西欧近代と伝統文化の融合による近代化を目指した。この考えは，共和国独立時に制定された「1945年憲法」の中に反映されていて，各地域の民族文化は，外国からの新しい文化要素を拒むことなく，社会の発展や国の統一をうながすものでなければならないと明言された［鏡味 2000:82-83］。そうして共和国誕生後20年ほど経った1964年に，カルティニは，国の独立を導いた英雄として公式に認定され，彼女の誕生日4月21日は「カルティニの日」として国の祝日とされたのである。

　ナショナリズムが服装に影響を与えた例に，20世紀初めに，ジャワの民

4. ナショナリズムの形成期

族主義者たちが，ヨーロッパ・スタイルのズボンではなく，バティックのカイン・パンジャンをシャツと組み合わせて愛用したことがある［Maxwell 1990:375］。彼らはカルティニとは異なり，ヨーロッパの影響を排除することで，伝統的な生活を守ろうとしたのである。彼らのスタイルは，バティックがジャワ以外の領域にも浸透していたことから定着し，今日まで続き，インドネシアの伝統的スタイルの一つとみなされている。

この時期から第二次世界大戦中（1942〜45年）までの日本の影響についても述べておきたい。当時，日本による軍政が行われたことで，オランダの植民地体制は崩壊し，インドネシア社会に新しい圧力が加わった［レッグ 1984:224］。それに先だって，多くの日本人が1918年にジャワに移住し，1920年代に，日本人が経営するバティック工房フジ（Fuji）がジョグジャカルタに設立され，ソガ染めによるバティックがつくられるようになった［Veldhuisen 1993:145］。こうして1930年代には，ジャワに住む日本人によって，バティック生産が多く行われるようになった。戦時下の1944年には，日本軍の翼賛団体「ジャワ奉公会」が結成され［吉本 1993:149］，その注文を受けて，「カイン・ホーコウカイ（kain Hokokai）」とよばれる日本的な文様と色彩のバティックが，ペカロンガンなどのジャワ北岸の工房でつくられた。

オランダの統治は，ナショナリズムの興隆がありながらも続き，インドネシアが，日本の統治を経て第二次世界大戦後に独立した時は，カルティニの死後，40年以上も経っていた。伝統文化と西欧文化の相互作用による服飾の再構成は，前述したように，1940年頃までオランダ系の人々によって行われ，土着の人々によって行われることはなくなってしまっていた。カルティニの衣服創作スタイルが再生されたのは，彼女の思想が社会的に具現化されて，さらに10年が経ってからであった。つまり彼女の死後半世紀経った1950年代半ばに，スカルノ政権の政策的あと押しで誕生したインドネシアのファッション・デザイナーのパイオニアたちが，カルティニの創作を再生させたといえるのである。

5. 多文化国家の形成と近代化

■ファッション・デザイナーの誕生

　1945年8月の独立宣言，1949年のオランダからの完全独立を経て，インドネシアは，初代大統領スカルノおよび第二代大統領スハルトによる強力な長期政権下で変化していった。彼らの政策は，インドネシアの服飾に大きな影響を与えた。

　スカルノは，新しい国を代表するナショナル・ドレスにバティックを選んだ。彼は，インドネシア人としてのアイデンティティ形成に，バティックを用いたのである［Veldhuisen 1993:147・戸津 1989:77］。彼は，1950年代半ば，多文化国家を表象するバティック，「バティック・ナショナル（Batik Nasional）[30]」を創作しようと考え，二人のインドネシア人デザイナーに制作を依頼した。スカルノの考えたバティック・ナショナルとは，ヨーロッパや中国の影響を受けたものや，宮廷スタイルのような社会的地位をあらわすものではなく，どの民族の人々も着用できるものであった［Veldhuisen 1993:147］。

　依頼されたデザイナーの一人，ハルジョナゴロは，中部ジャワのモチーフを，北岸の鮮やかな色を使って表現し，技法的にも，高級とされる描き絵のチャンチンとより庶民的な版型チャップ[31]を併用した［Veldhuisen 1993:147］。

　もう一人のデザイナー，ビンタン・スディブヨ（通称イブ・スドゥ）[32]は，中部ジャワの伝統的な文様構成に，さまざまに変化させた文様を組み合わせたカイン・パンジャンのモチーフとして，ヒンドゥー・ジャワ寺院のレリーフ文様を使い，北岸様式の色彩を化学染料で表現した［Veldhuisen 1993:147］。そして彼女は，創作した自身のバティックやハルジョナゴロの作品を，大統領宮殿に隣接した「アルティ・ワルナ（Arti Warna 色の意味）」と名づけた店で販売した［Rustopo 2008:117］。イブ・スドゥは，この店の名前に，多色のバティックが，着用する民族を特定しないどの民族の人々も着用できるものであろうとしたスカルノの考えを表現したと考えられよう。

　こうしてバティックは，1950年代の建国の時期に，多文化国家の統合意識やアイデンティティの形成をうながす媒体に選ばれ，その意図が成功して，1960年代初めに，汎インドネシア的性格をもつようになった［Tirta 1996:140-

141]。その背景に，バティックの制作者が，蝋防染の技術を残しながら，伝統的パターンを大胆に大きく表現したり，色彩を自由に組み合わせ，デザイン性を前面に出すようになったことと，バティックの文様の意味やジャワ哲学の精神性が薄れていったことがあったと考えられる。

またスカルノは，バティックでつくられるカイン・パンジャンおよびサロンにクバヤとスレンダン（selendang 肩掛け）の組み合わせを女性の衣服とし，バティックのシャツを男性の衣服と定めた。このようにして 1960 年代終わりに，バティックはファッション・デザインの対象となり，洋服にも使われるようになった。このようなバティックの変化を推進させようと，トレンド・ショーが実施されて，中部ジャワの王宮も会場に使われた［Tirta 1996:141-142］。こうした流れの中で，1970 年代に，ハルジョナゴロからバティック・デザインを学んだイワン・ティルタが，バティックを現代的に表現し，ドレスなどの衣服にデザインする最初のデザイナーになった。

1967・68 年の政権交替により大統領になったスハルトも，染織文化を国の財産として振興する政策をとった。1972 年には，当時のジャカルタ市長アリ・サディキンが，バティックのシャツを公の衣服であると公言し，このことは，大統領の奨励もあってインドネシア中に広まっていった［Achjadi 1999:86］。またスハルトは，夫人のバティック・コレクションを収めた染織博物館（Museum Tekstil）を，1976 年にジャカルタに開設した。

国の開発政策を重視するスハルトは，女性を開発の担い手として，積極的に活用する政策を，1970 年代に打ち出した。1974 年に，「ダルマ・ワニタ（Dharma Wanita 女性慈善会）[33]」を設けて全国組織とし，これを通して，家庭内役割を積極的に遂行する女性の理想的なあり方を広めると同時に，家庭外の女性の就労をうながした［Jones 2003:191］。

1970 年代にスハルトは，生活改善運動「PKK（家族福祉運動）[34]」を提唱し，国家を構成する基本的単位である家庭での生活改善を各地で進めた。そして染織や衣服の製作は，家庭内の女性の役割を侵害するものでなく，むしろ女性の就業機会拡大に役立つと考えて，各地の手工芸品生産を奨励した［中谷 2000:238］。この政策の実施組織として，「デクラナス（DEKRANAS[35] 全国手工芸品協議会）」がある［The Embassy of Indonesia 1991:20］。これは，1981 年

に発足した，各州（Propinsi）の知事（Gubernur）や，各県（Kabupaten）の知事（Bupati）の妻が長を務める全国組織で，染織布や民族衣装などの伝統的に女性が従事してきた手工芸品生産を，展示会や技術講習会を通して奨励・推進してきた。インドネシア政府は，伝統文化の保護・保存の方針を保持することで，多様な民族への配慮を示し，各地の反政府的動きへの強い姿勢とのバランスをとっていたと考えられる。

■ **ファッション・デザイナーの興隆**

1970年代半ば，インドネシアで，ファッション・デザインの概念が成立していった。ジャカルタや主要都市に建設されるようになったデパートが，その普及の役割を果たした。

この時期に，デザイナーは数を増し，活発に活動するようになった。ラムリは，1975年に刺繍を始め，やがてそれをファッション・デザインに応用するようになった。同年，シャムシダール・イサは，イベント会社を設立し，インドネシアで最初のファッション・デザイナー協会 P.A.P.M.I.[36] でデザイナーのための活動を始めた。また1977年にジョセフィン・コマラは手織りを始め，絹や木綿で日常生活に用いることのできる布を創作するようになった。

1980年代に入ると，ファッション・ショーの開催が頻繁になり，雑誌を通したファッションの普及，ファッションを通したデザイナーの世界進出が進んだ。

1980年代半ばから，インドネシア人ファッション・デザイナーたちは，急成長した国内の繊維産業に支えられて，ビジネスを発展させ，興隆期を迎えた。この経済的成長の背景には，スカルノ時代以来の，石油・天然ガスなどのエネルギー資源の開発政策とともに行われてきた繊維産業の育成政策があった。スハルト時代にはさらに，輸入した原材料を使った工業製品を国内で生産する「輸入代替産業」の育成，石油・ガス以外の製品の輸出振興，1986年の通貨ルピアの切り下げによる外国資本導入の政策が行われていた。そして1980年代半ば頃から1990年代半ば頃まで，アジア全体の繊維産業が急速に規模を拡大した時，インドネシアにおいても，大規模な紡績設備が増設されていった。こうして繊維産業は主力輸出産業に急成長したのである［神山 1996:78-92］。

一方，デザイナーたちがつくり出した製品の主な消費者である中間所得者層

は，1990年代に拡大していき，デザイナーの興隆を支えてきた。その一方で，所得格差の急速な拡大に対する低所得者層の不満は，経済を依然として掌握する中国系の人々に向けられ，社会のさまざまな面で双方の対立が表面化してきた[37][長谷川 1997:15-27]。このことには，スハルトが，中国系の人々に経済面を，一方で土着の人々に政治面の掌握を認めるという，人種による分割統治を進め，自らの権力基盤を維持していったことがかかわっている［アンダーソン 2005:］。しかし1998年のスハルト政権崩壊後，何度かの政権交替を経て2004年に誕生したユドヨノ政権のもとで，中国語の文字やことばが社会において積極的に用いられるようになり，中国系の人々の社会への融和がはかられるようになったといえよう。

インドネシアにおけるアパレル製品の輸出金額統計の動向をみると，1981年から1996年まで，アジア経済の動きと連動して年々伸びていったが，1997～98年に減少した。インドネシアの繊維業界は，この頃，アジア全体の経済危機の打撃を受けた後，1999年から輸出全体に顕著な伸びがみられ，食品・木材・金属・工業製品・鉱物などの輸出も堅調となった。この理由に，繊維業界が，1995年頃に，より高度なアパレル製品の生産へとシフトし，ファッション・デザイナーの高いデザイン性をもった製品が，政府の輸出振興政策と相まって，海外市場に受け入れられるようになったことがあると考えられる。

しかしデザイナーをとりまく状況は，1997年のアジア全体の経済危機と，1998年のスハルト政権崩壊による政治・経済の混乱によって変化した。インドネシアの繊維製品の内需が減少し，供給過剰による価格下落が生じたのである。インドネシア政府は，国内市場の開発の必要性を再認識し，同時に，米国やその他の市場への輸出を強化する方針を明確化した［日本綿業・技術経済研究所 2003:52］。そうした中でアジアの経済成長は，1999年以降，プラスに転じた［繊維総合研究所 1999:12-17］ことで，長期的打撃は回避された。

1980年代から1990年代半ばにかけてのデザイナーの興隆は，アジア経済と連動した経済政策に大きく依っていると考えられる。デザイナーたちは，政府の動きに対応して，個々の活動のほかに，デザイナー協会設立による組織化を行い，海外に向けた活動や，若手デザイナーの育成を組織的に行うようになった。1985年には，シャムシダール・イサを会長としてインドネシア・ファッシ

ョン・デザイナー協議会 I.P.B.M.I.[38] が設立され，1993 年には，I.P.B.M.I. から分裂した一派が，ポピー・ダルソノらを中心として，インドネシア・モード・デザイナー協会 A.P.P.M.I.[39] を設立した。

若手デザイナーの発掘には，女性雑誌『フェミナ』が主催して 1979 年から開催されるようになったヤング・デザイナー・コンテストが大きな役割を果たしてきた。このコンテストの初期の優勝者に，その後のインドネシアのファッション界を指導することになる者が含まれていた。そして 1988 年からの I.P.B.M.I. によるシンガポールでのファッション・コンペティションへの参加を機に，デザイナーたちは，組織的に海外へ展開を試みるようになった。

また若手デザイナーの育成は，専門学校の開校によって確保されていった。1980 年代から 1990 年代半ばにかけて，ジャカルタに開校された専門学校の主なものに，インドネシア人デザイナーによってインドネシアで最初に設けられたスーザン・ブディアルジョ・ファッション・カレッジ，フランス系のエスモード，ポピー・ダルソノが初代校長を務め，現在も後援するカナダ系のラサール・カレッジ[40]がある。これらの専門学校の中で，スーザン・ブディアルジョ・ファッション・カレッジは，1990 年代半ば以降，ジャワの他の都市やバリに分校をもつようになり，全国から学生を集めるまでに成長している。

地方のデザイナーが，1990 年代に活発に個性的なファッション・デザインをつくるようになった背景に，このような国内の専門学校でのデザイン教育の充実と，観光化の進展があった。とくに観光地バリでは，1980 年代初めに，海外からの旅行者でにぎわう海岸通りの街クタにファッション関連の店が集まるようになり，地元やジャワ島出身のデザイナーが仕事を開始するようになった。バリでも，1999 年にバリ・デザイナー協会 MOBAS[41] が設立され，ファッション・ショーが行われてきた。

地方各地での地元の人々のファッションに対する関心の高まりも，1990 年代における特徴である。これには，1970 年代半ばから刊行されるようになった女性雑誌の存在もかかわっている。雑誌には，ジャカルタをはじめとするデザイナーによる伝統染織をとり入れた現代ファッションが多く掲載され，そのようなデザインが，各地の服飾文化に影響を及ぼしたと考えられる。しかし，インドネシアでは，このような女性雑誌やデザイナー協会によって，シーズンごと

のトレンド情報が発信されても，そのような大きなトレンドの流れが，人々の間で話題になることはほとんどなく，常に移り変わる流行の概念は，社会の中にあまり定着していないといえる。インドネシア人デザイナーたちは，情報メディアを駆使するというよりも，ファッション・ショーや店舗で，消費者に衣服を具体的に見せて，販路を広げていくという実際的な戦略をとっている。

　そのような状況の各地の中で，ジャワ島ジョグジャカルタでは，デザイナーたちが，中部ジャワ様式に他の文化要素を混合したバティックを使ったデザインをつくり，そのデザインに地元の人々の人気が集まった。ジャワ島バンドゥンでは，香港で衣服の仕立ての技術を学んだ中国系のデザイナーが，主に中国系の顧客を対象に，注文仕立てを行ったり，デパートに卸すアパレル製品を生産したりしている。スマトラ島南端のランプンでは，デザイナーの数は少ないが，地元の人々によるファッションへの関心が高く，デザイナーのつくる製品の需要が高まっている。

　スマトラ島北端のバンダ・アチェでは，2004年12月のスマトラ島沖地震まで，伝統的な金糸や色糸の刺繍によるファッション・デザイン化した衣服や鞄などが，衣料品店や縫製業を営む家でつくられ販売されていた。震災後，町の中心部の生産は途絶えたが，バンダ・アチェでは，デクラナスや州政府の主催による衣料品生産を援助する洋裁教室が開かれ，衣服や鞄などの衣料品生産・販売が促進されてきた。また2011年までには，バンダ・アチェを中心に，おしゃれな衣服をデザインするファッション・デザイナーたちのブティックが建ち並ぶようになった。

　スンバ島ワイカブバクでは，タイロール（taylor 仕立屋）とよばれる衣服の注文仕立てをする人々が，1990年代に入り，地元の手織布を使った衣服デザインを行うようになった。このデザインは，今日，儀式時の盛装として，地元で定着している。

　このようにインドネシア各地で，1990年代にデザイナーの活動が活発化し，伝統文化をとり入れたファッションが発信されるようになってきたことは，この頃，インドネシアの人々が，ファッションを楽しむようになったことと，自らの民族文化を再認識し，民族衣装を好んで着用するようになったことに結びついている。この背景に，1980年代からの経済発展によってもたらされた生活

のゆとりが，拡大する中間所得者層に生まれたことがあるといえる。
　また1990年代には，女性のイスラーム教徒（ムスリム）に向けたムスリム・ファッションをあつかうデザイナーがあらわれるようになった。デザイナーのラインの中に，詰衿・長袖のゆったりした丈長のチュニックにサロンやズボンを組み合わせるというムスリム向けのデザインが設けられ，A.P.P.M.I. では，ムスリム・コレクションとして独立したファッション・ショーが，1990年代半ばに行われるようになった。
　スハルト政権後のワヒド政権を経て，2001年に誕生したメガワティ政権下での国内の政治・経済がなかなか安定しない中で，デザイナーたちは，2000年代前半にかけて製品の輸出に伸び悩み，事業縮小などの仕事の維持のための対応を余儀なくされた。
　その後2000年代後半にかけて，安定したユドヨノ政権に裏づけられた国内の中間所得者層の消費の伸びとともに，アパレル製品の生産は少しずつ拡大し，不安定な一時期を乗りきったデザイナーたちは再び仕事の拡大をはかるようになったのである。この動きは，2008年の世界金融危機の影響を比較的受けることなく，二期目に入ったユドヨノ大統領の2009年に，4.5％の経済成長率を記録したインドネシア経済と関連し，国内の政治・経済の安定が，その後の経済成長のゆるやかな伸びとともに，デザイナーたちの活動を支えてきているといえよう。また，ユドヨノ政権の地方分権的民主主義体制により，それまでのジャカルタ一極集中が改められ，地方への権力分散が進められてきた［白石 2007:5-6］ことも，全国各地でファッションへの意識が浸透し，ファッション・デザイナーの活動が広がっていったことと密接にかかわっていると考えられる。

6. ファッション・デザイナーたちの歴史・文化的背景

　現代のファッション・デザイナーたちの背景にあるインドネシアの社会・文化の歴史的変化には，各地における民族固有の文化の形成があり，固有文化とインド，イスラーム諸国，中国の影響との相互作用があり，その結果としての各地における伝統的文化体系の形成があった。多様な地域に住む多様な民族は，それぞれに外来文化の影響を受け入れ，また各地に移り住んだ外来の人々

は，その土地の文化をとり入れながら，両者は相互に作用しあってきた。そうして形成された文化は，その土地の伝統文化として再構成され，異なる外来文化を受け入れるたびごとに，さらに再構成が繰り返されてきたのである。このようにして形成された伝統的文化体系において，布づくりが精神修養の一つに位置づけられていたこと，階級制確認の一つの手段として文様などが使い分けられてきたこと，また諸島間で布が交易品としての役割を併せもっていたことにみられるように，服飾は，慣習的社会において明確に位置づけられてきた。

　伝統的文化体系は，17世紀から19世紀にかけて，オランダを中心とする西欧文化と相互作用することになった。とくに19世紀末の各地域の伝統的文化体系の再構成は，インドネシア地域に歴史的転換をもたらした。伝統的文化体系に西欧文化が混ざり合った端緒は，衣服の商品としての魅力を西欧の消費者に合わせてつくり出したことにあった。そしてしだいに，職業や社会的役割，性別の違いが明確に衣服にあらわれるようになり，都市で流行現象が生じるようになっていった。こうした伝統的文化体系と西欧文化との相互作用を通して，しだいに各地の衣服製作者は，商業主義，資本主義の考え方をもつようになり，それまでの比較的小規模な交易スタイルを再構成していった。

　インドネシア的再構成のしかたの特徴は，土着文化と外来文化を相互作用させることで，それぞれの文化要素を混在させることである。固有文化にインドやイスラーム諸国，中国文化の要素的特徴をさまざまに組み合わせ，混合して伝統的文化体系を形成していったので，それぞれの文化要素をとり出すことが可能である。そのため，これまでインドネシアの染織に，インドやイスラーム諸国，中国，西欧からの外来文化による重層構造性の特徴があると考えられてきたのである。

　また，それまでに形成された伝統的文化体系に新しく混合する文化要素の種類が増え，さらに西欧文化の要素的特徴との相互作用を通して，服飾が再構成されていった時も，それぞれの文化の要素的特徴は保持されてきたといえる。それは，服飾の構成要素である衣服形態や着方，素材，染織技法，文様の面で明らかである。こうして衣服づくりは，インドネシアにおける社会・文化のあり方と常に相互作用していて，衣服づくりのしかたには，たび重なる外来文化の影響を常に受け入れながら共存させようとする動態的特徴があると考えられる。

19世紀末から20世紀初めにかけて,植民地支配下の人々の間で,外からの視点で自らを再認識する思考様式をもつようになった人々は,当時のオランダによる寛容から弾圧へと転じた植民地政策に批判的になり,民族意識を形成していった。その初期の一人であったカルティニは,西欧の視点で自己を見直すことで,自己のエスニシティを認識し,ジャワ人としてのアイデンティティをもつようになった人物である。彼女は,そのようなアイデンティティをもって,民族文化と西欧文化を相互に作用させることで,自らの民族文化の向上を目指した。そしてその具体的な創作として,伝統的染織技法を守る一方,文様や衣服のデザインに西欧の文化要素を組み入れ,服飾を再構成し,そのようなデザインをジャワ島の他地域やヨーロッパに広げる活動を行った。

1930年代から,自民族の生活や文化の向上を目指した民族主義者たちは,カルティニの思想を受け継ぎ,その後の共和国建国の精神的支えとした。そしてカルティニが行った伝統文化と西欧文化の相互作用の試みは,地域性を越えた汎インドネシア的な感覚を生み出し,第二次世界大戦後に誕生したファッション・デザイナーの思考様式・創作・活動の面で礎を提供したと考えられる。

それではデザイナーたちは,自己のエスニシティの認識と,その認識から導かれる文化的アイデンティティを,彼らの地域や国への意識とどのようにかかわらせたり,どのようにデザインに表現してきたのだろうか。またデザイナーたちは,伝統文化と西欧文化をどうあつかい,創作を行ってきたのだろうか。さらに彼らは,デザインおよびビジネスを広げる活動をどう展開していったのだろうか。第二次世界大戦後の社会・文化・経済の面での政策の遂行と,経済発展によって再構成された社会・文化とかかわりながら,創作活動を行うファッション・デザイナーたちの服飾の再構成のしかたについて,次章からみていくことにしたい。

注
1 オランダ植民地時代から行われてきたインドネシア社会・文化の研究には,「熱・冷」や「男・女」の二項対比の分析が多く行われ,オランダ構造人類学を形成してきた[デ・ヨセリン・デ・ヨング 1987]。
2 この例として,Maxwell [1990],Gittinger [1979],Warming and Gaworski [1991],

吉本［1976］などがある。本書は，Maxwell［1990］に負うところが大きい。
3　マタラム王国は，8世紀初め，中部ジャワで最初のヒンドゥー教国として成立し，16世紀にはイスラーム教国となった。16世紀末には，ジャワ島中部から東部にまたがる王国となった［レッグ 1984:52-53, 86-88］。
4　"peranakan"とは，もともとマライ語で「混血の」という意味をもつ語であるが，とくに中国系の人々をさす語として広く用いられるようになった。
5　Vereenigde Oost-Indische Compagnieの略。
6　強制栽培制度とは，農地の5分の1から得られる収穫物を税として取り立てるものであった。この制度は，稲作を基盤とする村落の経済を浸食し，人々に過酷な労働を強制した［レッグ 1984:130］。
7　線描や点描を行うための手描き用の蝋置き道具。薄い銅板を接合してつくられる。このチャンチンで描かれて染められた臈纈染めの布は，バティック・トゥリス（batik tulis 手描きのバティック）とよばれる。
8　プリブミとは，現在のインドネシア地域に住む土着の人々を意味する。
9　レッグは，資本主義経済とアジア的交易スタイルという経済の二重性について，20世紀前半に活躍したオランダ人経済学者 J. H. Boekeによる二重経済論を参考にして考察している［レッグ 1984:15-18,172-178］。
10　ジャワ北岸のチレボン，ペカロンガン，ラセム，スマランなどでつくられるバティックは，「バティック・パシシール（Batik Pasisir 沿岸のバティック）」とよばれ，その後，多色の鮮やかなバティックの代名詞ともなった。ジャワのバティックは，主にこのジャワ北岸様式と中部ジャワ様式の二つに大別される。
11　インド・ヨーロッパ系の人々（Indo-European）とは，オランダ人官吏や商人の男性が，現地に住むマライ系の女性と結婚して生まれた混血の人々をいい，植民地時代のジャワでは，混血は多くみられたという［Veldhuisen 1993:80-81］。また土屋［1991:71-72］によれば，純粋なオランダ人どうしの子供が現地で生まれた場合，彼らをクレオール（Creole）とよび，彼らは独自の社会・文化を形成したとされる。インド・ヨーロッパ系やクレオールの人々による独自の文化の一つとして，バティック・ブランダがある。
12　これは，当時ヨーロッパで広く流行したアール・ヌーボー様式に影響を受けたものである。
13　"boatan"とは，マライ語で「つくられたもの」という意味がある。
14　ジャワのオランダ人たちは，1916年にジャワの工芸品を推進し，オランダとジャワの交流を目的とする文化サークルをつくった。このサークルは，ジャワの工芸，踊り，音楽，映画などを記事にした雑誌 *Djawa* を刊行した。オランダ政府も，文化振興政策の中にバティックをとり入れ，1922年にバティックや他の染織を研究する新しい研究所をバンドゥンに設立し，1930年に分館をジョグジャにつくった。その分館は，1951年にバティック研究所（Batik Research Center）となった［Warming and Gaworski 1991:183］。
15　中国系の工房では，1920年代から，合成染料を使った多色の鮮やかな製品がつくられるようになり［Veldhuisen 1993:142］，今日でも，ペカロンガン近郊のウー・スー・チェン（Ooy Soe Tjoen）などの工房でつくられている。
16　Kartini, R. A. 1911 *Door Duisternis tot Licht*, compiled by J. H. Abendanon,

Amsterdam: Ge Nabrink & Zn.（これを日本語に翻訳した文献として，R. A. カルティニ著，早坂四郎訳『光は暗黒を越えて――カルティニの手紙』河出新書1955年がある）
17　カルティニの父には，正室と側室の二人の妻がいて，カルティニは，11人兄弟姉妹の中で次女であった。
18　1900年1月12日付。
19　カルティニが，手芸をたしなんでいたことを現在にまで伝えているのが，カルティニが娘時代をすごしたジュパラと，結婚後暮らしたレンバンに，それぞれ設けられているカルティニ博物館である。ジュパラの博物館は，知事邸の近くに1977年に建設され，レンバンでは，レンバン知事邸の中の実際にカルティニが使用していた部屋がそのまま保存され，博物館として公開されている。いずれの博物館にも，当時，カルティニが使ったバティックの道具であるチャンチンと架台，ミシン，裁縫台，彼女の実際の作品であるレース編みによる衿，オランダ刺繍によるナプキンが展示されている。
20　インドネシアに現存するカルティニが描いたバティックは，私が調べたところ，この一点である。博物館の展示説明に，このカルティニによるバティック・デザインが，インドネシアとオランダの二つの国を象徴する花を組み合わせたデザインであり，このようなバティックは，カルティニによって，しばしばつくられていたことが記されている。また同説明は，カルティニのバティックづくりを，彼女の絶え間ない自己啓発の行動の一つであったと位置づけている。
21　カーネーション（caryophyllus）は，ナデシコ科の多年生観賞植物である。南ヨーロッパ原産の園芸植物で，主として北半球の温帯に分布し，インドネシアなどの熱帯には育成しない。もう一つのジャワに由来する花は，博物館の展示説明による以外，現時点で特定できていない。
22　Veldhuisen [1993:23] によれば，カルティニがこのバティックを，オランダ人の友人を迎える時に着装した。
23　これについて，スロト [1992:10] の「カルティニの闘争全体は，西欧近代主義の良い要素を勝たしめ，しかもその中で，自民族のアイデンティティを失わず固有の優れた精髄を確保しようという，一つの英雄的闘争であった」という記述を参考にすることができる。
24　このことは，カルティニの書簡の「父が私たちを正式に自由の身にしてくれた」（1899年5月25日付）[スロト1992:76] と，「封建的な [ピンギタンの] 習慣をとり去ってくれた両親に対し，[カルティニは] 心から感謝した」（1901年3月19日付）[スロト1992:76] という文面から推察できる。
25　1902年6月10日付。和訳は筆者による。
26　この本は，1920年に英語，1922年にマライ語，1926年にアラビア語，1930年にスンダ語，1938年にインドネシア語とジャワ語，1955年に日本語，1960年にフランス語に翻訳され，言語を越えて，さまざまな人々に読まれてきた [Zainu'ddin 1980:14-15]。
27　「東インド協会」の名称は，スロト [1992:345] による。
28　カルティニ学校はさらに，バタビア（1913年），ペカロンガン（1917年），チレボン（1916年），インドラマユ（1918年）に設けられた [Soeroto 1982:434]。
29　アチェの独立運動は，1970年代に入って，天然ガスがアチェで産出することが明らかになってから盛んになったといわれている。1976年に自由アチェ運動（Gerakan Aceh

Merdeka 略して GAM）が，ピディー県で発起した。これは 1980 年代後半から活動を活発化して，農村や山村でゲリラ的活動を行ってきた。それに対するスハルト指揮下の国軍による制圧は，1990 年代に入って厳しくなり，アチェの各地で，一般市民を巻き込んだ弾圧・虐殺が行われてきた。1998 年のスハルト政権崩壊直後，弾圧の状況がしだいに明らかにされ，国内外に報道されたにもかかわらず，インドネシア政府とアチェの独立推進派の対立の状況は，なかなか改善されなかった。しかしスマトラ島沖地震で，アチェの政治的立場に世界が注目するようになると，2005 年 8 月には，ヘルシンキで，政府と独立推進派の間で和平協定が結ばれ，その翌月に，政府が，逮捕・収監されていた独立推進派の人々を解放するなど，住民側との歩み寄りの動きがみられるようになった。このようにヘルシンキ条約締結後，対立問題は急速に解決したといえるが，聞きとりによれば，アチェ州政府および州内の各県の知事・官吏，州立大学教員などの知識人は，現在も，彼らのほとんどが GAM を擁護する立場にあるといい，対立問題の痕跡はまだ残っているといえる。

30　バティック・ナショナルは，バティック・インドネシアともよばれた。

31　スタンプであるチャップによってつくられたバティックは，バティック・チャップとよばれ，バティック・トゥリスと比較して低級品とされる。

32　ビンタン・スディブヨは，通称イブ・スドゥとよばれる。本書でデザイナーの事例としてとりあげるカルマニタの祖母であり，1908 年生まれで，1993 年に死去した。

33　ダルマ・ワニタは，スハルト時代の新秩序体制の一つとして，1974 年に整えられた綱領（Panca Dharma Wanita）をもとにした組織で，国の発展を助けると考えられた女性の家庭内での役割の遂行をはかる組織である。公務員の妻と女性公務員によって構成される全国規模のものである。ヨハンナ・ギリ・ウォレカによれば，スハルト体制崩壊後，この組織は形骸化していったという。

34　PKK は，ワヒド政権の頃まで，"Pembinaan Kesejahteraan Keluarga（家族の健康を築くという意味）"の略であったが，メガワティ政権では，その設立当初の目標を達成したと判断され，現在の "Pemberdayaan Kesejahteraan Keluarga（家族の健康に努めるという意味）"に変えられた。

35　Dewan Kerajinan Nasional の略。

36　シャムシダール・イサによれば，P.A.P.M.I. 設立は，1970 年代初めである。

37　中国系住民は，1950〜60 年代初めには，地方の小売業から法的に排除されたりしたが，1968 年以降，スハルトの新秩序体制による開発のために，中国系企業の経済活動は，比較的自由になった。中国系企業は，政治的にも社会的にもインドネシア経済を牛耳ってきたが，1974 年になると，プリブミ企業を優遇する政策が出され，その存在はなかなか認められなかった［白石 1992:150-160］。

38　Ikatan Perancang Busana Maja Indonesia の略で，1993 年の分裂後，名称を Ikatan Perancang Maja Indonesia（英語では Indonesian Fashion Design Council，略して I. F. D. C.）に改めた。

39　Asosiasi Pengusaha Perancang Mode Indonesia の略。

40　1995 年設立。

41　MOBAS は，Mode of Bali Association の略。

第2章
ファッション・デザイナーたちのプロフィールとエスニシティの認識

　本章では，インドネシア人ファッション・デザイナー 23 人のプロフィールを紹介し，それぞれのデザイナーの生き方について，デザイナーとなった契機，デザインの特徴，自らのエスニシティの認識のしかたが，どのようにデザインの思考様式・創作・活動の展開にかかわっているかという視点で述べることにする。そしてインドネシアの社会・文化的背景のもとで，個々のデザイナーが自己のエスニシティをどう認識し，創作活動に位置づけているのかについて考えてみたい。

　デザイナーについて，まず時代別に記述し，それぞれを地域別に，仕事を開始した順に述べることにしたい。そして各デザイナーのプロフィールをそれぞれ初めに要約することにした。私がインタビューしたデザイナーと彼らの活動地域について，表 1（p.15）にまとめた。

1. 誕生期を形成したデザイナー

　1950 年代半ばから 1970 年代半ばにかけて，主に 2 人のデザイナー，ハルジョナゴロとイワン・ティルタが，それぞれに自己のエスニシティを再認識しながらバティックを再構成し，それをファッションの世界へと導いた。彼らの活躍が，その後のインドネシアにおけるファッション・デザイナー興隆のもとを築くことになった。

■ K.P.T. ハルジョナゴロ

　ハルジョナゴロ（Kangjeng Pangeran Tumenggung Hardjonagoro）は，もとの名をゴ・ティック・スワン（Go Tik Suwan）といい，中国系で，ジャワ島中部ソロの，祖父

の代から続くバティック工房を営む家庭に生まれた。彼は，1952年に入学したインドネシア大学経済学部の学生時代にスカルノと出会い，大統領官邸をたびたび訪れ，スラカルタの宮廷舞踊を披露して，スカルノと親交をもつようになった。1955年，24歳の時にスカルノからバティック制作の依頼を受けてソロの工房にもどり，中部ジャワ様式の伝統的な文様とジャワ北岸様式の鮮やかな色彩を混合した「バティック・ナショナル」とよばれる新しい国を象徴するバティックのスタイルをつくった。スラカルタの王は，この功績に対し，スラカルタの貴族を意味するK.P.T.ハルジョナゴロの名を彼に授け，それ以降，彼はその名を名乗っている。

バティック・ナショナルの制作により，彼のデザインはさらに浸透していき，1960年代にジャカルタのエリート女性の顧客を得た。また彼のバティックは，大統領官邸で外国からの訪問客のために展示されるようになり，高い価値をもつものになっていった［Tirta 1996: 145］。

1965年頃になると，彼はしだいに新しいバティック創作を試みなくなり，1972年頃から，クリス（刀）つくりに傾倒するようになった。しかし彼のバティック創作はその後も続き，ソロの自宅兼工房では，数人のバティック職人が制作に励んでいる。

彼は，2001年に自伝と自身の業績を，著書『全世界の象徴と繁栄（*Lambang Alam Semesta dan Kesejahteraan*）』にまとめた。またそれをもとに新たに行ったハルジョナゴロへのインタビューを含めた『純粋なジャワ（*Jawa Sejati*）』が2008年に刊行されたが，2011年に80歳で亡くなった。

ハルジョナゴロは，祖先を中国西部にたどることのできる中国系ジャワ人の父親と，ソロ出身の母親をもつ。彼は両親の中国系のエスニシティとジャワ人のエスニシティの双方を尊重しているといえる。彼は自己のエスニシティの認識のしかたについて，2008年のインタビューで次のように語った。

> ブン・カルノ[1]の時代に，私は中国人であり，インドネシア人であって誇りをもたなければならないと思いました。私は舞踊をたしなみ，バティックをつくり，私は中国系の家族の出身でした。しかし私は単なる中国系ジャワ人ではありません。中国，イスラーム，ヒンドゥー，ジャワの伝統，そして西洋文化を学びました。（中略）私は中国人として生まれましたがジャワ人として学んだのです。

彼はインドネシアのさまざまな文化要素を学んだことで，自身をジャワ人としてとらえているのである。そして彼のバティック制作には，とくにジャワ人としてのエスニシティの認識が作用している。2001年のインタビューで，彼

は，自身のバティックのとらえ方を次のように語った。

> 織物の哲学的背景について少し説明しましょう。これはバティックやルリック（lurik 縞木綿）をはじめとして，どの織物にもあてはまるし，踊りや音楽にもあてはまることです。文化は，実は農耕の哲学に基づいているのです。農耕の哲学とは，実は人間と自然の調和の哲学です。（中略）
> バティックは人がよりどころとすべき基本的なものです。インドネシアの人々は，それを哲学として，生きること，つまり人間と自然と調和して生きることの調和の哲学としてみなければなりません。農業の一部は，歴史的にすでに滅亡してしまっています。古代，人々はとても丁寧に稲を刈り，家の最も安全な場所にある彫像に稲を供え，デウィ・スリ[2]を崇めていました。しかし，今ではもうそのようなことはなくなり，人々は機械を使って無造作に稲を刈ります。（中略）
> バティックは，初期の頃には瞑想過程の一つでした。農耕民から始まり宮廷に伝わり，宮廷はデザインを洗練させました。しかしバティックは，宮廷から始まったとはいえないのです。（中略）バティックは瞑想の過程として始まり，一枚の布を完成するのに少なくとも2カ月ほどが必要で，母親は時々祈り，娘の幸せな生活や前途のために祈りながら，何年もかけて娘のためにバティックを用意したでしょう。

ハルジョナゴロがバティックと結びつけたのは，農民と彼らの生活であり，瞑想であった。このみかたは，バティックの文様を考案し，描き，染めるという数カ月ほどかかる制作過程が，ヒンドゥー・ジャワ文化における精神訓練と考えられていたことと重なる。スカルノは，このように農民とジャワ文化としてのバティックを結びつけて理解し，混合したエスニシティをもつハルジョナゴロが，多民族の統合を象徴するバティック・ナショナルを創作するのにふさわしいと考えたと推察される。

ハルジョナゴロは，スカルノが農耕に基礎を置いた社会をつくろうとしたので，スカルノ政権下の社会が発展したと考えている。

周知のように，［スカルノ時代以後の］32年経ったバリでは，農業部門はとても困難なものになっています。だからスカルノ大統領時代から32年経った今，村にいるのは老人ばかりで，若者がいないのです。人々に仕事を与え始めるにしても，人々を訓練する必要があるのです。そうしなかったから，スハルト時代には，労働力はとても安かった。安い労働力ということは，単純な仕事［しか］なかったということです。

ハルジョナゴロは，スカルノの次に政権を握ったスハルトが，農業を忘れて工業化を進め，経済発展を追求した結果として，政治腐敗が生じ失脚にいたったと考えている。彼は，スカルノ時代とスハルト時代を，農耕社会と工業化社会に対比してとらえ，インドネシアはもともと農耕社会であり，バティックもその中に組み込まれていたと考えているのである。ここに，バティックが農民の生活から生まれたという彼独自の考えが存在する。

ハルジョナゴロが，スカルノから国家を表象するバティックを創作するよう依頼を受けた時，彼は，インドネシア各地のバティックを調査して歩いた。その調査経験と自己の複数のエスニシティの認識を重ね合わせることで，彼は，さまざまなバティックの様式を混ぜ，あらゆる階層や民族を内包する意味をもつバティックを創作できたと考えられる。

写真2は，ハルジョナゴロが1950年代後半に創作したバティック・ナショナルである。中部ジャワの伝統的なソガ染めによるパラン（刀）文様が背景と

写真2　ハルジョナゴロによるバティック・ナショナル［ハルジョナゴロの厚意による］

なり，ブルーと茶色で，地球に三日月と星の文様が組み合わされたデザインである。三日月と星は，民族の進歩と国家の独立を象徴する，イスラーム教国で好んで用いられるモチーフで，ハルジョナゴロはこのモチーフに，国の歩むべき将来のあり方をあらわそうとしたといえる。バティック・ナショナルとは，中部ジャワ様式の文様をもとにして，このように自由な創作文様を組み合わせ，ジャワ北岸様式の多彩な色彩感覚で描いたものであった。バティック・ナショナルのデザインが広がっていったことについて，第4章で述べることにする。

■イワン・ティルタ

　イワン・ティルタ（Iwan Tirta）は，西ジャワ出身の裁判官の父親と西スマトラのミナンカバウ出身の母親をもち，中部ジャワに生まれてジョグジャカルタで幼年時代をすごした。彼は米国の大学で学び，インドネシア大学法学部で教鞭をとったのち，1960年代に，母親が収集したバティックに興味をもつようになり，絹のバティックでワンピースなどをつくるようになった。ハルジョナゴロに弟子入りしてバティック創作を学んだ後，1973年に，38歳でジャカルタにアトリエを設け，バティック・デザイナーとなった。彼は，ドレス・メーキングの技術を用いて製作したデザインを海外に向けて発表するようになった。彼は，ジャカルタで開催された1994年のアジア太平洋経済協力会議APECで，各国首脳が着用したバティックのシャツをデザインしたように，インドネシアを代表するデザイナーとみなされてきた。
　ティルタは，1996年に，バティックの歴史，自伝，そして自身のバティック・コレクションの写真を載せた『バティック——光と陰の演（*Batik: A Play of Light and Shades*）』を刊行した。
　さらにティルタは若手デザイナー養成のキャリアをもち，1970年代初めに彼に弟子入りしたシャムシダール・イサと，1990年代に彼と仕事を開始したチョシー・ラトゥを育てた。
　ハルジョナゴロが，カインやスレンダン（肩掛け）という一枚布の形態から抜け出すことがなかったのに対して，ティルタは，1970年代に，バティックをドレスなどの洋服に応用した最初のインドネシア人デザイナーとなったといえる。
　2006年に健康を損ない，ファッション業界の第一線から退くと，一枚布としてのバティック制作の原点にもどり，マイペースでの創作を続けてきたが，2010年に75歳で死去した。

　ティルタは，中部ジャワの伝統文化に囲まれて育った。彼の母親は，ジャワの衣服やバティックのみかたを，夫（彼の父親）から教わると，バティックのコレクションを始めた。このコレクションが，ティルタの身近にいつもあった。

そして幼少期をすごしたジョグジャカルタでの見聞が，彼がバティックにかかわる仕事を始める最初の契機となった。このようにティルタは，自身の文化的帰属意識を，両親のそれではなく，身近にあったバティックにつながる中部ジャワに求めたといえる。

彼は，創作を始めた経緯とは何かについて，2001年のインタビューで次のように語った。

> いいえ，バティックではありません。舞踊です。最初，私は宮廷舞踊を勉強していました。その後，私はさまざまな場所のバティックを見て，その意味に興味をもつようになりました。そして私は，またバティックがつくられるのを見ていって，もっと何かがあるのではと感じて，どんなコレクションがあるのかを見に博物館へ何度も行きました。それはあまり完全なものではありませんでした。（中略）［それから］私は，自分自身のバティックをつくろうとすると，人々は，「それをドレスにしてはどうか」と言ったので，私は絹を生き返らせました。それがこのファッションになったのです。
>
> 1972年から，私はジャカルタや中部ジャワの文様とシンボルに興味をもつようになりました。（中略）最初，裁つのは惜しかったです。それから私は，文様や素材を調整するようになりました。それでもまだ，私は伝統的な布をつくっています。（中略）私は，あらゆる種類の主にジャワの伝統的な文様を使います。1971年から1972年にかけて，私はスンバのモチーフをバティックに使いました。

ティルタは，仕事を始めた当初，バティックの伝統的技法をふまえて試行錯誤しながら，一枚布を裁って縫い，かたちや素材を変え，文様を創作することを行ってきた。

彼が，バティックの布をドレスに仕立てるようになった契機には，当時，ジャワの人々の間で，バティックの伝統的価値観が薄れていたことと，他方で，師事していたハルジョナゴロが，一枚布の伝統から離れようとしなかったようすをみて，現代的なものをつくれないかと考えたことがある。しかし一枚布の

バティックを裁つことは，ティルタにとっては抵抗があり，著書［Tirta 1999］の中で彼は，「バティックを裁つこと，障害に打ち勝つこと」と題し，インドネシア人デザイナーにとって，手仕事によるバティックを裁って立体構成された衣服をつくることの困難さについて述べている［Tirta 1999:168］。

　また彼が，素材を工夫して変えるようになった契機とは，米国での留学に先立ち，ロンドンで3年間法学を学んだ時，イギリス人から，本来木綿が多く用いられてきたバティックに，なぜ絹を使わないのかと尋ねられたことであるという。その後彼は，バティックの素材に絹を選ぶようになった。さらに彼は，ポリウレタン，シフォン，オーガンジーなどのさまざまな素材を使い始め，デザインを展開してきた。

　ティルタはさらに，インドネシア東部のスンバ島のモチーフをバティックにとり入れるようになった。粗い木綿の絣布にほどこされてきたスンバ島独特の馬や鶏などの具象文様を，ドレスやスカーフに描くことは，当時，誰も試みたことがなく，ファッションの世界では冒険であったという［Tirta 1996:164］。このような彼の冒険は，特定の民族をあらわす伝統染織を，汎インドネシア的デザインへと切り換える行為であったといえる。

　彼は，最新の技術を積極的に活かそうとする気概をもち，ジャカルタ郊外の工場で，コンピュータ技術を応用した新希なデザインの開発をしてきた。彼の中に，先端技術による技法を求める意欲と，手描きのバティック・トゥリスの伝統的技法を守ろうとする信念が共存し，インドネシア的共存思考があるといえよう。

2. 興隆期を形成したデザイナー

　戦後の第一世代に続く次の世代のデザイナーは数を増し，1980年代に活発な活動を展開するようになり，ファッション・デザインの興隆期を形成している。

　現在，実質的にインドネシアのデザイナー業界で中心的な役割を果たしている壮年期を迎える中堅デザイナーたちの多くは，ジャカルタを本拠地にして，1970年代半ばから1980年代半ばにかけて仕事を開始した。彼らは自己の文化的背景をそれぞれに認識し，その認識から生まれるデザインを発展させ，さま

ざまに展開してきた。彼らはそれらを国内外に発信し，輸出することに力を注いできた。彼らはまたデザイナー協会の中核となり，デザイナー相互の連帯を強めたり，若い世代のデザイナーの育成に力を注いだりして，協会の運営にかかわっている。

　この世代の特徴は，前世代に比べて，活動の場がインドネシア各地に広まっていったことにある。古都ジョグジャカルタのデザイナーたちは，1980年代末から1990年代初めにかけて仕事を始めるようになった。彼らのエスニシティは単一ではなく，ジャカルタのデザイナーたちと同様に多元的である。それぞれが自己の文化的背景にかかわるデザインを工夫しながら，この地に古くからあるバティックを意識して創作活動を行っている。

　観光地バリにあるデザイナーの活動が活発になりはじめたのはジャカルタよりも後のことで，エリス・シムールによって，バリの若手デザイナーたちを集め，デザインの発展をはかるデザイナー協会MOBASが設立されたのは，1999年であった。

　またジョグジャカルタやバリといった古都や観光地とは異なる地方にも，デザイナーの活動がみられる。

　そこで次に，ジャカルタを拠点とするデザイナーたち10人と，ジョグジャカルタのデザイナー2人，バリのデザイナー1人，およびその他の地方で活動するデザイナー4人のプロフィールをみていきたい。

■ラムリ

　ジャカルタ生まれのラムリ（Ramli）は，美容師の仕事をしながら，クバヤの刺繡のデザインが好きで，刺繡を発展させたファッション・デザインを創作してきた。1974年に，「同郷婦人協会（Wanita Kawanua）」の「デザイン賞」のクバヤ部門で優勝した。それを契機に，著名人から，刺繡入りクバヤの注文が多く来るようになり，オートクチュールを始めた［Ramli 2000:15］。1975年に，彼はジャカルタのガンビルで最初のショーを開き，「ラムリ・イクスクルーシブ」のブランド名で，クバヤやバジュ・クルン，婚礼衣裳などのデザインを手がけるようになった。

　2000年に，キャリア25年を記念して，自伝的著作『ラムリ，25年の仕事，50歳（*Ramli 25 Tahun Berkarya, 50 Tahun*）』を出版した。

　ラムリは，初期のデザイナーの中で，伝統的な文化要素をモチーフとして使

って，自由にファッションを創作し始めた最初のデザイナーである。彼の特徴は，自由にジャワの伝統的な刺繍やクバヤなどのエッセンスと西欧文化を相互作用させるところにある。これは，バティックの臈纈染めの技法をそのままのかたちで守るティルタと対照的である。

彼が，伝統的な刺繍と現代的なデザインの衣服とを組み合わせるようになった発端は，美容師時代に，布をパサール・バルやパサール・スネンなどの市場に買いに行き，仕立屋でシャツに仕立ててもらい，それに自分のデザインした刺繍を自分でほどこすようになったことにある。やがて彼は，美容院の仕事を終えたあとに仕立屋のところで縫い方を教わるようになり，自ら型紙をつくって，クバヤやシャツの仕立てをするようになった。

その後彼は，欧米のファッションを参考にしたり，世界の伝統的文化要素と現代的要素を混合させたりして，デザイン創作を始めるようになった。

ラムリはまた，1990年代半ば頃から，イベント会社の経営にたずさわるようになり，ファッション関連ビジネスへと活動を広げ，アクセサリーなどもプロモートしてきた。

さらに2008年からは，全国各地のバティックを見直す活動を始め，それぞれの土地のバティックをテーマにファッションの提案を行っている。

■ **シャムシダール・イサ**

シャムシダール・イサ（Dipl. Des. Sjamsidar Isa Tandaputra）は，スマトラ島パレンバン生まれのミナンカバウ人である。彼女は，高校時代にジャワのボゴールに移り，インドネシア大学経済学部で学んだ後，デュッセルドルフのデザイン学校でテキスタイル・デザインを学んだ。彼女は，1973年に卒業後，帰国し，ティルタに師事した。

イサは1975年，29歳の時，ジャカルタに「スタジオ・ワン」というイベント会社を設立した。その10年後，インドネシア・ファッション・デザイナー協議会I.P.B.M.I.の会長となった。1993年の協議会のI.P.M.I.としての再編後も，彼女は会長を続け，今日にいたっている。

2008年には政府の援助もあり，I.P.M.I.主催で第1回目のジャカルタ・ファッション・ウィークを開催するようになった。

シャムシダール・イサが仕事を始めた1970年代半ばは，既製服が普及し，ファッション・デザイナーのコレクションの発表が始まった時期であった。1980

年代半ばになると，彼女は，ファッション・ショーをコーディネートする必要性を感じ，他のデザイナーからの要請もあって，1985年に，I.P.B.M.I. を設立した。1990年代に入り，彼女はインドネシア代表として，アパレルやテキスタイル関係の国際会議に出席するようになった。

イサは，ヨーロッパでの留学経験をもとにした国際的な視野から，インドネシアのアパレル業界とデザイナーの存在意義について，次のような独自の意見をもっている。つまり政府が欧米のアパレル製品の輸入を奨励し，国産のアパレル製品を輸出しようと努めてきたのに対し，インドネシア人デザイナーは，豊かな人口に支えられる国内市場に向けた製品を開発するべきであると考えてきた。とくに1997年以降の国内における政治・経済の状況の悪化からは，インドネシアのデザイナーたちの製品は，国内市場をターゲットとするべきで，輸出向けである必要はないと考えている。また彼女は，2000年代半ば以降のインドネシア経済の安定化の方向を感じとり，輸出を考えても，製品コストでは他の東南アジアや中国より安価にすることは困難なので，付加価値であるデザイン性を高めることが，インドネシア製品を国際市場に広げる有効な手段になると考えている。彼女は，インドネシア人デザイナーの国内外市場での可能性を総体的にとらえることのできる人物として，国内外での役割を果たしているといえる。

■ ジョセフィン・コマラ

ジョセフィン・コマラ（Josephine Komara）は，オビン（Obin）の愛称でも知られる。ジャカルタ北部のコタ生まれの中国系インドネシア人である。彼女は，小学校卒業後，12歳でバティックを学び始め，1977年，22歳の時に本格的に織りを始めるようになった。1986年にビン・ハウス（BIN house）を設立し，ジャカルタを拠点にソロに工房をもち，店をインドネシア国内のみならず，シンガポール，日本に設け，アジアを中心に展開してきた。1993年には，大阪の国立国際美術館でイワン・ティルタとともに布の展覧会「ニュー・ファッションへの展開——現代のジャワ更紗」を開催し好評を博した。2001年にはユネスコとトヨタ財団による「東南アジアの職人」をテーマとするシンポジウムで布づくりについてのワークショップを開催するなど，文化活動に熱心にとりくんできた。

オビンの創作の原点には，夫の仕事の関係で始めたインドネシアの古布の収集があるといい，集めた古布の美しさを現代生活に合った布に表現できないか

と考えるようになり，各地の染織の村を訪ね，技法を学び，独自に織りを始めたという。その当時について，2009年のインタビューで次のように語った。

　　1977年頃，私は織ること，手織りを始めました。その頃，手織りがまだ多く残っていて，それらはとても伝統的なものでした。当時1970年代は，インドネシアは投資ブームでした。投資は日本などからで，テキスタイルは機械織りでした。それらの多くはバンドゥンに現在まであります。つまり2種類あり，一つは村々に残っている伝統的な手織りで，もう一つは大都市でつくられている機械生産による現代的なプリントでした。しかし少数ですが，日常に伝統的な布を組み合わせてモダンに着る人々がいました。（中略）それで私はファッションではなく，日常に調和し使えるものをつくりたいと考えました。

　オビンは，当初，絹を素材としていたが，その後木綿を使ったり，縞・緯糸紋織を織るなど技術を多彩にしながら，日常生活で用いる布をテーマに創作活動を続けてきた。そしてビン・ハウスの設立を機に，インドネシア各地の染織技術をもった職人を集め，伝統染織の技術を守り伝えていく活動を今日まで続けている。
　彼女の創作の特徴は，自身をファッション・デザイナーではなく「布のつくり手（cloth maker）」とよんでいるように，流行によって移り変わるのではないインドネシアに古くからある布を，現代生活に合わせてつくりよみがえらせることにあり，クバヤなどの仕立てた衣服のデザインも，布づくりの延長にあると考えていることにある。

■ ポピー・ダルソノ

　ポピー・ダルソノ（Poppy Dharsono）は，ジャカルタ生まれの女性デザイナーで，ソロ出身の父親と西ジャワ出身の母親をもつ。彼女は，パリのエスモードでファッション・デザインを学び，1977年に20歳で帰国後，デザイナーの仕事を始めた。
　彼女は，1993年7月に，I.P.B.M.I. から脱会したデザイナーによって形成されたインドネシア・モード・デザイナー協会 A.P.P.M.I. の初代会長となった。その経験を生かして，1995年にジャカルタ南部にオープンしたファッション・デザイン専門学校，ラサール・

カレッジの初代校長を務めた。
　ファッション・デザイナーとしての仕事をこなすうちに，彼女は地球環境問題に関心をもつようになり，2001年からインドネシア各地にココナツを植えて緑化を進める「ココナツ基金」の会長を務め，2007年にバリで開催された気候変動枠組条約締約国会議（COP13）にインドネシア代表として出席した。

　ポピー・ダルソノは，10代にファッション・モデルをしていた経験から，20歳になってファッション・デザイナーへキャリア転換した。この転換は，彼女が，パリでデザイン教育を受け，西欧の視点で，自国の織布や服飾文化をエキゾチックなデザインの源泉としてみるようになったことで生じたという。伝統文化をアイディアにとり入れ，オフィス・ウェアやパーティ・ドレスのような現代の都市生活者に向けた衣服デザインへと再構成することが，彼女の創作目標となっている。伝統染織の中でも，彼女が注目しているのは，父方のソロの文化的背景にあるバティックである。それにさらに，インドネシアの伝統染織を再構成してきたオランダや中国などの文化的要素を組み合わせて強調し，自国の多文化的背景をデザインにあらわすところに，彼女の創作の特徴がある。
　ダルソノが，若手デザイナーの育成に熱心にかかわっているのは，彼女がヨーロッパでデザイン教育を受けた経験から，ファッション・トレンドの情報を迅速に的確につかむことがなければ，若手デザイナーは育たないという考えをもっているからである。この考えから，彼女はA.P.P.M.I.指導者として，ヨーロッパのファッション・トレンド情報を会員に提供し，専門学校で，デザインやビジネスについて教育を行い，若手デザイナーの育成に尽力してきた。

■ゲア

　ゲア（Ghea Panggabean）は，オランダに生まれた。彼女の父親は，西ジャワのスンダ出身の元デンマーク大使で，母親はオランダ人である。彼女は，幼少期をヨーロッパですごしてからインドネシアにもどり，ジャカルタの芸術大学を中退したのち，ロンドンのファッション・カレッジでファッションについて学んだ。卒業後，1979年に24歳で帰国し，自宅のガレージでつくった衣服を販売するようになった。1984年に，自身のデザイン・スタジオをジャカルタに開くと，インドネシアの伝統染織をテーマとするファッション・デザインを始めた［Isa 1995:8-9］。彼女は現在まで，「エトゥニック・デザイナー」[3]として活躍し，1990年代には，シンガポールやマレーシア，中東諸国，ヨーロッパ，日本などの国外でビジネスを展開してきた。2001年には，アメリカのテレビ局CNNのニュース

番組で，彼女のデザインが紹介されたのがきっかけで，フランスのデパートから製品の注文を受けるようになったという。

2007年には，ジャカルタの国立博物館で，ユドヨノ大統領夫人が設立したNPO法人による宝石の展示会に併せて，「インドネシアの宝物・遺産」をテーマに，スマトラ，ジャワ，バリの宝石や刺繍柄をプリントしたデザインのファッション・ショーを披露した（写真3）。2008年からは，スマトラ島ミナンカバウの行政府からの依頼を受けて，金糸刺繍やチンデ（cinde 絹の緯絣）のデザインをプロモートしている。

ゲアは，ジャカルタで，多くのファッション・デザイナーが登場するようになった1970年代末から1980年代初めにかけて，仕事を開始するようになった。

ゲアは，インドネシアの伝統染織をテーマとすることを他のデザイナーと共有しながら，手仕事にこだわらず，テキスタイルをプリントで表現し，量産する仕事をしてきた特徴をもつ。彼女は「エトゥニック・デザイン」をテーマとしていて，それは，西欧の視点で自民族の伝統文化を解釈し直し，伝統的なものを現代的につくり変えて生み出されたデザインのことである。そのように，常に変化する流行の意識と，それを具体化し量産しようとする考え方を共存させることで，新たな伝統を創出しているといえる。

写真3　ゲアによるジャカルタ国立博物館のファッション・ショーにおける貫頭衣バジュ・ボド風デザイン［2007年11月］

彼女は，自身の幼少期の経験を，現在の仕事の契機と考えていて，2001年のインタビューで次のように語った。

> 私は幼少の頃，ヨーロッパで育ちました。私の父はインドネシア人で外交官でした。オランダ人女性と結婚しました。私は小さな時から絵を描くことが好きだったし，10代になった時，古い布を集めることが好きになりました。私の父は，文化や芸術が好きだったので，文化を正しく認識するために私を博物館に連れて行きました。「お父さんはなぜいつも私を博

物館に連れて行くの」[と聞くと，父は]「お前が国や博物館から文化を学ばなければならないから，博物館を見なければならないのだよ」[と答えました。]

　私は 7 歳から 15 歳まで，インドネシアにもどって来ていました。私は長くヨーロッパに住んでいたので，もっと自分の国のルーツについて知りたいと心底から願っていました。インドネシアの人々は，いつもヨーロッパに関心をもちたがります。私はインドネシアに関心をもちたいのです。それで私はテキスタイルに興味をもっていて，テキスタイルを見たり，アンティーク・ショップへ行ったり，テキスタイルの本を買ったので，私の家はテキスタイルの本でいっぱいになりました。

　ある日，私は父に尋ねました。「ファッションを学んでもよいですか」と。

　結局父は承諾してくれました。私が本当にファッションを学びたかったのがわかるでしょう。それでまず，ジャカルタの芸術大学で勉強しました。しかしもっと直接的に学びたいと思い，[卒業しないで]ロンドンへ行きました。私はファッションの勉強をロンドンで終えてもどって来た時，何かを始めたいと思いました。その時，イワン・ティルタらのデザイナーがいましたが，そう多くはいませんでした。

　ゲアは，父親の働きかけで伝統的な織布を身近に見て育った。それがのちにデザイナーの仕事につながっていったのである。このことから，彼女がインドネシアの伝統染織を身近に感じ，創作のもとにしてきたことが理解できる。

　ゲアは，自身のデザインの意義について，動機とかかわらせて次のように語った。

　私が[この仕事を始めた]動機は，この国の人々，とくに若者にテキスタイルを正当に評価してほしいと思ったことです。この考え方は，インドネシア人を正しく評価することで，[インドネシア人は]そのままでファッショナブルに見えるのです。インドネシア人であろうとして伝統的な姿になる必要はなく，インドネシア人であることでファッショナブルに見えるのです。

この語りから，ゲアのデザインの意義は，インドネシアの若者に対して，伝統染織を再認識する契機を与えることであることがわかる。そして彼女は，伝統染織を正当に評価する目をもつことが，インドネシア人としてのあり方を確立することにつながると考えているのである。彼女がデザインする伝統染織をテーマにしたファッションは，伝統文化を感じさせるためにあるのではなく，国内外に向けて，ファッショナブルにインドネシアらしさを表現する意義をもつものなのである。

彼女のデザインの特徴である伝統染織のプリント表現とトレンドの変化が，国内の他のデザイナーに与える影響は大きく，ゲアは，インドネシアに流行をもたらしてきた数少ないデザイナーの一人である。

■ チョシー・ラトゥ

チョシー・ラトゥ（Chossy Latu）は，マルク諸島アンボン出身の母親と中国系ジャワ人の父親をもち，「チョシー・ラトゥ」のブランド名をもつアパレル会社をジャカルタで経営する。彼はロンドンのファッション・カレッジを卒業し，1979年，20歳の時，女性雑誌『フェミナ』によって開催された第1回ヤング・デザイナー・コンテストで準優勝した。その後，「チョシー・ラトゥ・ファッション・スタジオ」を設立し，1985年にシンガポールなどに出店した。1990年にイワン・ティルタの専属デザイナーとなり，今日まで，ティルタのバティックをドレスのデザインに表現してきた。その例として，ガルーダ・インドネシア航空の制服，グランド・ハイヤットやマリオットなどのホテルの制服のデザインがある。1991年のアセアン・デザイナー・ショーに出品し，国際的な評価を得るようになった。以後，彼は，作品のプレゼンテーションを，クアラルンプル，台北，アムステルダム，コペンハーゲン，デュッセルドルフ，ワシントンD.C.で行ってきた［Isa 1995:6-7］。

イワン・ティルタから独立して，2008年に独自に発表したバティックによるイブニング・ドレスのライン「マラム（Malam 夜およびバティックの蝋の意味）」が好評を博し，現在，彼のメイン・ラインとなっている。

ラトゥは，中国風の文様を多くとり入れてバティックを創作してきた。1980年代半ばから，彼はしだいに中国風よりも西欧的な文様を多く用い，さまざまな色彩を使ってバティック・ファッションをつくるようになった。

彼は，1990年代における国内の文化を再認識しようとする顧客の嗜好の変化を敏感に感じとり，社会の変化を的確にとらえる感覚をもっている。例えば，1990年代初めに，伝統染織に人々の関心が集まるようになると，彼は，中部ジャワのバティックのサロンとクバヤを組み合わせたスーツをつくった。1990

年代半ばに，伝統染織をテーマにしたゲアのデザインが流行現象を生み出すようになると，彼は，ジャワ以外の他のインドネシア地域にある染織も，自身のテーマにとり入れ，バティックのほかに絞りや絣をテーマにしたデザインをつくった。

現在，彼は，世界に向けたデザインとして，インドネシア各地の民族衣装や伝統染織のエッセンスと国際的な感覚を相互作用させる試みをしていて，伝統性と現代性を混合させて新稀性を生み出す創作活動を行っている。

■ スーザン・ブディアルジョ

スーザン・ブディアルジョ（Susan Budihardjo）は，1970年代半ばにロンドンのファッション・カレッジでデザインを学んでから，カナダとドイツでもデザインを学んだ。その後ジャカルタにもどって最初ファッション・デザインの仕事を始めたが，当時，インドネシア国内にファッション・デザイン専門学校はなく，国内でのデザイナー教育の必要性を強く感じるようになった。そして1980年，ジャカルタにスーザン・ブディアルジョ・ファッション・カレッジを設立した。この専門学校からは，カリエット・バンバンやデシー・ムナフ，若手デザイナーとして後で述べるセバスチャン・グナワンらの，現在国内で活躍するデザイナーが多く輩出されてきた。国内での専門学校の評価は高く，1994年にスマラン，1995年にスラバヤ，1998年にバリに分校が設けられるようになり，全国から学生を集めている。

スーザン・ブディアルジョは，中国系ジャワ人でジャカルタに生まれ育った。私が彼女に「あなたはジャワ人ですか」と質問すると，彼女は自分を100パーセント中国人であると語った。しかし同時に，自らの文化はジャワ人の文化と同じであり，また自らはインドネシア人としてあるのだという。

こう考える彼女がファッション・デザインに興味をもつようになったのは，一般の人が着ていない何か違ったもの，クリエイティブなものが好きだったからであるという。彼女は，ロンドンで最初の1年間建築を学んだが，それが自分の始めたいものではないとわかり，インドネシアでは当時まだ誰もファッションを仕事にはしていなかったが，これからの時代はファッションであると思い，仕事に選んだ。そして帰国後，西欧での勉学の経験を通してインドネシアのファッションの状況，デザイナー教育を考え，国産の教育の必要性を強く感じるようになったという。彼女は西欧での教育経験によって，インドネシア国内のデザイン教育の使命を悟り，実行してきたといえる。

■ エドワード・フタバラット

　エドワード・フタバラット（Edward Hutabarat）は，スマトラ島北部タパヌリのバタク人の王家に生まれた。彼はジャカルタの大学で経済学を学んだのち，独学でデザインを学び，1980年の『フェミナ』によるデザイナー・コンテストへの参加を契機として，デザイナーに転身した。1982年に，24歳でジャカルタにオートクチュールを中心とする会社を設立した。

　1984年に，北スマトラの行政府とともに，故郷の地場産業の振興事業にたずさわるようになると，その事業活動の一つとして，伝統染織ウロス（ulos 経緋）を使ったデザインをつくった。それをオランダ，台北，東京，ブルネイのショーで用いた。1992年に，スマトラ島ジャンビの行政府から，ソンケットとバティックをデザインとして促進することを依頼されて，作成したデザインのファッション・ショーをロンドンで行った［Hutabarat 1999:8］。

　彼は 1995 年から，クバヤを広める活動を，インドネシアの国営テレビ TVRI と行った。彼のデザインした丈長のクバヤとスレンダンは，多くの女性の人気を得た［Hutabarat 1999:20］。この頃から彼は，インドネシア各地のクバヤのデザインを調査するようになり，その結果を，1999 年，自身のデザインの紹介とともに，著作『インドネシアのナショナル・ドレス（Busana Nasional Indonesia）』にまとめた。彼はまた，伝統工芸の保存に熱心で，各地の職人の支援活動を行っている。

　2006 年からバティックを用い，「大地」をテーマとしてインドネシアの自然環境保護の視点をもって創作活動を展開している。

　1980 年代前半から 1990 年代にかけて，フタバラットは，行政府と共同で行ってきた北スマトラの伝統染織を用いたデザインの創作を通して，自らのバタク人としてのエスニシティを再認識するようになった。その認識をもつことで，1990 年代半ばに，彼は，クバヤをテーマにした国を象徴する服飾デザインを模索したのである。模索の結果，彼は，すべての国民に共通するナショナル・ドレスは存在しないと結論づけた。彼は，各民族それぞれの伝統衣装が国を表象する衣服であると主張し，彼がデザインする伝統文化と西欧文化を混合させた衣服も，ナショナル・ドレスの一つであることに変わりはないと考えたのである。この考え方を，彼は，インドネシアの民族衣装や伝統染織布にヨーロッパ風のスタイルを組み合わせる根拠としているのである。

　王族出身であるフタバラットは，為政者的思考様式をもって，国内のどの民族の文化要素も国を表象するデザインとなると考え，現在，自らの活動を，各地の伝統工芸の振興・保存活動，また環境保護活動へと広げている。

■ カルマニタ

　カルマニタ（Carmanita）はバンドゥンに生まれ，スマトラ系とジャワ系の文化的背景をもつ女性デザイナーである。彼女は，19世紀にオランダに渡って絵画を学び，帰国後西洋画家として活躍したラデン・サレの末裔であり，さらにスカルノ時代に活躍した西ジャワ出身の著名なバティック作家イブ・スドゥを祖母にもつ。米国の大学で経営学を学び，帰国後1982年に，26歳で自ら会社をジャカルタに設立し，ユニフォームやテキスタイルのデザインを手がけてきた。彼女は，1987年にフェミナ主催の第9回ファッション・コンペティションに入賞したのを契機に，プロ・デザイナーになり，2年後に自身のレーベルをもつようになった。

　カルマニタは，祖母イブ・スドゥから，ジャワ人としてのエスニシティを尊重しながらインドネシア人としての自己をデザインに表現するというバティック創作上の考え方を学び，創作の基本にしている。彼女は自身の創作のかたわら，イブ・スドゥのバティックをそのままコピーし，チャンチンを用いた描き方，色彩のとらえ方などを祖母の創作から学んでいる。そしてティルタと同様，バティックの伝統的な技法を守りながら，それを，エア・ブラシなどの現代絵画の技法と併用して，現代ファッションの展開に活用してきた。つまり彼女は，バティックや他に絞りなどの伝統的な技法を守ると同時に，アート的な創作を展開してきているのである。

　彼女は，大学で経営学を学んだことから，仕事を始めた1980年代初めのインドネシア経済の変化を経営的センスでとらえることができ，その伸展期を仕事の好機と考えて活動を行うようになったという。その後もそのように会社経営を行っていて，彼女は，数少ない経営的センスをもったデザイナーの一人である。

■ ビヤン

　ビヤン（Biyan Wanaatmadja）は，スラバヤ生まれの中国系ジャワ人である。彼は，18歳からヨーロッパに渡り，ドイツ，デュッセルドルフとイギリスのファッション・カレッジを卒業し，1983年に29歳でスラバヤにもどって，デザイナーの仕事を開始した。
　その後，彼は，ジャカルタにもアトリエを設け，1980年代半ばから，ジャカルタを拠点にし，インドネシアの現代ファッションの草分けとして，重要な役割を果たすようになった。彼は1988年と1989年に，ジャカルタにあるレドモド協会から「アパレル賞」を受賞し，彼のダイナミックな裁断と斬新なパターンは，インドネシア・ファッションの前衛

2. 興隆期を形成したデザイナー　73

と評価された［Isa 1995:5-6］。国外でのビジネスは，マレーシア，シンガポール，台北，中東諸国，アメリカ，日本（1994年大阪）などで展開した。国内では12店舗をジャカルタ，スラバヤ，バンドゥン，バリで展開している。彼は，シンガポールで毎年開催されている「アジア・ファッション・コネクション（現在のシンガポール・ファッション・ウィーク）」の審査員を2001年から務めてきた。

　彼は，現在，「ビヤン」と「スタジオ133」，およびインドネシア人デザイナーによる最初の子供服ブランド「アクセスML」をもっていて，2005年には，ジャカルタ南部のクマンにブライダル・ショップとともにインテリアやアートをあつかう店舗を構え，ビジネスを拡張している。

　また彼は，若手デザイナーの育成に熱心で，後述するロナルド・V・ガッガーナを育てた。

　ビヤンは，最初に選んだ建築の勉強からファッション・デザインの勉強へと移った理由を，創作の考え方と結びつけて，2002年のインタビューで次のように述べた。

> 　私が［この仕事を］選んだのは，何も特別なことではありません。私は高校を卒業した時，キャリアをつけたくて，ジャカルタで学びたいと思いました。当時，私の兄は，ドイツに住んでいたので，両親は，とくに私を教育しようとしました。私の両親は，いつもとても教育のことに関心をもっていたのです。母は，私にとって最善なことを望んでいました。［母は私に］「より良くなるには家を離れたほうが良い」［と言いました。］それで私はドイツに行きました。何をさらに学ぶのか，どこに住むかの計画がなかったので，何をしたら良いのかわからず，建築を志願してしまいました。1学期がすぎた時，何かが起こりました。それから，それが，私が本当にしたいと思っていることではないと気づきました。でもアジア人なので，もっと自立することを学んで，もっと自分を鍛えることを学ばないと。そうやって，多くの異なったことに触れられるのです。そんなふうにして，たぶん自分でファッションを選ぶようになったのでしょう。

　ビヤンのファッション・デザイナーとなるプロセスには，自己のアイデンティティの変化があった。彼は，自身がアジア人であることを再認識したのである。そこからヨーロッパと比較することで得られるアジアの特徴を，アジアの

人々のためにデザイン化するという考えをもつようになり，建築よりも人体にかかわる衣服の方が，自らの考えを表現しやすいと理解したのである。

彼は，当初の「アジア人」としての自覚を，キャリアを積むことでグローバルに広げ，アジアやヨーロッパという地域性にとらわれない超越思考をもつにいたったデザイナーの例となっている。

彼の言う「ユニバーサルな」デザインとは，木綿や麻の天然素材を多く使い，素材の色をシンプルなラインに組み合わせた，現代生活の中で着用しやすいデザインである。

■ ボヨンズ・イリアス

ボヨンズ・イリアス（Boyonz Ilyas）は，スマトラ島西部ブキティンギに生まれた。彼はジョグジャカルタの芸術大学を卒業後すぐ，1987年に，21歳でバティックを創作するようになった。彼はそれをファッションへと展開しながら，アーティスト的に創作を行っている。彼の顧客は，地元ジョグジャの人々であった。

最近彼は，国内をはじめ，さらにシンガポールなどの海外への顧客を広げようと，自身のデザインをファッション雑誌に掲載したり，カタログに編集したりして，海外からの受注に対応しようと努めている。2008年には，それまで拠点としていたジョグジャからジャカルタに移り，全国から顧客を集めている。

ボヨンズ・イリアスは，自らのエスニシティであるミナンカバウの文化的特徴を表現する舞台として，ジョグジャを選んだ。そこで彼は，芸術家的センスから，バティックの技法に，これまで使われたことのない素材であるビロードやサテンを用いてデザインしてきた。臈纈染めの伝統技法と新しい素材の組み合わせは，ティルタも行っている。しかしミナンカバウの家屋などに描かれる伝統的な文様を用いながら，全体の雰囲気をジョグジャ的に仕上げるところに，彼の創作の特徴がある。

さらにジャカルタに移ってから彼は，ジョグジャでのバティック創作をもとにし，ムスリム向けのラインに力を注ぎ，またテーマを広くアジアや日本へも展開している。

彼のデザインは，地方を否定するのではなく，活かしながら国民的バティックを再構成し，さらにインドネシアからテーマを拡張していくことが可能であることを示している。

2. 興隆期を形成したデザイナー　　75

■ **カリエット・バンバン**

　カリエット・バンバン（Cariet Bambang）は、ジョグジャカルタに生まれた。両親がバティック工房を経営していたことから、彼女はバティックを中心としたファッション・デザインの仕事を始めるようになった。ジャカルタのスーザン・ブディアルジョ・ファッション・カレッジを卒業後、故郷にもどり、現在、両親の工房でバティックをつくり、その布で、地元の若者向けにアレンジしたファッションを提供している。
　2007年に、彼女は仕事の経験を生かして、デザインや縫製技術を教えるファッション専門学校「カリエット・バンバン・モード教育協会（Lembaga Pendidikan Mode Chariet Bambang）」を設立し、ジョグジャの若者のデザイン教育に励んでいる。

　カリエット・バンバンは、ジョグジャ出身というジャワ人としてのエスニシティを自己認識することで、中部ジャワ様式のバティックの伝統をふまえながら、バティックを独自に創作するようになった。彼女は、その過程について、2001年のインタビューで次のように語った。

> 　私は、この店を1989年に［32歳で］開きました。最初、私は趣味でやっていて、その趣味を発展させたのです。私はジャカルタのスーザン・ブディアルジョ［ファッション・カレッジ］でモードを学びました。卒業して、私はジョグジャでそれを発展させました。私は基本的なデザインから始め、その後、私が学んだ知識でデザインを発展させていきました。私はジョグジャ出身者として、ジョグジャの価値と雰囲気をもった絹でテキスタイルをつくりたいと思っています。最初、私は伝統的なバティックをつくっていて、その後、それを展開していったのです。私はインドネシアの製品をつくるために、素材に絹を使ったりして、伝統的なバティックもつくりますが、それを発展させるのです。

　彼女のデザインの特徴は、バティックに自分の出身地ジョグジャのイメージをもたせること、それにファッション・カレッジで学んだパターンや縫製技術を用いて、ラインにデザイン性を出すことで、インドネシアとしての意味をもった製品をつくることである。衣服デザインについて学んだ経験があることで、イリアスとは異なり、彼女は、自分でパターンを創作し、カインやサロンという一枚布から自由に抜け出して創作できるのである。

■ エリス・シムール

　バリ生まれのエリス・シムール（Elice Seymour）は、1981年までロンドンでデザインを学んだのち、22歳でバリにもどり、レギャンに店舗を設けた。彼女は、1982年にアメリカ人の顧客向けのデザインを始め、1983年に「エリス・シムール」のレーベルを創作し、1993年まで「エリス・シムール・アメリカ」として、アメリカ向けの製品を輸出していた。

　彼女は1999年に、バリ・デザイナー協会 MOBAS を設立し、会長を務め、2000年に最初の展覧会を行い、現在にいたっている。

　エリス・シムールは、数少ないバリ人デザイナーの中で、最も長い20年ほどのキャリアをもち、出身地であるバリの伝統文化やインドネシアの伝統染織をテーマにしたデザイン、また自由な発想のデザインを、アメリカ向けにつくってきた。このことから、バリ・ファッションの創始者とみなされている。彼女のデザインの特徴は、顧客の嗜好の動きに合わせて、民族性のあらわし方を加減するフレクシビリティにある。

　バリ・デザイナー協会は、バリ人の彼女のほか、ジャワ島スラバヤやバンドゥンなどの出身者から成り、協会は、地元の閉じた組織にならず、彼女は、ジャカルタやジョグジャなど他の地域との交流に力を注いでいる。

■ エディ・P・チャンドラ

　エディ・P・チャンドラ（Eddy P. Chandra）は、バンカ島出身の父と、上海生まれの母をもつ中国系ジャワ人で、故郷バンドゥンでアパレル会社を経営する。彼はインドネシアでファッションを学んだのち、さらに2年間、香港でドレス・メーキングを学んだ。その後バンドゥンにもどり、1975年に、28歳でファッション・デザイナーの仕事を始めた。

　インドネシア第三の都市で、首都から200キロメートルほどの避暑地として有名なバンドゥンには、量販店向け衣料品会社などの軽工業が発達し、中間所得者層の人々が多い。チャンドラは、こうした人たちを対象とした製品を生産し、地元の人々から、ファッションの老舗とみなされている店で、手頃な値段で販売している。

　彼は、主に地元の布を使い、香港で学んだ立体的なパターンと丁寧な仕立て技術を用いて、ジャカルタで流行しているトレンディなテイストを、地元の需要に合った製品、例えばムスリム向けの衣装や、中国系住民に向けたウェディ

ング・ドレスにいち早くとり入れ，地元の顧客から支持を得てきた。彼は，母方の中国系の文化要素を現代的にデザインの中に再構成することで，自らのデザイナーとしての特徴をつくり上げてきたといえる。

■ デシー・ムナフ

　デシー・ムナフ（Dessy Munaf）は，南スマトラ，パレンバンに生まれ，幼少の頃からスマトラ島南端のランプンに住んだ。両親ともに南スマトラ出身である。彼女は，ジャカルタで高校と大学の教育を受け，卒業後，ランプン大学で農学を学んだ。しかし衣服をデザインし，そのスケッチをする趣味を伸ばそうと，さらにジャカルタのスーザン・ブディアルジョ・ファッション・カレッジでデザインを学んだ。

　彼女は，デザイナーの仕事を，1988年，23歳の時に，ランプンで始めた。ここは，タピス（tapis）とよばれる金糸による刺繍の布，プルパイ（pelepai）とよばれる緯糸紋織，スバゲ（sebage）とよばれるバティックなどの伝統染織で有名な町である。最初は一人で始め，現在ではジャカルタに2支店（従業員40人）をもつまでになった。彼女は，南スラウェシ，カリマンタン，北スマトラなどの国内各地に出向いて，布や材料を仕入れている。

　ムナフは，地元の染織布タピスを使って婚礼衣裳をデザインしている。その場合，伝統をもとにしながら，ヨーロッパ的な美を表現したデザインを行う。例えば，ムスリム向けにデザインする場合，地元色を出さない工夫をしているのである。彼女は，顧客の希望に応じて，地元の染織をデザイン・ソースとして注意深く使い分けている。彼女が地元で人気を得るようになったのは，地元だけでなく，ジャカルタやシンガポールなどの都会のトレンド情報も察知して，そのテイストを加減しながら，地元の嗜好と柔軟に組み合わせてデザインしているからである。

■ ヘラワティ・サヌシ・ワハブ

　ヘラワティ・サヌシ・ワハブ（Herawati Sanusi Wahab）は，スマトラ島北部アチェ出身である。彼女は，バンダ・アチェにあるシャー・クアラ大学で被服学を学び，1985年から，同大学教育学部で服飾デザインを教えている。このかたわら，アチェ各地の村々の衛生状態を調べてまわり，生活向上活動を行っている。そして自宅の一角に縫製工房を整え，従業員を雇って，一点ずつ客の注文に応じながら，アチェの建物や装身具などの伝統的なモチーフを，衣服や鞄，テーブルセンターなどに刺繍で描き，販売してきた。

　2004年12月のスマトラ島沖地震で，バンダ・アチェが大きな被害を受けた時，ワハブ

の自宅は災害を免れ，復興活動の拠点として機能してきた。ワハブは，PKK（家族福祉運動）による復興活動の一環として各村をまわり，生計の手段としての洋裁や刺繍などを教える活動をしてきた。

　ワハブは，伝統染織や民族衣装を，前述した中央のデザイナーのゲアとラムリに紹介し，彼らを介して，アチェの伝統文化がファッション化され，そのデザインがアメリカで紹介されるきっかけをつくった。それは，1991年に米国ワシントンD.C.で開催された「アチェの夕べ」と題するファッション・ショーと展覧会である。この催しは，インドネシア大使館の主催でアチェ州の行政府が後援して実現した。この例のように，アチェの伝統的デザインは海外に紹介されても，この地域の特殊事情から，注目されることはこれまでほとんどなかったといえる。

　アチェの生活文化は，他の地域と同様に，外来文化の影響を受けているものの，厳格なイスラーム教崇拝が行われていること，19世紀末のオランダへの抵抗活動と，1980年代から盛んになった独立運動によって政府から特別管理下に置かれてきたことから，外にあまり知られてこなかったのである。しかし，アチェ北部の平野部に居住するアチェ人は，豊かな服飾文化をもっていて，金糸による刺繍をほどこした民族衣装や金糸による緯糸紋織，ソンケットをその特徴としている。

　ワハブは，他のアチェ人のデザイナーたちとともに，そのような刺繍やソンケットの伝統的な文様を，ワンピースやブラウス，スカート，鞄などのデザインに用いてきた。彼らはまた，アチェ地域の内陸山岳地帯である中部アチェに住むガヨ人やその南部に住むアラス人らの先住民族による色糸を使った刺繍をとり入れ，広域のアチェ全体をあらわすデザインを多様につくり出してきた。これは，インドネシア全体におけるアチェのまとまりを意識したエスニシティの再形成のあらわれとみることができる。そのようなデザインの製品は，地元とスマトラ島内およびジャカルタなどの都市でも，流通・販売されるようになってきている。

■ヨハンナ・ギリ・ウォレカ

　ヨハンナ・ギリ・ウォレカ（Yohanna Giri Woleka）は，スンバ島西部ワイカブバクに生まれ，この町出身の父と西部の村コディ出身の母をもつ。彼女は，1966年の結婚後，ティモール島クパンの大学でインドネシア語を専攻し，卒業後，故郷にもどってから，小・中・高等学校の教員生活を送った。彼女の夫は，東スンバ県の主都ワインガプで，スンバ島全域を管轄する政府工業貿易局の局長を長く務めた。スンバは，インドネシア全域でも非常に乾燥した気候風土であり，農作物に乏しく，染織以外に目立った生業のない地域である。比較的伝統的な生活形態が残り，各家で，絣や紋織などの手織が行われている。

　彼女は，教員退職後，1990年に50歳で「イヴリン（Evelyn）」という店を自宅の隣に開き，タイロールとして，スンバ島西部の手織布を使った衣服や鞄をつくって，販売してきた。

　ヨハンナ・ギリ・ウォレカは，1990年から，西スンバの織布で洋服や鞄をつくり，地元で販売してきた。1993年に，私が最初に彼女の店を訪れた時，その隣のアトリエで8人の女性が，衣服や鞄のミシンがけやアイロンがけなどをしていた。しかし夫の定年退職後の1998年に，退職金で自宅を新築し，店を縮小していた。2000年代になると，注文があればつくる程度の仕事を続けていたが，2008年の訪問時には，高齢のため引退したと語った。

　開店以来，彼女は，地元の経絣や昼夜織などの織布を使ってスーツやワンピース，鞄や小物などをつくることを主なテーマにしてきた。ジャカルタのファッション雑誌にあるデザインを参考にして創作することもあったという。彼女にとって重要な転機は，1992年にフランス人デザイナー，ペル・スプークが彼女の店を訪れ，そのフランス人デザイナーと交流を続けてきたことであった。彼から刺激を受けたウォレカは，地元の伝統染織とファッション的要素の混合を積極的に行うようになった。

　ウォレカのようなタイロールは，1990年代には，ワイカブバクの行政府による支援を受けて活動するようになった。毎年2〜3月に開催されるパッソーラとよばれる騎馬戦の伝統行事に併せて，ファッション・ショーや物産展示会が行政の支援で開催され，タイロールにとって活動発表の場となってきた。タイロールは，地元の伝統染織をファッションと結びつけて，地元の人々の婚礼をはじめとする儀礼用や外出用の衣服をつくってきた。

3. 新世代のデザイナー

　興隆期を築いたデザイナーたちに師事したり，1980年代～90年代にかけて開校されたジャカルタの専門学校，および出身地の大学で教育を受けた若手デザイナー4人をあげる。

■ ロナルド・V・ガッガーナ

　ロナルド・V・ガッガーナ（Ronald V. Gaghana）は，スーザン・ブディアルジョ・ファッション・カレッジで学び，1990年にインドネシア若手デザイナー・コンテストで1位を獲得し，1991年にビヤンの会社でデザイナーとして勤めるようになり，翌年には「エレメンツ（ELEMENTS）」というレーベルを担当した。2002年にビヤンから独立し，ジャカルタに独自の会社を設けるようになった。

　ガッガーナは，スラウェシ島マナド（Manado）出身の両親をもち，父は船乗りである。しかし彼は父親の仕事を継ぐことはなく，生まれ育ったジャカルタでの高校生時代，ファッションの仕事をしたいと思うようになり，ビヤンに出会って一緒に仕事をするようになったという。デザインする時，故郷のスラウェシのエスニシティを意識することがあるかどうかという私の質問に，特にそんなことはないと軽く否定した。彼はビヤンのデザインのしかたを学び，日常の出来事や街のようす，インターネット・サーフィン，旅で出会うものや景色に気をつけてデッサンしたりして，自分が感じたものをデザインのヒントにするという。そして全体的にシンプルかつナチュラルであるが，ディーテールに凝った，ビヤンのデザインと比較して，より若者向けのデザインをするようにこころがけている。

■ セバスチャン・グナワン

　セバスチャン・グナワン（Sebastian Gunawan）は，1980年代半ばにスーザン・ブディアルジョ・ファッション・カレッジで学び，卒業後アメリカとイタリアでファッション・デザインとマーチャンダイジングを学んだ。1992年にミラノから帰国後，留学中に結婚したイタリア人の妻と一緒に会社を設立し，現在，4つのレーベルをもつ。つまりオーダーのイブニング・ドレスのライン「セバスチャン・グナワン」，ブライダルの「セバスチャン・スポウザ」，子供ブランドの「バブル・ゴー」，また彼の妻が手がける「セバスチャ

ン・ブラック・レーベル」がある。それらはジャカルタ中心に展開され，そごうやメトロ・デパートにブティックがある。

　彼は自身をジャワで育った中国人二世であると語る。自身のエスニシティの認識が，彼のデザインにとくに影響しているわけではなく，また彼はインドネシアの伝統染織や伝統文化をとくに意識しているわけではなく，市場が自分に求めるデザインをつくっているという。
　彼がファッション・デザイナーの仕事を選んだきっかけは，美しいものへの憧れの気持ちがもとにあったことであるという。デザイナーになった動機について，彼は2008年のインタビューで次のように語った。

　　　なぜかというと，私はいつも美しいものに憧れていたからです。私は，私の母や姉がサロンから帰ってきたのを見て驚きました。衣服を替え，彼女らは全体的に誰か他の人になっていたからです。そこに両親はいませんでしたが，人柄は同じでした。人はメークアップし，髪を飾りすてきな衣服を着ると，性格は変わります。なぜなのでしょうか。私は当時，ファッションを知りませんでした。私はなぜ人々が変わるのか知りたいと思いました。大変素早く，彼女らはもっと美しくなり，もっとずっと幸せになり，彼女らがすてきにドレスアップした時，何が人々を幸せにしているのかを知りたいと思いました。なぜ彼女らがヘアをつくりメークアップした時，美しく見えるのか。それは何なのか。それを私は理解したいと思いました。少しずつ，私はファッションに惹かれていきました。

　自分の母や姉が美容院で髪を整え化粧をし，美しくドレスアップして家に帰ってくると，彼女らは別人のようで，彼は，その経験からファッションに惹かれ，ファッションとは何か，その力について理解したいと思うようになった。その動機が今までの仕事のもとにあり，彼は，女性を美しく見せるドレスをデザインしてきたのである。ファッションが，着装者つまり他者に，どのように働きかける力をもっているかを知ることを，デザイナーとなった目的であると語ったのは，私がインタビューしたデザイナーの中で彼だけである。

■オスカー・ラワラタ

　オスカー・ラワラタ（Oskar Lawalata）は，スマトラ島西部パダン出身で，テレビドラマ俳優でもある。彼の母親はアンボン人とジャワ人の血を引き，父親はマナド出身である。彼はジャカルタのデザイン学校エスモードを中退後，1997年に20歳で仕事を始め，ジャカルタを拠点に，ジャワの文化をアイディアのもとにしたデザインを行ってきた。1998年にI.P.M.I.の会員になり，その翌年にシンガポールでのアセアン・ヤング・デザイナー・コンテストで受賞した。

　彼のブランドには，インドネシアの文化要素を用いた「オスカー・ラワラタ」と，モダンで若者向けの「オスカー・オスカー」がある。また2008年には新ブランド「オスカー・ラワラタ・カルチャー」を立ち上げ，インドネシア東部の伝統染織を用いたデザインを展開している。

　オスカー・ラワラタは，伝統文化を出発点としながら，仕事開始から2000年代半ば頃まで，先進的な科学技術に強い関心をもってデザインしてきた。彼は，未来や科学をテーマとする，壮年期のデザイナーにはない創作の経験をもつ。

　彼のデザインの例として，1997年にシンガポールで発表した「文化と技術の叛乱」のテーマがある。これは，南スラウェシのブギス人による織布に臈纈染めをほどこし，ハイテクノロジーのイメージをかたちにあらわしたデザインであった。彼は，複数ある自己のエスニシティの中で，ジャワ人としてのエスニシティに注目して，ジャワの文化要素にインドネシアの他の地域の素材を組み合わせ，国際性のあるデザインをつくっている。

■シャリファ・ズハイラ

　シャリファ・ズハイラ（Syarifah Zuhairah）は，スマトラ島北端のバンダ・アチェ出身で，2003年にヘラワティ・サヌシ・ワハブが教えるシャー・クアラ大学教育学部を卒業後，ジャカルタのブティックでデザインを学び，バンダ・アチェにもどったあと，母親が経営するブティック，「イパ・モデスト（Ipah Modiste）」で母親を手伝って，衣服をデザインしてきた。

　彼女は，2010年に新たに設けられたA.P.P.M.I.アチェ支部の会員の一人として，新たなムスリム向けのデザインを工夫している。

　アチェ州では，2002年からイスラーム慣習法シャリア・イスラーム（Syariat

Islam）が施行されるようになると，女性は，家庭以外の公の場で，顔と手掌以外をすべて覆うゆったりした衣服ブサナ・ムスリマ（busana muslima）と，ジルバブ（jilbab）やクルドゥン（kerudung）とよばれる頭布の着用が義務づけられるようになった。ズハイラは，ブサナ・ムスリマとしてのかたちの制限がある中で，素材や色，刺繍，アップリケなどでデザインの工夫をし，母親の時代にはなかったシックなムスリム・デザインの創作をこころがけている。

4. エスニシティと創作活動

　以上に述べたデザイナーたちが，インドネシアの社会・文化的脈絡の中で，自己のエスニシティをどう認識し，創作活動に位置づけてきたのかについて考えてみたい。
　カルティニが，自己のエスニシティを自覚する過程を経て，出身地の伝統文化に西欧文化をとり入れ，自民族の向上を目指そうと考え，衣服の創作活動を行ったように，インドネシア人ファッション・デザイナーたちは，それぞれに自己のエスニシティの認識を経て，インドネシア各地の伝統文化をデザインの礎に置き，西欧の文化要素を混合しながら，地域や民族，国を表現するデザインを創作してきた。
　第1章で述べたように，ジャワ社会がオランダ植民地政策のもとで大きく近代化していった時代に，カルティニは伝統文化と西欧文化を混合し共存させることで，自らの民族文化を高めようと考えた。この考えは，第二次世界大戦後の共和国独立の基本理念につながり，建国の時期にスカルノも，国の発展をはかる文化政策として，伝統文化と西欧文化を共存させることを考えた。服飾の面で，彼は，さまざまな地域や民族の文化要素を混合したバティック制作を進めようとした。もともとジャワ文化の代表であり，すでにジャワ以外の各地でも広く着用されていたバティックに，多様な民族を統合する意味をもたせようとした。そしてスカルノは，新たなナショナル・ドレスに合った衣服の制作をハルジョナゴロに頼んだのである。ハルジョナゴロは，スカルノの考えに，農耕に基礎を置く多文化社会の統合の意図をくんで，それを具体化しようと，自らの中国系ジャワ人としての二つのエスニシティをともに尊重しながら，各地

のバティックを混合して，国を表象するデザインを生み出した。

　スカルノの方向性を継承したスハルトは，女性による染織布などの手工芸品生産を振興する文化政策をとり，伝統染織および服飾を，多様な民族を統合する媒体に利用した。そのような社会・文化とかかわりながら，ハルジョナゴロとともにデザイナーの誕生期を築いたティルタは，経済が発展を始める1970年代に入って仕事を開始し，ジャワ人として自らのエスニシティを尊重しながら臈纈染めの技法を守り，バティックの素材や文様を工夫し，ファッション・デザインに展開してきた。ハルジョナゴロとティルタは，それぞれに自己のエスニシティを認識し，バティックの技法の伝統に，文様や色彩，素材の面で，各地の文化要素や西欧的文化要素を合わせ，バティックを再構成し，多様な民族を統合する意味と，ジャワおよびインドネシアとしての意味をデザインにあらわしてきた。

　その後，スハルトによる経済振興政策のもとで，経済が発展を始める1970年代後半，デザイナーの黎明期を形成したラムリ，および1980年代におけるファッション・デザインの興隆期を形成したゲアらのデザイナーは，ジャワ人として，またオランダ系インドネシア人という自己のエスニシティを自覚しながら，伝統文化と西欧文化をデザイン上で混合し，民族衣装や伝統染織を積極的に用いて，ファッションとして表現してきた。

　1980年代半ば以降の経済の伸展期になると，この流れは，フタバラット，カルマニタらの活動で多様化するようになった。つまり彼らは，単一のエスニシティや複数のエスニシティをもつ人々で，自己の多文化的背景の認識を経て，伝統文化の多様性を，それぞれデザインの前面で表現するようになったのである。さらに彼らは，国内向けのデザインを行うだけでなく，とくにゲア，ラトゥそしてビヤンらは，オランダ系や中国系インドネシア人という自己のエスニシティを認識しながら，それを国内に向けて操作し表現したデザインを，グローバルなビジネスの中で展開し始めた。

　伝統文化と西欧文化を混合したデザイン創作の動きは，インドネシアの人々の生活にゆとりがもたらされるようになった1990年代に入ると，地方都市にも顕著にみられるようになった。デザイナーの仕事は，ジャカルタのジャワ系の人々から地方のジャワ系以外の人々に広がっていったのである。例えば，ジ

4. エスニシティと創作活動

ャワ島バンドゥン，ジョグジャカルタ，バリ島，スマトラ島ランプン，アチェ，スンバ島ワイカブバクのようである。こうした動向の中で中国系のデザイナーは，インドネシア各地を活動場所としてきたといえる。これら地方都市のデザイナーは，自己の文化的背景を自覚し，調整しながら，自己の出身，あるいは移住先に根ざしたデザイン活動をしている。

1997年以降のアジア経済危機と国内政治の混乱は，とくに中央のデザイナーに大きな影響を与えた。新たな顧客としての創作の対象を必要とする彼らは，豊かな国内市場の存在を再認識するようになった。こうしてつくられたファッション・デザインは，当初の上流階級向けから，しだいに中産階級などの一般向けにターゲットが広げられるようになり，現在，インドネシア各地の人々が求めるデザインになっている。

2000年代半ば，ユドヨノ政権のもとで政治が再編され，政治・経済の安定が定着してくると，ジャカルタやバリのデザイナーは再びグローバル・ビジネスを意識して活動を展開しようと試みるようになっていった。2008年9月の世界経済危機以降，現在まで，すでに内需が拡大している国内市場でのデザイナーたちの活躍が続いている。

これらの壮年期を迎えるデザイナーたちの活動に加えて，現在，新世代の若手デザイナーが新しい試みを始めている。ガッガーナは，日常や旅での自らの観察や経験をデザインにあらわそうとしている。グナワンは女性を美しくするデザインとは何かを追求し，ラワラタは，自己のジャワ人としてのエスニシティに注目し，ジャワの文化要素と他のインドネシア地域の文化要素を合わせ，未来をイメージしたデザインをつくり出してきている。こうしたデザインは，今後，インドネシア人デザイナーが，伝統文化から離れて他者のために，あるいは自己の経験をあらわしたデザインを発信したり，また伝統文化を基盤としながら未来をテーマにするという，これまでにない新しい方向性をもつ可能性を示している。またバンダ・アチェには，ブサナ・ムスリマという制限の中で，これまでになかったシックなデザインを創作する若手デザイナーが存在する。

インドネシア人ファッション・デザイナーたちは，自己のエスニシティの認識を，彼らの思考様式のもとに置きながら，創作や活動を多様に展開してきた

のである。そしてデザイナーたちの多文化的背景が，彼らのデザインの多様性を導いてきた。マライ系の土着の人々は，活動する地域の文化をとりあげたり，それを西欧文化と混合しながら伝統文化の保存を訴えたり，そうしてつくり出したデザインを，自民族や国を表象するデザインとしてアピールする活動を行っている。マライ系以外の文化的背景を併せもつ人々は，自らの背景にある多様な文化要素を選択的にとりあげ，それらを西欧文化と混合することで，多様性を内包するインドネシアとしての国をあらわすファッション・デザインをつくり出している。彼らは，活動する地域に由来する文化的背景を積極的に選択して，その認識をもとに文化的アイデンティティを導き，デザインを行ってきた。ジャカルタで活動する者はジャワ，ジョグジャで活動する者はジョグジャ，その他のローカル・デザイナーは，それぞれの土地に由来する文化的背景に注目し，その特徴を選択的にデザインに表現してきた。しかしバリの場合のように，デザイナーたちが地域の特定できないエスニック・デザインをつくり，それをバリ発のファッションとして売り出そうとする動きもある。また若手デザイナーの中に，伝統文化を意識せずに自己の感覚や，創作の対象である他者への意識をもってデザインする例をみることができる。

　カルティニがかつてしたように，インドネシア人ファッション・デザイナーたちは，デザイン学校や大学などでの教育によって，自己自身のエスニシティや自文化を認識する目を養い，そうした外からの視点をもって創作を行ってきた。伝統的文化体系が西欧文化と相互作用しながら再構成され，さらに第二次世界大戦後に政策と経済発展によって大きく再構成を遂げたインドネシアの社会・文化とかかわり合いながら，彼らは，伝統文化と西欧文化を引き続き混合し，服飾を再構成して新稀性をもたせたデザインを，国内外に広げようと活動してきたのである。

注

1　スカルノ元大統領の親しみを込めた呼び名。"Bung"とは，「お兄さん」の意味である。
2　ヒンドゥー教における稲の収穫を司る女神。
3　インドネシア語の"etnik"は，英語の"ethnic（エスニック，民族性）"と同義である。

第3章
アイデンティティの形成

　本章では，インドネシア人ファッション・デザイナーたちが，自己のエスニシティの認識からアイデンティティをどう形成し，創作活動に位置づけてきたかについて，インドネシアの社会・文化とかかわらせながら考えてみたい。とくに彼らが衣服を創作する時，国や地域をどう意識してきたのかに注目する。

　まず衣服にかかわるアイデンティティのとらえ方について明らかにしておきたい。ここでは，Roach-Higgings and Eicher［1995］と Kondo［1997］の考え方を参考にする。これらの研究では，個人のアイデンティティとは，自己をどう認識するかという自己自身についての意識であり，自己の性別，人種，民族，帰属する国家，生活する地域などへの意識にかかわって形成されると考えられている。Roach-Higgings and Eicher［1995:12］は，衣服を着る人個人のアイデンティティが，社会的地位や職業などにかかわる複数のアイデンティティの中から，状況に応じて選択されると考える。Kondo［1997:93］は，デザイナーのアイデンティティについて考え，日本人デザイナーが自己を異邦化して西洋のまなざしを流用することで，自らの民族や国家の中に本源的なものを見出せるようになり，それをファッション・デザインに表現してきたことを論じた。Kondo［1997:23］はまた，日本人デザイナーが，人種，国家，ジェンダーにかかわるアイデンティティをポリティカルに駆使しながら，西洋と東洋の枠組みを超えたトランスナショナルな立場からデザインを行ってきたことを述べた。

　このように個人のアイデンティティとは，複数存在し，状況に応じてそのいくつかが選択され，駆使され，あるいは操作されるものと考えられる。この考えにしたがい，本章では，それらの中で，とくにエスニック・アイデンティティとナショナル・アイデンティティのあり方に注目して，インドネシア人デザ

イナーの事例を解釈していくことにしよう。

　次にナショナリズムのとらえ方について明確にしておきたい。土屋[1991:194]は，ナショナリズムとは，「われわれと彼ら」「ここと向こう」というように，世界を二つに峻別するものであり，20世紀初めのインドネシアにとって，どこにもなかった民族と国家をつくり出すものであったとする。すなわちナショナリズムとは，自己を他者と分け，バウンダリーを設けて自己を囲むことにより，総体的に自己を認識することであると考えた。そして囲まれた自己の集団に含まれる同胞をも拡大した自己，すなわち同じ集団の国民として認識することであると考えた。Anderson[1983:7]は，ナショナリズムとは，もともと国民などというものが存在しないところに国民を発明することであり，発明された国民は，一つの共同体として連想されるものであるとした。国民の概念には，限られたバウンダリー（国境）があり，その向こうに，他の国民がいるという考えが含まれているので，国民は限られたものとして想像されるものであると考えたのである。

　このようにナショナリズムとは，バウンダリーの外と比較することで内を相対的に認識することであり，いわば内への意識であるといえる。一方，ナショナリズムがつくり出され，定着するようになると，内から外へと向かうバウンダリーを越えた意識の動きが生じてくると考えられる。これに関連してIyotani[2005]は，東南アジアなどの「周辺国」が，グローバル化の過程において，激しいナショナリズムのもとで国家統一を進め，産業化を経て国際都市を形成しながら，結果としてナショナリズムとインターナショナリズムの間のギャップに位置づけられることについて述べている[Iyotani 2005:214]。このような国という内への意識と，国際化という外への意識の交錯する状況のとらえ方を参考にしながら，本研究では，バウンダリーを越えて外へと向かう意識の動きを，Kondo[1997]の考え方を用いて，トランスナショナルな特徴をもつものとしてとらえることにする。これらの内と外に向かう意識の動きが，デザイナーのアイデンティティのあり方とどのようにかかわっているかについて，時代的推移にしたがい，(1) デザイナー誕生期におけるエスニック・アイデンティティの認識，(2) 興隆期のデザイナーによるナショナル・アイデンティティの表現，(3) 近年におけるトランスナショナルなアイデンティティの構築，

の三つに分けて考えていきたい。

1. デザイナーのエスニック・アイデンティティ

　デザイナーのアイデンティティは，自己のエスニシティの認識からどのように形成され，デザインに表現されているのだろうか。デザイナー誕生期のハルジョナゴロ，そして彼に師事したイワン・ティルタの文化的アイデンティティをとりあげて検討してみたい。

■ バティック・ナショナルの創作

　ハルジョナゴロは，スカルノ大統領からバティック・インドネシア制作の依頼を受けてバティック・ナショナルを考案した。この過程をみながら，彼のアイデンティティのあり方についてみていきたい。

　まずハルジョナゴロは，自らのアイデンティティを明確にするために，インドネシア各地の伝統的なバティックの調査を行った。そして創作のインスピレーションを得るために，イスラーム教を奉じたソロの王スナン・バヤットの墓で眠るなどした。しかし最終的なインスピレーションを得たのは，その後，彼が，バリで，夢にあらわれた16世紀後半にマタラム王国の支配的地位を確立した英雄ジョコ・ティンキルからお告げを聞いた時であったという。

　この時のようすを，2001年のインタビューで，ハルジョナゴロは次のように述べた。

　　　バティック・インドネシアの始まりは，1955年頃でした。スカルノと彼の仲間たちが，サバンからメラウケ[1]まで，インドネシア全域の人々を一つにしたかったのです。（中略）バティック・インドネシア［制作の話］は，ある夜，スカルノとの夕食の席で始まりました。二人だけでした。スカルノは，私をしげしげと見て尋ねました。「青年よ，私は君がバティック［工房］の家の者であるのを知っている。今，われわれがバティックについて考えていることは，バティック・インドネシアだ。バティック・ジョグジャやバティック・ソロ，バティック・チレボンや他の地方のバティ

ックではない。君は私に、バティック・インドネシアとよべる統合されたバティックをつくってくれないだろうか。そしてこのバティック・インドネシアを、私は自分の客人に、インドネシアの記念品として渡そう」と言いました。(中略)「それぞれの地方［がもっている］価値を壊してはならない、ソロやジョグジャ、ヘルケンなどの地方の価値を。決して壊してはならない。しかし私がバティック・インドネシアとよべるバティックを、私につくってほしい」と、彼は大変まじめに私に語りました。こんな話でした。(中略)

　私は、ジャワのバティック産地を次々に訪ね、昔のバティックについて話を聞いたのです。(中略)

　バヤット［王の墓］から帰った時、私は、母の家で教授に会いました。その老教授はチャン・ツー・シン教授で、やはり中国人です。シン教授は、「青年よ、仕事をしないか。君は私と一緒にバリに行かないか」と私に問いかけました。

　私は次の日、バリへ行きました。チャン・ツー・シン教授は、チャンプアンに家をもっていました。それは画家で音楽家で、芸術家であるドイツ人のウォルター・シューピース[2]が住んでいた家でした。ウォルター・シューピースの家はチャンプアン川に面していました。チャンプアンには、川が流れていました。その合流する川［の神秘性］が信じられています[3]。(中略) この家の中で、私たちは眠りました。(中略) 三晩目の夜、私は月を見たのです。不思議なことに、月はどんどん大きくなり、家の中に入ってきました。ジョコ・ティンキルの声が、「君は王になるだろう。私の子孫、私の孫よ。私は、君に［私と］同じ成功をもたらすだろう」と言ったのです。こんなことが起きたのです。私の場合、月が家の中に入ってきて、私を光で包んだのです。

　不思議なことに、翌朝、私は教授に、「教授、私はジャワにもどります」と話しました。なぜなら突然、私はバティック・インドネシアのインスピレーションを得たからです。

　ハルジョナゴロによるこの語りには、彼の文化的アイデンティティの変化の

1. デザイナーのエスニック・アイデンティティ　　91

動態をみることができる。ハルジョナゴロが試行錯誤ののち，バティック・インドネシアのインスピレーションを得る契機になったバリへ向かわせようとしたのは，大学時代の恩師の中国系インドネシア人であった。このことは，ハルジョナゴロにとって，バティック・インドネシアの創出に，中国系のアイデンティティの再認識が欠かせない位置を占めていたことを示唆している。彼が，スカルノの課題にある自らの創作に，インドネシアの正統性を示すために，中国系の文化要素を入れるべきかそうでないかは，彼にとって大きな問題であったと推察できる。同時に彼が，自らのジャワ人としてのアイデンティティに注目していることは，次の四つの点から明らかである。彼によれば，①バティック・インドネシアのインスピレーションをハルジョナゴロに授けた人物が，マタラム王国の英雄であること，②ハルジョナゴロの母親がソロ出身で，血筋をマタラム王国の時代にまでたどることができるということ，③彼がソロの王から授けられた名を名乗っていること，そしてイスラーム教学者のWiryonagoro [2000:9-11] が述べたように，④ハルジョナゴロは，自由にインスピレーションを得る能力を，古代ジャワに由来するイスラーム教の神秘主義から得たと信じていることである。第2章で述べたように，2008年のインタビューで，彼は，自身が中国人として生まれ，ジャワ人として学んだと語った。このように彼が国を象徴するバティックをつくる過程において，自らが複合的なエスニシティをもっていることを再認識する過程が含まれていたのである。

　ハルジョナゴロのバティック・インドネシア創作にかかわる他の文化に，バリのヒンドゥー文化と西欧文化があった。ヒンドゥー文化からの影響としては，かつてヒンドゥー教の僧侶たちが瞑想したバリのチャンプアン川のほとりで，彼もまたインスピレーションを得たことがあげられる。その地は，ヒンドゥー教の聖地の一つであった。ハルジョナゴロは，そこに滞在することで，ヒンドゥー教による神聖性も創作の過程に含めることができたのである。またこの過程に含まれた西欧文化というのは，彼がインスピレーションを得た家が，バリで芸術家として大成したウォルター・シューピースの所有していた家であったことである。ハルジョナゴロは，この西欧人の家に滞在している時に，ウォルター・シューピースの芸術的センスに刺激を受け，最終的に創作のインスピレーションを得ることができたというのである。

ハルジョナゴロがつくりあげたバティック・インドネシアは，ジャワ人による中部ジャワ様式と，オランダ系やアラビア系，中国系の人々によるジャワ北岸様式を混合したバティックであり，どの地域のものとも特定できないものであった。これは，彼がジャワの伝統，ヒンドゥー文化，西洋文化，イスラーム文化を学んだ経験をもつことによるものであると考えられよう。ハルジョナゴロは，各地のバティックを調査して歩いた経験から，自らの中国とジャワに由来する二つのエスニック・アイデンティティを再認識して調整し，精神的な面でバリのヒンドゥー文化的要素をとり入れ，西欧の文化要素も受け入れて，自らとらえるべきナショナル・アイデンティティが，複合的であることを再認識できたといえる。ハルジョナゴロは，自らの複数のエスニック・アイデンティティを調整した上で，ナショナル・アイデンティティの複合的特性を創作に表現したのである。

■バティックのファッション化

　イワン・ティルタは，ハルジョナゴロに師事してバティックについて学んだ後，1972〜73年頃から，独自の道を歩み始めた。それ以来彼は，バティックの伝統的技法を守りながらも，ハルジョナゴロが試みなかった素材や文様，衣服形態の面での冒険を行い，バティックを使ったドレスなどをデザインしてきた。さらに1990年代末に，コンピュータを用いて，バティックの色彩やモチーフをデザインするなど，他のデザイナーが試みたことのない革新的な創作をするようになった。

　ティルタは，新しいものの創作には，必ずそれにかかわる伝統文化の研究が先行されるべきであると考えている。この点はハルジョナゴロと同様である。これについて，2001年のインタビューでティルタは次のように語った。

> 　われわれは，ジャワの宮廷文化について学ばなければなりません。なぜなら，そのテイストはとても高く，様式を発展させていて，音楽もたくさんあるからです。（中略）私は舞踊，音楽やいろいろなものを学ぶことから始めました。なぜなら，これらは伝統的だからです。もしバティックをつくりたいなら，一つだけでなく，どんなことも学ばなければならないとい

うのが，私の主義です。

　彼は，バティックの仕事を始める前に，中部ジャワの伝統的な舞踊を研究したり，博物館にあるバティックを見て，伝統文化を学んでいた。彼は，幼少の頃，舞踊や音楽などの中部ジャワの伝統文化にふれる機会が多くあったという。そして西欧の礼儀作法，ピアノの練習など，西欧の生活習慣を体験し，青年期に，欧米で大学教育を受けた。そのような生活経験やキャリア形成から，彼は，伝統文化と西欧文化の両方が相乗することで，新たなデザインの可能性がもたらされることを認識するようになったといえよう。その認識が，彼を，ハルジョナゴロの世代とは異なるファッションの創作に導いたのである。ジャワ人としてのアイデンティティが，彼の創作に大きな位置を占め，彼のデザインを方向づけてきたといえる。

　バティックでドレスをつくることは，伝統文化と西欧文化を合わせたデザインをつくることを意味し，国内外に向けて，インドネシアを表象するものをつくることである。この意味において彼は，国を代表するデザインを創作してきたということができる。しかしインタビューの中で，彼は，伝統文化を守るとか，国をあらわすデザインをつくるというような使命感を語ることはなかった。彼は，バティック創作を仕事としてではなく，趣味ととらえていて，終生楽しみながら，自分のペースでつくっていきたいと語った。

　そして2008年のインタビューで，彼は2年前に健康を損ない，引退したと話した。そしてバティック・デザイナーとして仕事を始めた初期の創作にもどり，一枚布としてのバティックをチャンチンで描き染めることだけを日々行っていると語った。このことからは，ジャワ文化を表出する創作を自ら楽しんで行うことが，人生を豊かにする一つの要素であるとするティルタの考えを理解することができる。

　以上にみてきたように，1950年代から60年代にかけてナショナル・デザインが模索され，創出されたデザイナー誕生期に，ハルジョナゴロは，複数のエスニック・アイデンティティを一つのナショナル・アイデンティティとしてまとめあげ，それをデザインに表現したといえる。その後仕事を開始したイワ

ン・ティルタは，中部ジャワに由来するエスニック・アイデンティティをもとにして，現代ファッションを創作してきた。このように誕生期のデザイナーは当初，エスニック・アイデンティティを意識的にとらえ，デザイン活動を行っていたといえる。

2. デザイナーのナショナル・アイデンティティ

　海外に向けて国としてのデザインとは何かを考え，それを創作活動によって主体的に求めようとし始めたのは，1980年代後半からの興隆期を形成したデザイナーたちである。彼らの多くは，1980年代後半からインドネシア全体の急速な経済発展の追い風を受け，順調に仕事を展開していった。1990年代に経済的ゆとりが生まれると，インドネシアの人々は，自民族や自文化，国家を再考する機会をもつようになり，デザイナーの中にも，ナショナル・デザインを主体的にあらわそうとする者があらわれるようになった。ここでは，ナショナル・アイデンティティの形成のしかたに顕著な特徴をもつデザイナーについてみることにする。スカルノ時代にバティック・デザイナーとして活躍したイブ・スドゥを祖母にもつカルマニタ，インドネシアの国の衣服とは何かを追求するエドワード・フタバラット，スマトラ出身者としてのアイデンティティをもちながらジョグジャのデザインをつくるボヨンズ・イリアスの3人である。

■ インドネシア人らしさの探求

　カルマニタは，テキスタイルを創作する時，バティックを基本に，絣や絞りなどの伝統技法とエア・ブラシなどの現代アートの技法を併用している。現代アートにみられる全体的なシンプルさを守りながら，ラインやモチーフに伝統的エッセンスをとり入れているのである。彼女の文化的アイデンティティと創作との結びつきについて，2001年のインタビューでの彼女の語りから考えてみたい。

　　ブン・カルノは当時，祖母ととても親しくしていて，祖母はブン・カルノに，美しい色をつくり出すように言われました。彼女が，いかにさまざ

まに異なったバティックをつくり，美しいインドネシアの色をつくり出すために伝統的な色から展開していったのかお目にかけましょう。［イブ・スドゥのバティックを示しながら］ブン・カルノが当時，なぜ黒と白の色を壊したかったのか，私は祖母に尋ねました。［カルマニタの理解では，］当時，王宮では，黒とソガ染めしか必要としなかったのに，インドネシアの人々は多くの色を使っていたから［だということ］でした。

　私は，彼女からバティックについて学びました。私は，自らの文化を正当に評価することを学びました。私たちは，とてもインドネシア的であってよいのではないでしょうか。イブ・スドゥは，まさにインドネシアそのものでした。彼女は大戦中，日本人学校の先生をしていました。そして独立後，国をあらわすデザインをつくりました。私は，［彼女から］芸術や文化を正当に評価することを学び，布で何をするのか，布をどう感じるか，モチーフをどうつくるか，デザイン・コンセプトをどう設けるのかを学びました。彼女は私に，本当に大きな影響を与えました。

　彼女は生前，当時私の経験が浅かったにもかかわらず，いつも私の［つくった］バティックを愛してくれました。彼女は「それは見栄えが良くないね」と言いました。それに似たものをお見せしましょう。（中略）

　イブ・スドゥは，何か異なった種類のバティックを創作するようになりました。実際，彼女はたくさんの色を使いました。誰もそんなデザインをつくれません。「なぜ黒やソガ染めでなければならないのか」とブン・カルノが言ったので，カラフルなバティックをつくったのです。

バティックをインドネシアの文化の象徴にしようと考えたスカルノの依頼を受けて，イブ・スドゥは，インドネシアの人々の誰もが着用できるバティックを考案した。彼女は，バティックから特定の階級や民族に所属する意味をなくそうと，中部ジャワの王宮で発展した伝統的なバティックを壊すことを決断したのである。そして華麗な色使いと着装時のデザイン効果に工夫をほどこしたバティックをつくったイブ・スドゥは，ハルジョナゴロとともに，それまでにない新しいバティックのあり方を示したとされる［Tirta 1996:144］。

　カルマニタは，イブ・スドゥとスカルノの親交のようすと，イブ・スドゥが

ハルジョナゴロとともにバティック・インドネシアを創作した時のことを耳にしながら、ナショナル・アイデンティティを認識するようになり、誰もが着用でき、愛着を感じられるバティックをつくることができることを理解したと考えられる。祖母を「まさにインドネシアそのもの」と表現したのは、カルマニタが、祖母を、ナショナル・アイデンティティをバティックに体現できた人とみているからである。彼女にとって、「インドネシア的」であることとは、故郷の伝統文化を重んじ、それを認識し、国全体の枠組みの中で解釈して、自分なりの方法で表現することである。カルマニタは、ジャワ人としてのアイデンティティを尊重しながら、イブ・スドゥのナショナル・アイデンティティのとらえ方を鏡としてデザインを行っているといえる。

■ 国と自己のアイデンティティの同時追求

エドワード・フタバラットは、鮮明なナショナル・アイデンティティを衣服に具現化させた人物である。

1980年代前半から1990年代初めにかけて、彼は、出身地である北スマトラのジャンビの行政府とともに地元の染織の振興事業にたずさわった経験から、伝統文化の保存や振興の必要性を意識するようになった。彼は、この意識をふり向ける対象を、1990年代半ばに、全国の伝統文化へと広げていった。そしてインドネシア各地のクバヤについて、政府と協力して行ったフィールド・ワークの成果を、著作『インドネシアのナショナル・ドレス（*Busana Nasional Indonesia*）』にまとめた。彼は、この著作が、人々に国の伝統染織や民族文化を再認識する機会となるようにと願ったという。2001年のインタビューで、彼は次のように語った。

　　この本はインドネシア語で書かれています。なぜなら、私はこれをまさにインドネシア人向けにつくったからで、インドネシアの非常に多くの人々が、自らの文化を忘れているからです。それは、今のインドネシアにとって危険なことです。それで私は外国人向けでなく、ただインドネシア人向けにつくったのです。それで彼らは、インドネシアの衣服がどのようなものか、インドネシアの衣服をどう着るかといった基本的なことを知る

2. デザイナーのナショナル・アイデンティティ　97

ことができるのです。(中略) ナショナル・コスチュームの物語とその着方についてです。これはサロンをどう着るかについてです。私たちは [独立後] 54年も自由だったなんて信じられますか。どう着るかについてやクバヤの歴史の本などなかったのですよ。それで私はこの本をつくったのです。

　この本の中で，フタバラットが強調しているのは，インドネシアのさまざまな民族の諸文化を尊重しなければならないこと，そして文化の一要素である衣服は，インドネシア各地の社会でそれぞれに着用されていて，その社会の思想，コンセプトと合致していることである [Hutabarat 1999:8]。
　彼の生涯のテーマである「ブサナ・ナショナル・インドネシア (インドネシアのナショナル・ドレス)」とは何かを追求していく中で，彼の得た結論は，第2章で述べたように，インドネシア全体に共通の統一された衣服はなく，インドネシア各地域の社会に，それぞれ広く一般的に受け入れられた衣服が，ブサナ・ナショナル・インドネシアなのだということであった [Hutabarat 1999:8]。
　これらとは別に，「ブサナ・モディフィカシ (busana modificasi 現代化された衣服)」として，スラウェシ島トラジャの貫頭衣バジュ・ボド (baju bodo) のイメージのブラウスと，スラウェシ島南部マカサルのブギス人による絹の緯絣のスカートとの組み合わせのような，二つの地域の文化要素を合わせたデザインを紹介している。彼はまた，各地の服飾文化に西欧文化を合わせたデザインも，インドネシアらしさを表象するデザインとしてあつかっているのである。
　彼は，自らの活動とデザイン創作について，次のように語った。

　　私はデザイナーです。私はまず第一に仕事を愛し，心の中で，まず興奮しないといけません。ショーをしても，私は何千もの聴衆の拍手など信じないのです。まず第一に，自分が興奮しなければならないのです。まず最初に自分自身に尋ねます。「フタバラット，君は自分のショーに興奮しているのか」と。私は拍手を気にしていません。決してないです。それが私の考えです。私は今，この [二冊目の伝統工芸に関する] 本をつくっています。なぜだかわかりますか。なぜなら，私はそれをすることにとても興

奮しているからです。私が「イエス」と言う時，私の血がにえたぎっているのです。

　フタバラットの場合，自らのショーを行ったり，伝統工芸の伝承を訴える本をまとめることは，伝統文化に自らの国の特徴を求め，国のデザインをつくろうとすることであり，国のためだけでなく，自己自身のために行っていることだという。
　この考え方については，2008 年のインタビューでも確認することができる。彼がインドネシア各地でその地域の伝統文化の再興を目指して，講演会活動やデザインのプロモートをしてきたことについて，次のように語った。

　　それ［らの活動］はビジネスではないのです。私の幸せのためです。ただ私の幸せのためなのです。私はビジネスマンではありません。私はファッション・デザイナーなので何もかもしているのです。（中略）今や私にとって魅力的なことは，ラブアンバジョ[4]の人々に新鮮な魚を食べてもらうことです。もちろん私の古いワインを分かち合い，共にそこにいること，それが今の私の生活の中の魅力的なことなのです。

　フタバラットは，自分の幸せのために文化活動をすることを，ファッション・デザイナーであってビジネスマンではないからと語る。彼によればファッション・デザイナーとは，利益を問題にせず，デザインや自分の意図する活動を常に自分で満足のいくまで追求する人である。彼の現代のナショナリズムを表現する力は，国と自己の双方のあり方を同時に追求することによって可能になっているといえる。
　2008 年のインタビューで彼は，ファッション・デザインを通して若者が国の文化を認識するように導きたいと語り，若者は，各地の伝統文化の再認識を通して，インドネシアの自然と文化的環境の現状についてさらに認識しなければならないと語った。

　　私は若い世代に，バティックなどの伝統染織をつくることを認識させた

いのです。認識することで彼らは自分の国を愛し，自分の国を築くのです。(中略)

インドネシアの今の状況はとても悪くなっています。とても悪いのです。森はすべて消えています。魚も何もかもです。状態はとても悪いのです。これが私の国なのです。これが私の国なのです。私は，本当に政府を，本当に世界を見たいのです。われわれは手に手をとってインドネシアを守り，再興させなければならないのです。なぜならインドネシアには大変多くの遺産があるからです。

フタバラットは，1990年代にデザインにあらわすようになった強いナショナル・アイデンティティを，2000年代半ば頃から自国の文化および自然環境の再認識に発展させ，環境保護の意識をもつにいたったと考えられる。

■ エスニック・アイデンティティとナショナル・アイデンティティの選択

地方で活動するデザイナーには，エドワード・フタバラットのような顕著なナショナル・アイデンティティをもつ者は認められない。そのようなデザイナーの一人，ボヨンズ・イリアスは，移り住むようになった土地でその土地のデザインを創作している。

スマトラ島西部出身のイリアスは，ジョグジャの芸術大学を卒業後，そのままそこに残ってデザイナーの活動をしてきた。彼は，ジョグジャ的なデザインを創作する時，自らのスマトラ島出身者としてのアイデンティティをあらわす要素を意識的に組み入れてきた。

彼は2001年のインタビューで，次のように語った。

私はスマトラ出身のインドネシア人です。このことが，私のデザイン・コンセプトを豊かにしてくれていると思います。私はデザインを豊かなものにするために，[さまざまな要素を]組み合わせます。私はまた，デザイン・コンセプトを強く出すために，インドネシアの歴史を学んでいます。インドネシアは広く，スマトラやジャワだけではないからです。ウジュン・パンダン[5]や他の民族もいます。私はアチェやイリアンのような民族

について学ぶことも好きです。私のコンセプトは，インドネシアのデザインで，私はバティックの技術と自分自身の独自性を組み合わせます。だからとくにジャワのデザインに限定しているわけではありません。技法としては，ジャワの技術を使っています。

インドネシアは，それ自体，すでに［文化的に］豊かになっていて，おそらく東洋の中国や日本の様式にも通じているのではないかと思います。インドネシアは，決して少しのインスピレーションしか得られないところではありません。インドネシアのデザイナーは，ジャカルタやジョグジャ，バンドゥンに多くいて，中心はジョグジャとジャカルタです。［ジョグジャは一つの中心で］インスピレーションを広げることができ，あちこちから［それを］得ることができます。私はそのように考えることが必要であると思います。そのように発展させて考えることです。だから大切なのは，すべてが同じなのではなく，一つではないということです。私たちは，今，私たちの位置をよくわかっていません。それは私たちがアイデンティティをもっていないということではありません。私たちは，大きなアイデンティティ，インドネシアのアイデンティティを望んでいることは確かです。インドネシアは大きな国で，島がたくさんあり，一般的に多様であるといわれますが，インドネシアとして存在し続けるのです。

彼は，インドネシア人としてのナショナル・アイデンティティをもつことに意識的で，国内のさまざまな民族の歴史を学び，そのデザインをジョグジャの伝統的技法と合わせながら，ナショナル・レベルのデザインを創作しようとしている。彼にとって，国内の多様な民族の文化要素をバティックにあらわすことは，インドネシアを対外的に代表するデザインとジョグジャ発のデザインを同時につくり出すことである。これはハルジョナゴロが各地のデザイン要素を混合して産地の特定できないバティック・インドネシアを創作したのと対照的である。

2008年のインタビュー直前に，彼は仕事の拠点をジョグジャからジャカルタに移し，バティックを用いたデザインを展開していた。彼は，とくにムスリム向けのラインを充実させてきたが，そのデザインは，ムスリムに限定されるも

のではなく，彼は，近年テーマをアジア，日本に広げ，さらにグローバルなデザインであることを目指していると語った。

イリアスは，スマトラ出身者としてのアイデンティティを保持しながら，それをもとにしてジョグジャのデザインをつくってきた。さらにジャカルタに拠点を移してグローバルなデザインを目指しながら，インドネシア人としてのアイデンティティをもって創作活動している。イリアスは，エスニック・アイデンティティとナショナル・アイデンティティを選択的にデザインに表現し，さらに近年その意識を国外に広げて創作しているといえる。

3. トランスナショナルなアイデンティティ

　興隆期のデザイナーの中で，とくに中央のデザイナーは，1980年代後半から1990年代前半にかけて，「インドネシアらしさ」を表現した自らのデザインを国際化しようと活動するようになった。彼らは，どのようなアイデンティティをもって，インドネシアらしさをデザインに表現し，国外にアピールしようとしてきたのであろうか。トランスナショナルなアイデンティティとは，前節で述べたナショナル・アイデンティティとどのような関係にあるのだろうか。これらの問題を検討するために，伝統染織をテーマとするファッションを世界に広げようとするゲアの「エトゥニックな」デザインと，ビヤンの「ユニバーサルな」デザインに焦点をあてる。

■ エトゥニック・ファッションの創作

　ゲアは，オランダ系インドネシア人であり，少女期までをヨーロッパですごし，さらにロンドンでファッション・デザインを学んだ。彼女のキャリア形成から明らかなように，彼女は，自らのジャワとオランダ，およびインドネシアに由来するアイデンティティの多元性を，生活経験の中で，さまざまに調整しようとしてきたといえる。彼女の創作の基本は，この多元性をもとに形成されてきたといってよいだろう。

　ゲアがインドネシアにもどってきた時，インドネシアのことについてほとんど知識をもっていなかった。そこで自国のことを知ろうとして，当時，インド

ネシアの若者に知られていなかった各地の染織文化を調べ歩いた。彼女はこの経験から，各地に残る「エトゥニックな」本物を，現代のインドネシアらしさとして若者の間に伝えたいと，ファッションに流用することを発案した。

2001年のインタビューで，彼女は次のように語った。

> 私は，デザイナーにとって最も大切なことは，キャラクターとアイデンティティをもつことだと思います。そして私はインドネシア人デザイナーなので，ヨーロッパのデザイナーのようになりたくはありません。私はインドネシア人［デザイナー］でありたいのです。しかし私は，ファッションを最新のものにしたいと考えていて，［時代遅れの］古いファッションは望んでいません。それで私は，いかに私の趣味を仕事の中に組み込むかを考えました。私の趣味は，古いスレンダン（肩掛け）を集めることです。
>
> 私は［インドネシアに］もどって，小さな［ビジネス］を始めました。母の家に洋裁をする人が一人いたので，ミシンを借りました。どうなるかわかりませんでした。でも大丈夫で，休日には，バリやジョグジャに出かけました。私はあらゆるジュンプタン（jumputan 絞り）を買いました。私の最初のインスピレーションは，すべてジュンプタンでした。私はジュンプタンを見ていとおしくなり，このように身に着けたりしました。
>
> それで何がしたいのか，私は考え直し，私はエトゥニック・デザイナーになりたいと考えました。つまりエトゥニックな特徴をもちながら現代的なデザイナーです。イワン・ティルタをみると，彼はすでにバティックをしていたので，それでは私は何か他のことをしたいと思いました。［当時］私は若く，議論したがり屋で，ロンドンから帰ったばかりでした。とてもファッショナブルで，ジョグジャのジュンプタンにも興味をもっていました。（中略）
>
> 私がロンドンから帰った時，インドネシアは西欧的なもの，ヨーロッパ的なものに目を向けていました。誰もが西欧人のようでありたいと思っていました。それなら私は何をしたらよいでしょう。デザイナーは大切な人たちであるし，人々は文化的アイデンティティを欲していたし，私はインドネシア人デザイナーであったので，その時の私の使命は，何かすてきな

ものを紹介することでした。私はそれを着ることが好きで、なぜなら私はヨーロッパにいた時は、おそらく開拓者だったからです。それで私は、とても熱狂的で、エスニック調の服装をしていました。私は、もっと実際的になりたかったのですが、私自身のスタイルで着たいと思っていました。当時、何をしようかと考えても、大丈夫、気にしないでいこうと思いました。私は第一に若く、第二にテキスタイル工場を開くような資本のバック・アップもなかったのですが、ファッションをつくりたいと思っていました。

　ゲアは、自らのアイデンティティを、「インドネシア人デザイナー」として認識するようになった。この認識は、自己のナショナル・アイデンティの表明であるだけでなく、自らのエスニシティの多元性が、伝統と現代が混在するインドネシアをとらえるのに適していることの自覚の表明であるといえる。ゲアは、自己自身の文化的背景の認識やヨーロッパでの生活や教育経験から、インドネシアらしさの追求だけにとどまらず、それを新しい「エトゥニック・デザイン」に生かす手法を得たのである。
　彼女の表現する「エトゥニック」の本性とは、自国の文化を、外と内の双方からみるみかたの接点にあると考えられる。そして彼女の手法とは、伝統染織の文様をプリントで表現することであり、彼女はそれを、インドネシア各地の染織から世界各地のものを用いることへと拡大していった。とくにインドネシアが古くから文化交流のあったポルトガル、アラビア、中国、インド、タイ、ミャンマーなどの国々の文化要素を用いるようにもなっていったのである。

　［仕事を始めてから］20年ほど経って、私は、インドネシアが、過去に絹交易を通して、ポルトガルやアラビア、中国、インドやタイ、ミャンマーなどからの影響を受けていて、これらの国々は一つの家族のようなものだと思いました。私は、［これらの国の］人々がしてきたことに集中してはどうかと考えました。一つの家族なのです。それで私は、［これまでと］違った方向からみるようになりました。民族のルーツをみると、それは多くの共通性をもっているからです。タイの織布は、バタクやティモールのも

のにとてもよく似ていて、ミャンマーも同様です。ええ、私は混合したいのです。私はファッション・デザイナーであって、テキスタイル・デザイナーではないからです。それでも私は、自分自身の［インドネシアの］テキスタイルをお手本にしてファッションをつくりたいのです。

　私は多くのバリエーションをつくろうと考え、1990年に、ファッション・トレンドを「カウボーイ・ルック」にしました。その例を示しましょう。私がどう「カウボーイ・ルック」をインドネシアのスタイルにしたかというと、ウロス（スマトラ島バタク人の経絣布）を使いました。それは少しメキシカンに似ているからです。そのように私は、「カウボーイ・ルック」をつくりましたが、それはインドネシア人向けのものです。これは1990年代にとても成功しました。

　ゲアは、古くからインドネシアと文化交流のあった国々の共通性に注目して、親戚関係にあると考え、これらの国々の文化要素をとり入れることで、インドネシアを越えて、他の国々との共存性をデザインにあらわすようになったと考えられる。彼女は、自らの活動をこのように展開していける自分について、ファッション・デザイナーであるからと語っている。彼女にとってファッション・デザイナーとは、既成の価値観にとらわれずに、自由に創作できる存在である。このことは、各地の伝統文化再興活動を積極的に行うエドワード・フタバラットが、自身をファッション・デザイナーとして認識していることと同じである。ゲアは、このファッション・デザイナーのとらえ方を、自身のヨーロッパでの生活や教育経験をふまえて内面化し、独自に創作を行ってきた経験から具現化していった。こうして彼女は、自己のデザインのエトゥニックな特徴を、インドネシアから世界に広がる普遍的なデザインにすることができると考え、それを実践して、トランスナショナルなデザイン創作に行き着いたのである。

■ユニバーサルなデザインの追求

　ビヤンは、デザインの創作に関して、独自の考えをもっている。彼にとって、デザインを創作することは、本当の自分を表現することであり、インドネシア

やヨーロッパといった地域性を越えることなのである。デザイナーの仕事を始めた当初，彼は自己のエスニック・アイデンティティを自問し，アジア人，東洋人としてアジア的なデザインを創作したいと考えていた。その後，彼が国外に仕事を広げ，国際的に活動するようになると，しだいに彼のデザインに対する考えは変化し，地域性を超越したユニバーサルな基盤をもつデザインを求めるようになっていった。

2002年のインタビューで，彼は次のように語った。

> 私は，外国で学んだ時に気がついたのです。私がイギリスとドイツで教育を受けたことが，インドネシア人として，あるいは東洋人として，なぜ自分は存在するのか，自分は一体何者なのか，もっと気づかせる感受性を私にもたらしたのです。それは私がインドネシア人デザイナーであり，必ずインドネシア由来のことをすべきだということを意味していません。私はもっと幅広い意味をもっていたいと思います。それは，あなたが理解することではなくて，私が考えることです。それが重要です。私はファッションの勉強を終えて，ここにもどってきて［その答え探しを］始めました。そして今日まで，私は［それを］見つけ出そうと，理解しようとしました。なぜならデザイナーは，人々に提供するための何かをする基盤をもつべきであると考えるからです。それで私の［現在の］コンセプトは，その基盤がユニバーサルでなければならないということです。

ビヤンのいうユニバーサルなデザインとは，アジアとかヨーロッパとかの地域性を超越し，本当の自分を表現したデザインである。

2008年のインタビューで「ポスト・ユニバーサルなデザイン」についてどう考えているかを尋ねると，彼は次のように語った。

> それは依然として［ユニバーサルなデザインと］同じです。私がもつ感覚であることは同じです。（中略）私はインドネシア人として仕事をし，自分自身の情動の中にある創造性を強めることを感じています。そして依然として自由なのです。誰もが自分自身の感覚を信じることは大切でしょ

う。もし例えばこれをしたいなら，インドネシアを感じ，また自分を信じることです。もしそれをしたいなら，[インドネシアを] 感じ，自分を信じることです。もし自分を信じているなら，自分自身の魂（soul）を，世界の中の東洋に存在する者として翻訳する必要はないのです。

本当の自分を表現するデザインは，自分自身の感覚から生まれ，創造性を高めるには，自分自身を信じることが大切であるという。そのようなデザインがユニバーサルなデザインになるという理論は，どのように組み立てられるのだろうか。彼の考えのもとには，自らをインドネシア人として自覚した時に，そうした自己の存在の意義を問い直し，自分の国を見直した過程がある。そうして彼は，伝統文化と西欧文化を相互作用させることで，地域性を残したり，国をあらわしたりするデザイン創作をするようになり，さらにそれを超越することで，創作する自己の感覚を信じて，自己を素直に表現するユニバーサルなデザインを生み出そうとするようになったのである。

彼の自然素材を用いたシンプルなラインを基本とするデザインには，時や場所を越えた普遍性を「透明性」とよぶことができれば，エスニック・アイデンティティやナショナル・アイデンティティを超越し，自己をみつめることによって形成される，いわば「透明なアイデンティティ」[6]の存在が認められよう。

以上のデザイナーの事例に，西洋と東洋の範疇を越えたトランスナショナルなアイデンティティのあり方をみてきた。トランスナショナルなアイデンティティは，ナショナリズムがあらわされることで導き出されると考えられる。

4. アイデンティティと創作活動

Roach-Higgins and Eicher [1995:12] が，衣服にかかわるアイデンティティを選択的な存在であるととらえたように，インドネシア人デザイナーたちの事例から，彼らの多くには，複数のエスニック・アイデンティティをもち，それらから選択した文化的要素をデザインに表現してきた特徴があることが明らかである。そして彼らは，Kondo [1997] が日本人デザイナーについて考察したよ

うに，トランスナショナルな立場にいて，エスニック・アイデンティティと，それを操作することで導き出されるナショナル・アイデンティティを強めたり弱めたり，消したりして調整しながらデザイン創作を行ってきたと考えられよう。

　それではこのような特徴をもつデザイナーたちが，自己のエスニシティの認識から自らのアイデンティティをどう形成し，創作活動に位置づけてきたかについて考えてみよう。

　伝統文化に西欧文化が混合して，近代化が始まった19世紀末から20世紀初めにかけてのジャワに生きたカルティニは，自己のエスニシティを西欧からの視点によって認識し，その認識から，ジャワ人としてのエスニック・アイデンティティをもつようになった。そして彼女は，そのようなアイデンティティをもって，伝統文化と西欧文化を共存させることで，自民族の生活の向上，自文化の発展をはかろうと考え，衣服デザインにその考えを表現した。

　このカルティニが行ったしかたを受け継いだのは，第二次世界大戦後の建国から1970年代前半までの経済基盤形成の時期であったデザイナー誕生期のデザイナーたちであり，彼らは自己のエスニシティを認識し，その認識から生まれるエスニック・アイデンティティを象徴する要素を，デザインに表現してきた。スカルノ大統領による国家建設の時代に，ナショナル・シンボルがデザインに求められるようになると，当時のデザイナーたちは，この要請に応えようと，自らのエスニック・アイデンティティを再認識するとともに，ナショナル・アイデンティティを再構成し，デザインに表現するようになった。

　その後，1980年代後半からの経済発展期に興隆期を形成したデザイナーたちの中に，現代におけるナショナル・シンボルとしてのデザインのあり方を自問し，再確認しようとするデザイナーがあらわれた。彼らは，それぞれにナショナル・アイデンティティをデザインに表現するようになった。また，複数の自己のエスニック・アイデンティティを国の多文化的状況と重ね合わせ，統合的な自己のあり方を，統合的な国のあり方を象徴するデザインに具現化するようになった。

　これら中央のデザイナーにみられるナショナリズムの形成には，経済的発展による生活のゆとりの中で，再びナショナル・アイデンティティが求められる

ようになったことが大きな要因としてあると考えられる。しかし地方のデザイナーは，中央のデザイナーのような強いナショナル・アイデンティティをもたず，自己の出身地に由来するエスニック・アイデンティティを保持しながら，ナショナル・アイデンティティを併せもって，それらを選択的にデザインに表現してきたといえる。

　以上のような中央や地方のデザイナーによる自己のアイデンティティの再構成は，スハルト時代における経済発展と伝統染織振興政策の定着のもとで，1990年代にもたらされた人々の生活のゆとりに裏づけられる，自民族や自文化の再発見・再認識の動きの一つとして生じたものであると考えられる。

　興隆期のデザイナーたちはまた，1990年代に入ると，自国が経済発展する中で，西欧をはじめとする外の世界に直面する時，インドネシアらしさをいかにデザインに表現するかに意識的になった。

　デザイナーたちによるインドネシアらしさの表現のしかたはさまざまである。自己の多元的なエスニック・アイデンティティを西欧という外からの視点でみて，エスニック・デザインとして形成したり，ナショナル・アイデンティティを超越した自身のアイデンティティのあり方を問い直し，導いた「透明なアイデンティティ」をもとにしてデザインする例もある。デザイナーたちは，一般的に，外の視点で自己のエスニシティを再認識する過程を経て，トランスナショナルなアイデンティティを導き，それを加減したり，テーマを広げたりして創作を行っているといえる。

　次に，このような特徴をもつデザイナーたちのアイデンティティのあり方に，ナショナリズムがどうかかわっているかについて，土屋 [1991] と Anderson [1983] を参考にしながら考えてみたい。

　第1章で述べたように，カルティニは，自己や自文化を西欧の視点から見直すことで，自己のエスニシティを認識し，ジャワ人としてのエスニック・アイデンティティをもつようになった。彼女は，その文化的アイデンティティを衣服創作に作用させ，ジャワ文化を表象するデザインとして，ヨーロッパに向けて広げようとした。このことによって，彼女のエスニック・アイデンティティは，ジャワ人全体としての自民族の意識へと広がったと考えられ，それは，西欧とジャワ人としての自己との対比から形成されたものである。

現代のデザイナーたちにも，カルティニが自己のエスニシティの認識からアイデンティティを形成したのと同様の過程がみられる。マライ系としての単一のエスニシティをもつデザイナーは，自己のエスニシティを再認識し，それに基づいたエスニック・アイデンティティを表現したデザインを国内外に向けて発信し，その活動を通して鮮明なナショナル・アイデンティティを形成している。このことは，土屋［1991:194］がいうように，衣服のつくり手である彼らが，自己を他者と分け，相対的に自己認識を行い拡大していったことを意味する。つまり多様な同胞を拡大した自己の中に含め，同じ集団の国民として認識するというナショナリズムの特徴に通じるものである。また複数の文化的背景をもつデザイナーは，自己の多様なエスニック・アイデンティティを包括し得るナショナリズムの純粋さを求め，ナショナル・シンボルとなるデザインを求めてきた。このことは，多文化的背景をもつ自己のあり方を欧米社会の人々のあり方と比較して，自らを一つの国家を形成する国民として再定義することが，ナショナリズムの形成をうながすとする Anderson［1983:187-192］の考え方を例示しているといえよう。

　それでは，このようにナショナリズムと密接にかかわるインドネシア人デザイナーたちは，トランスナショナルなアイデンティティをどう形成しているのだろうか。ナショナリズムには，内にある異質な存在を統合させようとする主張と，外にある他者に対する自らの独自性の主張の両面があると考えられる。これをいいかえれば，「内へのナショナル・アイデンティティ」と「外へのナショナル・アイデンティティ」の二つが内包されることである。内へのナショナル・アイデンティティは，「自文化とは何か」の追求や，「自民族の文化の再認識」という国内の人々に向けた行動を引き起こし，国としての一体感をもたらすアイデンティティである。

　一方，外へのナショナル・アイデンティティは，「インドネシアらしさ」を国外に表出することをうながし，内に向けた場合ほど鮮明ではない。外へのナショナル・アイデンティティは，内への認識であるナショナリズムから離れ，国のバウンダリーを越えて自在に動くトランスナショナルな特徴をもつようになる。トランスナショナルな視点で，デザイナー自らが自己のあり方を問うことで，外へのナショナル・アイデンティティは，自己と国を超越した「透明さ」を

もつものへと変化し得る。ビヤンの「ユニバーサルなデザイン」の考え方は，「本当の自己」をみつめることで，西洋と東洋のバイナリーを超越したトランスナショナルなアイデンティティの存在の例を示している。

　ただしここでの事例は，土屋［1991］らによる第二次世界大戦前後の建国の思想にかかわるナショナリズムのとらえ方とは，異なった様相を示していることに注意しなければならない。それは，ナショナリズムが，集団の構成員それぞれにあるその集団への帰属意識によって構成員どうしの連帯感をもたらすと考えられてきたことが，インドネシア人デザイナーの事例にあてはまらないことである。現代のデザイナーたちのナショナル・アイデンティティのあり方をみると，協会組織を形成していても，個々人が，国のデザインとは何かやインドネシアらしい表現とは何かを求め，個々に国，あるいは国のイメージと結びつき，デザイナーどうしを精神的に結ぶ連帯感は希薄であるといえる。フタバラットの事例は示唆的である。彼のデザイン創作は，国や地域の人々のために行われているというより，むしろ彼自身の自己実現に強く結びついているといえる。彼の考えの中には，彼は個人として，国家や国のイメージと結びついていることが明らかである。インドネシア人デザイナーの思考様式にみるナショナリズムの特徴は，過去のナショナリズムにあった連帯感が薄れ，個々のイメージする国家と結びついて，個人主義的性格をより強くもつようになってきていることにあるといえる。

　インドネシア人ファッション・デザイナーたちは，インドネシアの社会・文化に対応しながら，自己のエスニシティを認識することでエスニック・アイデンティティを形成し，自己を再構成させて，内と同時に外に向けたナショナル・アイデンティティを形成してきた。Iyotani［2005:214］がいう，周辺国が，グローバル化の過程で，ナショナリズムとインターナショナリズムとの間のギャップに位置づけられてきたことのように，デザイナーたちは，それらのアイデンティティを形成し，模索しながら自己の再構成を繰り返し，さらにそれらのアイデンティティを超越して新たなアイデンティティを導いてきた。彼らは，自らのアイデンティティを繰り返し再構成しながら，そのたびごとに，伝統文化と西欧文化を相互作用させたデザインを，地域あるいは国，さらには自己を表象するものへと再構成してきたのである。

注

1　インドネシアの西端から東端までをいう場合，慣習的に，スマトラ島西端のサバンとパプア東端のメラウケが用いられる。
2　1895年，モスクワ生まれのドイツ人。1925年に初めてバリを訪れ，ウブドのアトリエで絵画の制作活動に従事し，その後，しだいに音楽，ダンス，絵画の分野で，バリ文化に大きな刺激を与えた［山下 1992:10-11］。
3　インドネシアでは古くから，二つの川が合流する地点は神聖な場所とされてきた。二つの小川が合流する神聖なチャンプアン川のほとりにあり，大成したウォルター・シューピースが芸術活動にいそしんだ家で，ハルジョナゴロがインスピレーションを得たことは，この土地とそこにある家の影響によることが示唆される。
4　フローレス島北岸の町の名。
5　ウジュン・パンダンは，現在のマカサルの旧名。
6　「透明なアイデンティティ」とは，自己の所属する民族や国家を越えて，自己をみつめ，本源的な自己のあり方を求めようとすることによって形成されるアイデンティティである。これは，例えば戴［1999:124-126］のいうようなナショナリズムを追求して真性な自己を求めようとする「透明なアイデンティティ」とはまったく異なる性格をもつものである。

第4章
デザインの創作

　本章では，インドネシア人ファッション・デザイナーたちが，デザインをどのように創作してきたかについて考えてみたい。彼らは，伝統文化と西欧文化を混合し，服飾を再構成してきた。その時彼らは，どのような目的で，伝統文化と西欧文化からテーマを選んできたのか，つくったデザインにどのような意味を付与してきたのか，彼らは何を創作の源泉にしてきたのか，これらの問題について考えてみたい。

　そのために，ホブズボウム［1992］による新たに創り出された伝統の解釈のしかたと，Jones and Leshkowich［2003］をはじめとするアジアン・シック・ファッションについての研究，さらにClifford［1988］によるものの真正さの意味についての研究を参考にする。

　ホブズボウム［1992:15］は，「まったく新たな目的のために，古い材料を用いて斬新な型式の創り出された伝統を構築する」と述べて，新しく伝統がつくられる時に，古い材料が使われることを指摘した。この考えをデザイナーにあてはめると，デザイナーたちは，デザインを創作する時，どのような新しい目的をもっているのか，古い材料として何を用いてきたのか，伝統文化と西欧文化の何をテーマに選んできたのか，つくられたデザインは，斬新な型式の伝統となっているのかが検討課題として導かれる。

　ホブズボウム［1992:20］はまた，産業革命以降のつくり出された伝統を，「①集団，つまり本当のないし人工的共同体の社会的結合ないし帰属意識を確立するか，象徴するもの。②権威の制度ないし地位，権威の関係を確立するか正統化するもの。③社会化つまり信仰や価値体系や行為の因襲性などを説諭するのを主な目的とするもの」に類別できると考えた。この考えを，デザイナーがつくるデザインの意味を考察するのに用いてみよう。インドネシアの場合，島嶼

型の多文化国家であることから，①の人工的共同体に国家をあてはめ，①から，デザイナーによるデザインの意味が，国家への帰属意識と国家内の社会的つながりを確立したり象徴したりしているかどうか，②から，デザインが権威とどうかかわり，権威を確立あるいは正統化するものとなっているかどうか，さらに③から，デザインがインドネシア的価値体系を伝達する意味をもつものとなっているかが，検討するべき問題としてあげられる。

　序章で述べたアジアン・シック・ファッションについての研究の一つ，Jones and Leshkowich［2003:1-48］は，欧米でのアジアン・シック・ファッションがアジアの服飾文化に影響を及ぼし，アジアのデザイナーが，自らの伝統文化に西欧の視点をとり入れて，再オリエンタル化したデザインをつくっていると指摘した。Niessen［2003:251］はまた，ファッションとアンチ・ファッション（民族服）を分ける鍵は，伝統が存在するかどうかであると述べた。この境界が，現在，ファッションの再オリエンタル化によって曖昧になってきていると指摘した。その理由は，東洋における伝統が，それまでの位置から動いているためであると考えた。そして欧米のデザイナーに，ファッションのオリエンタル化の動きと，アジアのデザイナーに，再オリエンタル化の動きがある一方で，アジアのデザイナーに，アジアの衣服の伝統を，西欧のファッションから守ろうとする動きがあることを述べている。このように，近年のインドネシア人デザイナーの創作について検討するには，再オリエンタル化の動きと伝統を守る動きがどのようにみられるかという視点をもつことが必要である。Iyotani［2005］は，アジアの国々は，それぞれの地域に多様な歴史をもっていることに特徴づけられ，西欧の現代性は「発明された伝統」に対応させてとらえることができると考える［Iyotani 2005:218］。そしてアジアの国々は，西欧の文脈である画一的な現代性か反現代性の方向のどちらをとるかの決定，あるいは欧米の秩序に対してどのように反応するかという反応のしかたの多様さに特徴づけられるとする［Iyotani 2005:218］。このようにアジアの側からの現代化と反現代化の双方向の動きをとらえる視点をもつことで，インドネシア人デザイナーたちの創作において，伝統の位置がどのように移動しているのかを明らかにすることができるであろう。

　またものの意味が移動することについて，Clifford［1988:223-226］は，人

がものを集める行動に注目して，体系的に理解しようと試みた［佐野・菅谷 2000:22-23］。彼は，集める主体となる人によって，同じものでも異なる意味が付与され，ものそのものは，さまざまな度合いで，真正さをもったり失ったりすると考えた。この論考を，デザイナーがデザイン創作において真正さを求める場合にあてはめ，彼らがデザインのどの要素に真正さを求めているのかを考える。このような伝統の位置とものの意味の移動のしかたについて考察することで，デザイナーたちが，自らの創作に，伝統文化をどのように位置づけているのかを明らかにすることができる。

以上のような考えに立ち，デザイナーの創作のしかたに注目しながら，(1) デザイナー誕生期における多様な伝統文化の混合，(2) 興隆期を形成したデザイナーによる伝統文化と西欧文化の混合，(3) さらに興隆期を形成した一部のデザイナーにみられる伝統文化と西欧文化を超越したデザインの創作，に分けて，デザイナーたちの創作の目的・意味・源泉について考えてみたい。

1. 多様な伝統文化の混合

スカルノ大統領が，多民族国家を象徴するバティック・インドネシアを，第二次世界大戦後，つくり出そうとした時は，ハルジョナゴロが自らの才能を発揮させていた時であった。その1955年頃のことを，彼は次のように語った。

> 私は，北岸のバティックの技術すべてを使ってはどうかと考えました。ジョグジャやソロ，ポノロゴやバニュマスのバティックを混合させたデザインを考えました。伝統的な色は黒や白，茶のみです。しかし北岸のバティックは，ペカロンガンのもののように多色使いです。私は，北岸スタイルの多色のデザインの技術を，茶色のソガ染めの中部ジャワ・スタイルと合わせ，バティック・インドネシアをつくりました。そう，これがバティック・インドネシアなのです。今や，ジャワ島中のバティックに，バティック・インドネシアの方法が用いられるようになっています。私は最初の数枚を売る際に，最初の何枚かをスカルノに贈ると，彼はとてもよろこんでくれました。

ハルジョナゴロは，オランダ系やアラビア系，中国系の人々によるジャワ北岸のカラフルな色彩や花や蝶などの文様と，中部ジャワの茶系の色彩や伝統的な文様を混合することで，特定の民族的要素だけを主張するのではなく，多様な民族的要素を内包するバティックを創作した。

　ハルジョナゴロのバティック・インドネシアが，スカルノ大統領によって，外国からの賓客や海外に向けて披露されると，彼のデザインは国内外に知られるようになり，そのことが，彼自身とそれを着用するインドネシアの人々に，国家への帰属意識を高めるきっかけを与えたと考えられる。また彼は，バティック・インドネシアの新しいスタイルを創出したことで，ソロの王から，ソロの貴族を意味する名前を授けられた。このことによって，国家のイメージと結びついた彼のデザインは，権威を象徴するものとなっていった。

　以上から，スカルノ政権下の建国の時期に，ハルジョナゴロは，多様な民族の統合を象徴するデザインをつくるために，各地のバティックを創作の源泉として混合させることで，国家を象徴するデザインをつくったといえる。彼のデザインは，人々に国家への帰属意識をもたらし，スカルノの権威を正統化するものとなっていったのである。

　そしてハルジョナゴロが語ったように，各地の民族的要素を混合したバティックは，やがて伝統的要素と現代的要素を組み合わせたものへと広がっていき，現代のバティック・デザインにつながっていったと考えることができる。

2. 伝統文化と西欧文化の混合

　ハルジョナゴロのデザインは，それまでになかった新しい創作の手法を，その後のデザイナーに示すことになり，彼らに大きな刺激を与えたといえる。ハルジョナゴロに師事したイワン・ティルタと，興隆期を形成したラムリをはじめとするジャカルタのデザイナーたちは，1970年代に入り，伝統文化と西欧文化を混合したインドネシアを表象するデザインをそれぞれに創作してきた。彼らによる伝統文化のあつかい方について次にみていく。

2. 伝統文化と西欧文化の混合

■ インドネシアらしさの表象
＜伝統文化とファッションの境界を曖昧にした創作＞

　ラムリは，刺繍入りクバヤの創作によるデザイン活動を始めて20年ほどのうちに，民族衣装の伝統的デザインを行ってきた経験を，ファッション・デザインの創作活動へと展開し，インドネシア・ファッションを確立していった。この功績に対して，彼は，スハルト政権崩壊前年の1997年に，ジャカルタ市と文化造形協会から，「観光傑作賞（Adikarya Wisata）」を受けた。直接の受賞作品となった植民地時代のバタビアの文化をとり入れた彼の作品は，インドネシア独自の装飾を生かし，色を現代的に置きかえたデザインであると評価され [Ramli 2000:54]，創作の源泉とする伝統文化をファッションの中にとり入れたものであったといえる。

　それから現在までラムリは，主に国産の布を使って，伝統文化からテーマを広げたデザインを表現してきた。ラインを工夫してつくり出すデザインを，ラムリと彼の選んだ顧客の評価をみてみると，「インドネシアのエスニックなデザイン，とくに刺繍に特徴のあるデザイナーであり，彼のデザインはエレガントで美しく，現代のトレンドに合ったもの」[Ramli 2000:93]，「ラムリの仕事はナショナルであり，刺繍は，われわれの祖先から愛されているもの」[Ramli 2000:142] などがある。これらの顧客の評価から，伝統文化と現代的要素とを合わせて表現するラムリの美意識が，国産のファッション・デザインをつくり出していると受けとられていることが明らかである。ここでラムリが用いる伝統文化とは，クバヤとサロン，刺繍やビーズワークなどの服飾の要素であり，現代の文化要素としては，ジャケットやスーツ，ドレスやミニスカート，パンタロンなどの洋服である。彼は，これらを自由に組み合わせて，全体をインドネシアらしく仕上げているのである。

　こうしてラムリは，自在に創作することで，伝統とファッションの境界を曖昧にしているといえる。そのような彼の国産ファッションは，彼と顧客に，インドネシアをあらわすファッションであることを再認識させ，国への帰属意識を高め，横の連帯をうながしているといえる。

　以上から，ラムリは，伝統染織や伝統文化をデザインの源泉とし，国産のファッションを創作するために，伝統の位置を移動させることで伝統とファッシ

ョンの境界を曖昧にし，独自のデザインをつくり出してきたといえる。この巧みな曖昧さのゆえに，彼は，顧客から，インドネシアを表象するデザインを創作するデザイナーと評価されているのである。

＜伝統を際だたせたファッション・デザイン＞

ラムリのように伝統とファッションの境界を曖昧にする創作とは対照的に，伝統文化をファッションと組み合わせながら伝統を際だたせる創作のしかたの例に，伝統のある部分を遵守しながら，全体的な創作において冒険を試みるイワン・ティルタ，伝統染織とファッションを組み合わせてそれらの対照性から伝統を際だたせるゲアがいる。

ティルタは，技法的には﨟纈染めにこだわりながら，文様や色彩，素材，アイテムに西欧的文化要素をとり入れて，独自のバティック創作を発展させてきた。

ティルタは，文様を創作することに併せて，とくに素材を工夫する特徴をもつ。絹のほか，これまでに誰もバティックをほどこしたことのなかったジャージやメリヤス，ポリウレタンなどの伸縮性の素材を使ったりするのである。彼は，自身のバティック・デザインについて，2001年のインタビューで次のように語った。

> 私はポリウレタンの布を使っています。伸びるバティックです。私はこの伸びるタイプのバティックを使いますが，文様は古典的で，これは私独自のものと思っています。文様は必ずしも伝統的ではなく，新しい要素を混合します。私はいつも新しい素材を使います。これは伸びるTシャツで，手描きです。技法は常にバティックであっても，私はあらゆるデザインを用います。そのほかに［文様を］大きく表現したりします。

そしてティルタは，自らの創作の基本概念を説明するのに，素材や文様，色彩の要素をあらわす「エレメント」と，﨟纈染めの伝統的技法をあらわす「フレーム」という語を用いた。

2. 伝統文化と西欧文化の混合　　119

　私は仕事を発展させます。私はバティックのエレメントも発展させます。バティックには，エレメントとフレームがあります。フレームは昔からの伝統的な蝋防染の技術です。内部を私が演じます。それはピアノのようです。モーツァルトの曲は，とてもシンプルなメロディー，構成をもっていますが，[その表現のしかたを] つくることができます。だから今日まで，モーツァルトは愛されているのです。それが私の原理です。それから，私は新しい素材を使った実験もします。

　彼は，フレームとして臈纈染めの技法を守り，エレメントとして，他のデザイン要素を自在に選択して創作することを，実験としてとらえるのである。
　近年，彼は，バティックをほどこす対象を，衣服から陶器やアクセサリーに広げてきた。イギリスの陶器メーカーと共同で，皿の文様もデザインしていることについて，彼は次のように語った。

　　[バリでの] バティックの展覧会に，[バティックでつくった] 陶器を出しました。とてもよく売れました。私のデザイン・コンセプトは，バティック工程の宮廷様式です。工程は調和そのものです。コンピュータですべてを行っているわけではありません。[しかし] 私はデザインを [描いたあと，その線をコンピュータで修正して] きれいにします。デザインはこのように，コンピュータが線をきれいにシャープにし，色にもバリエーションをもたらします。しかしバティックは依然として手描きで，このソロのマンクヌガラ王家のようなものがあります。このボーダー (縁の部分) はジョグジャからのものだと思います。東京と京都を組み合わせるというようなものでしょうね。

　ティルタは，創作の源泉にバティックの伝統的技法を置きながら，伝統的なモチーフを彼独自の色彩で描き，それをコンピュータで調整したりして，常にデザインに革新を求めてきた。そうした創作法により，彼は，テキスタイル・クリエイターのパイオニアとして海外から評価され [吉本 1993:3]，彼の作品は，インドネシア文化を紹介するデザインとして国際的な場で用いられるよう

になった［Tirta 1996:176］。

　2006年に引退を表明してから，彼は，創作の原点であった一枚布のバティック制作に回帰し，自分の好きな文様を描くことに専念してきた。2008年に行ったインタビューで，彼は次のように語った。

　　　今，私は引退しています。私は自分の好きなようにバティックをつくり，もう売りはしません。それで私のバティック，イワン・ティルタのバティックは，もうファッションの範疇外にあるといえます。私はファッションに限定されていません。私は［これまで］どう裁つかを心配していましたが，もう私は好きなバティックをつくるだけです。他の人が好きになってくれなくてもよいのです。それでファッションの範疇外なのです。私はファッションについてもう考えてはおらず，布についてだけ考えています。（中略）
　　　これはチレボンの［デザインをもとにした］バティックで，コンセプトはミニマリズムです。今や私はシンプルなデザインをしています。（中略）私は現代性や裁断のことを心配したくはありません。私はもう［布を］裁ちたくないのです。

　ティルタは，晩年を迎えて，彼の創作の原点にもどったといえる。バティックからドレスをつくるファッション・デザイナーのパイオニアとしてバティックを自由に裁つ冒険をしてきた彼は，これまで本当は裁ちたくない心の葛藤と戦い，調整しながらデザインしてきたことが明らかである。彼は，バティックの布を裁ちながら，裁ちたくない気持ちを調整し，さらに伝統的なバティックの布がもつ特徴の制限に苦心してデザインを行ってきたようすについて，著書［Tirta 1999:168］の中で次のように書いている。

　　　バティック・デザインのパイオニアにとっての問題とは，バティックが長さ2.5メートルしかなかったことと，デザインを布の横方向にアレンジしなければならなかったことである。一方，洋服［のパターン］は，ふつう布の経方向で裁断されるので，デザインは，長方形の布の中で無駄のな

2. 伝統文化と西欧文化の混合

いようにつくられなければならなかった。イブニング・ウェアのロング・ドレスをつくる時には，デザイナーは2枚のバティックの布を使わなければならないが，バティックは1点ずつつくられるものなので，2枚の色が完全に一致することはなかった。

彼は，近年，バティックのもつ特徴であるデザイン上の制限をやりくりしながら苦心して行ってきたファッションの創作から離れ，不要な装飾をそぎ落とし，シンプルさに徹してきた。その彼のアイディアのもとにあるのは，ジャワに古くからあるバティックなのである。つまりティルタの創作とは，ジャワ文化を表象するデザインをつくるために，バティックを源泉とし，フレームとしての染色技法を守ることで真正さを求め，インドネシア的価値体系と権威を伝達するデザインを生み出すことということができるだろう。

一方ゲアの創作上の特徴は，伝統染織とファッションというそれぞれの要素を混ぜ合わせたり組み合わせたりしながら，それらの相対する性質を強調し，相対的に伝統的文化要素を際だたせるところにある。そして彼女は，ファッションに欠かせない量産体制と，一定期間でトレンドを変化させるしくみを使い，プリントの工程と伝統染織の文様を組み合わせる手法によって，伝統染織をファッションに表現する方法を確立させた。

ゲアがファッション・デザイナーとして積極的に活動する契機となったのは，1985年の絞り（ジュンプタン）をモチーフにしたデザインを創作したことである。それは，彼女が，実際に布を絞り染める工程でつくったものではなく，プリントで，絞りの伝統的な手仕事の文様を表現してつくったものであった。その後この手法を，各地の伝統染織に応用していったのである。例えば1988年のカリマンタン島の棕櫚の編物（ティカール tikar），1995年のバリ島トゥンガナン村の経緯絣グリンシン[1]などにである。グリンシンは，現在でも，村の祭りに欠かせない神聖な布とされ，インドネシアに唯一の経緯絣として，古くから知られている。その文様をプリントで表現することは，これまでにない試みであった。

ゲアは2001年のインタビューで次のように語った。

当時，イワン・ティルタは私を批判して,「なぜ君はプリントでつくるのかい。手づくりのものでなければいけない」と言いました。私はファッションをしたかったのです。3カ月ごとにモチーフを変えたかったのです。それで私は，テクスマコの［テキスタイル］工場とコンタクトをとり，援助を依頼しました。私がつくりたい製品について彼らに話すと，彼らは,「長く時間がかかります」と言いました。突然，大きなアパレル会社が興味をもつようになりました。私は，自分のアイディアを話しました。私はオーガンジーやシフォンなど［の透ける素材］が好きです。「私のためにプリントしてくれますか」［と尋ねました。］彼らがプリントすると，当時彼らは技術をもっていたので，それはまさにアンティークに見えました。それはベスト・セラーになりました。

　私はいつも集中し，新しいコレクションを進めていきました。それは，人々が日々見ることのない，何かオリジナルで伝統的なインスピレーションに基づいていました。その当時，人々はさまざまな土地の特徴ある文化としての染織のモチーフについて話すようになっていました。それで私はトラジャ［1984年］から始め，カリマンタン［1988年］，そして次に［バリの］グリンシン［1995年］をとりあげました。誰もバリのグリンシンを［テーマにして］つくってはいませんでした。

　また私はパリにトレンドを見に行きました。そうして私はいかにこのインドネシア・ルックをファッショナブルにするかを考えました。私は色を変え，モチーフを大きくし，常に混ぜ合わせました。そう，それを混ぜ合わせることができるのです。

　ゲアは，自らの創作の目的とするデザインを「インドネシア・ルック」と考え，伝統的文化要素と現代的文化要素を時代に合うように混ぜ合わせたり，組み合わせたりして創作してきた。多くのデザイナーが，伝統染織をデザインに用いる場合，絣や絞り，紋織などの染織技法に真正さを求め，文様や色彩を自由にデザインするのに対し，彼女は，伝統染織のデザインのもつ価値を，プリントという現代的な大量生産方式によって変換させた。これについて，伝統的な技法にこだわるティルタには，商業主義的であり，本物に忠実なデザイン

活動でないと思えたようである。積極的に伝統染織をプリントで表現することは，確かに彼女の他に例がなく，伝統文化を用いるデザイナーとして逸脱的行為だったといえる。

　ゲアは，インドネシア・ルックの創作を通して，自身がインドネシアに帰属することを再認識し，しだいに，その帰属意識から導かれる連帯感を，国内だけでなくアジアの他の国々へと広げていったと考えられる。彼女は，自らの手法をインドネシア各地の文化的要素に用いるだけでなく，とくにインドネシアと古くから文化交流のあったアジアやヨーロッパの国々の文化要素を，彼女の手法の対象に加えていったのである。

　ゲアは，伝統染織を源泉とし，ファッションを手段として伝統文化を際だせる手法を見出し，目的とするインドネシア・ルックを創作するようになったと考えられる。

　ティルタとゲアは，創作に西欧文化をとり入れながらも伝統文化を際だせるという点に共通性がある。しかしティルタは，伝統的染織技法を真正と考え，その他のデザイン要素を自由な創作の対象と考えるのに対し，ゲアは，染織の伝統的技法にこだわらず，伝統染織の雰囲気を保つことを求めていて，二人の創作のしかたには，デザインに対する真正さの考え方の相違がみられる。

＜伝統文化の表出エ合の調整＞

　伝統文化と西欧文化を混合してファッションをつくり出すデザイナーたちの中には，国際的に通じるファッション・デザインを創作するために，伝統文化の表出エ合の強弱を調整するチョシー・ラトゥの例がある。

　チョシー・ラトゥは，2000年代に入ってバティックのデザインを本格的にしたいと思い，各地のバティックを調べ，自分で文様を描いて実験をしてきた。その成果を2008年に「マラム」と名づけ，パーティ・ラインとして発表してきた。このラインはインドネシアの富裕層の人々に大変好評で，現在も注文に追いつけないほどであるという。そのデザイン・コンセプトについて，彼は次のように語った。

　　　私のマラムのコレクションは，私の長い間の夢でした。私は15年間，

イワン・ティルタとともに仕事をしてきたので，自分自身のバティックをつくりたかったのです。私は，エスニックではないバティックをあらわし，もっと国際的であることを望んでいます。インドネシア人は［今］誰もかもバティックを着て市場，教会，オフィスにでもどこにでも行きますが，［着ているものは］高価なバティックではなく，安価なものです。それで私は，誰もが安いバティックをつくっているのなら，とても質の高いバティックをつくろうと考えました。もちろんイワン・ティルタはすでにそれをすべてしています。私はイワン・ティルタから，バティックをどうつくるのかを学びました。イワン・ティルタはいつもプラダ（金彩）をいたるところにもってきます。しかし私はプラダを第二の手段にしました。私はもっと現代的なルック，もっとハイ・クオリティのバティックをつくりたいのです。私の使命はいつも表現することで，私はバティックがこのように美しいものであることを見せたいのです。なぜなら普段［デザイナーの］人々はバティックを一着のドレスに使うと，［布の］すべてにバティックを描きます。私はそれは違うと思います。私が考えているのは，バティックがほんの少し［しか使われていないデザイン］であるということです。私はエスニックから自由でありたいのです。

ラトゥは，マラムのラインには，緻密に描いたバティックをドレスの一部にポイント的に描き，金彩のプラダも文様の一部に少量，アクセントとして用いることを行っている。彼は，このようにバティックの衣服デザインにおける配分を加減することで，ドレス全体をバティックやバティック・プラダで埋め尽くすティルタの創作とは異なる，重すぎない現代的で洗練されたデザインが生まれると考えているのである。

ラトゥは，ともに仕事をしてきたティルタが，バティックの一枚布を裁断・縫製することに抵抗を感じながらファッションをつくり出してきたことを認めながら，自分自身の創作は自由に布のかたちを変えることであるという。2007年に，彼がシャムシダール・イサやカルマニタとともにスマトラ島リアウ州の行政府から依頼を受け，リアウ州の伝統染織ソンケットのデザインを現代風に変えてファッションにプロモートする仕事にたずさわった経験をふまえて，彼

2. 伝統文化と西欧文化の混合　125

は次のように語った。

> 彼らは［リアウの人々は，ソンケットを］裁ってはいけないと言いますが，裁たなければ，人々は［洋服として］着れません。彼らは裁ちたくはないのですが，私は裁ちたいのです。そしてイワン・ティルタも裁ちたくはありませんでした。彼は私に裁ってはいけないと言いましたが，私は裁ちました。私は現代の衣服をつくっています。ヨーロッパから来た人々はどのようにそれを着ますか。カインやクバヤではなく，その布からつくったジャケットなら着ることができ，パンツやブラウスと組み合わせることができます。しかし［リアウの］人々にそのことを理解してもらうのは大変です。

ラトゥは，伝統文化の表出工合を調整しながら現代の国際的に通じるファッションを提案する，ティルタの次世代のデザイナーとして，衣服のかたちを変える裁断縫製については積極的な態度をもって創作しているといえる。

以上のように，興隆期のジャカルタのデザイナーたちは，バティックからさらに他の伝統染織や伝統文化へと創作の源泉を広げ，伝統文化と西欧文化をデザイン上で混合することにより，創作を行ってきた。彼らは，自らのデザインを国際的なものにするために，伝統とファッションの境界を曖昧にしたり，伝統的要素の表現を際だたせたり，弱めたり強めたり調整したりしながら，それぞれに伝統文化のあつかい方を工夫して，インドネシアを表象するデザインを創作してきたのである。

■ 地域らしさの表象

これまでにみてきた中央やバリのデザイナーとは対照的に，ローカル・デザイナーのほとんどは，地元の人々を対象にファッションを提供していて，地元の伝統を創出・再創出する立場にある。こうしたローカル・デザイナーのうち，西スンバのヨハンナ・ギリ・ウォレカとジョグジャで活動してきたボヨンズ・イリアス，そしてアチェのヘラワティ・サヌシ・ワハブの3人の創作のし

かたについて考えてみたい。

＜出身地のデザインの創出＞

　地方でデザインの創作をすることは，豊富なデザイン資源に恵まれた環境で仕事をすることである。ヨハンナ・ギリ・ウォレカの創作をみてみよう。

　ウォレカの場合，1992 年に彼女の店を訪れたパリのファッション・デザイナーとの交流を通して，彼女は，外からみた自らの地元の手づくりのものの価値に対する評価を知る機会をもち，それらの価値を再発見した。

　西スンバの伝統染織を使った洋服や鞄をデザインし，スーツやワンピース，ハンドバッグなどを盛んにつくって店を営んでいた 1993 年のインタビューで，ウォレカは，コディやロリ地方，ワイジェワ地方の布を多く使ってデザインするようにしていて，ランバレッコ（lambalekko 昼夜織）や絣の布を使っていると語った。布の文様には，もともと伝統的な意味があり，かつて伝統的な布に鋏を入れることはできなかった。しかし近年，できるようになり，大きな布を使った製品の価格は高いので，鞄のように小さな製品をつくるなどの工夫をしてきた。そして伝統的な布を使った衣服や鞄は，地方の人々に好まれていて，コディの絣やロリ，ワヌカカの布を使ったスーツなどは，女性雑誌に掲載されているジャカルタをはじめとするデザイナーらによるデザインを参考にしてつくるという。

　ウォレカは，手織布を衿や身頃に部分的に配置したり，異なった種類の布を組み合わせたりして，洋服の仕立てに工夫を凝らしてきた。彼女は，色とりどりの布を使ってさまざまな種類のデザインや小物などをつくり出し，地元の人々に提供するだけでなく，ティモールやバリ，ジャカルタなどの市場や展示会に出品してきた。彼女は，地元の伝統染織を源泉として創作の中心に置くことで，西スンバ発のファッション・デザインを，地元の人々だけでなく，島外の周辺地域の人々も楽しめるように創作してきた。

＜移り住んだ土地のデザインを用いた創作＞

　ジョグジャで長年活動してきたデザイナーで，スマトラ出身のボヨンズ・イリアスは，移り住んだジョグジャに特徴的な文化要素に，自らの出身であるス

マトラの民族文化の要素を加えて，ジョグジャのデザインを生み出してきた。
　自らの創作のしかたについて，2001年のインタビューで彼は次のように語った。

> 　私は，工芸家ではなく芸術家で，デザイナーで，トレンド・セッターです。私はいつも創作をします。私は伝統を把握しているジョグジャの一人で，伝統を壊しているといえるかもしれません。なぜなら私は，［彼らにとって］神聖なバティックをこのように創作するからです。しかし私自身，それを壊しているとは思っていません。私はむしろバティックを豊かなものにしようとして創作しているのです。確かに私の創作を人々は好みます。おそらくこのように組み合わせて創作する人は，［私のほかには］いないでしょう。［方法は］一つだけではないのです。

　イリアスは，臈纈染めの技法に他の染織技法を加え，ジョグジャと自らの出身地の文化要素に，さらに他の地域の異質な文化要素を組み合わせて創作してきた。異質なものを組み合わせることは，伝統的なものを壊すのではなく芸術性を高めることと考えているのである。彼の創作の特色を示す一例をあげると，ジャワ島西部や北岸，スラウェシ島マカサルなどの手織素材を用いること，それらの布に彼が蝋置きにより，スマトラ島の絣などの染織布の文様をバティックで描き，部分ごとに他の地方で染めることである。彼によれば，このような素材を用いてデザインすることが，まさにジョグジャ的なものを生み出すことにつながるという。さらにオリジナリティを高めるために，彼は，刺繍やレースを加えたりしている。そのようなインドネシア各地の伝統的な文化要素と西欧的な文化要素を混合して創作した布を，カインやサロンのような伝統的な衣服に用いたり，ドレスなどの洋服に使ったりしている。彼は，伝統と西欧の文化要素を，テキスタイルと衣服の双方でデザインに適用し，独自の創作の工夫を行ってきた。
　イリアスは，2008年にジョグジャからジャカルタに移り，ジョグジャで創作してきたバティックの様式をもとにしたムスリム向けのドレスを，ジャカルタから，また全国から集まる顧客に向けてつくり出している。2008年のインタビ

ューで，彼は，ムスリム女性に向けたデザイン・コンセプトについて次のように語った。

　　私はムスリムのファッションをつくっていますが，それは国際的なものです。そのデザインのインスピレーションは日本から得ましたが，ムスリムのものです。それはムスリムに向けたデザインですが，グローバルで国際的なものです。
　　デザインのテーマは私のインスピレーションから来て，今年のインスピレーションはアジア，また日本です。私の［近年の］テーマはずっとアジアで，中国，インド，タイ，インドネシアの国々をテーマにしてきました。その様式は都会的なもので，私はそれらを組み合わせ，現在は日本の様式がテーマですが，バティック・インドネシアのようなものです。インドネシアにはいろいろな色やモチーフがあり，われわれはグローバルなのです。（中略）ファッションは芸術であり，境界はないのです。

　イリアスは，自己の出身地や活動する土地の文化要素，またその他の地域の文化要素とを混合して，活動する土地やインドネシアとしてのデザインをつくる一方で，ジョグジャでのバティック制作を創作のもとに位置づけながら，近年テーマをアジアに広げている。それはムスリム向けのデザインであっても，着る人をムスリムに限定しない境界のないデザインである。

＜他民族の伝統文化を流用したデザインの創出＞
　これまで，自民族や自らが活動する地域の伝統染織や伝統文化を用いて，自民族や国を表象するデザインを創作したり，国内の多様な民族の伝統染織や伝統文化を用いて，国をあらわすデザインを創作する例をみてきた。スマトラ島北端のアチェ地域の場合，これらの例と異なる面がある。それは平野部に住むアチェ人が，自民族のモチーフだけでなく，アチェ州内の他民族の衣服のモチーフも流用してアチェをあらわすデザインを再創出し，地元や国内外に広げようとしてきたことである。
　バンダ・アチェのヘラワティ・サヌシ・ワハブの工房やバンダ・アチェ郊外

2. 伝統文化と西欧文化の混合

でPKK（家族福祉運動）が運営する「チュット・ニャック・ディエン（Cut Nyak Dhien）[2]」などの手工芸品店では，シルー（siluweue）とよばれるアチェ人の伝統的な民族衣装の脚衣に描かれてきた「筍（プチュック・ルボン pucuk reubong 三角形）」などのモチーフを，衣服や鞄，テーブルセンターなどに刺繍でほどこすことが行われてきた。またアチェ地域の内陸山岳地帯に住むガヨ人の「満開の花（ブンゲ・クマン bunge kemang）」や，その南部に住むアラス人の「魚の骨（トゥレン・イケン tulen iken）」などの伝統的モチーフを，ミシン刺繍で衣服や手工芸品にほどこすことを，ワハブらのアチェ人が行ってきた。1970年代に刺繍のできるミシンが普及したことにより，ガヨ人やアラス人が，民族衣装や鞄などに，伝統的なモチーフを，色糸を使ったミシン刺繍でほどこすようになると，北部平野部に住むアチェ人が，このガヨやアラスをはじめとする，アチェ州に住む他民族のモチーフをデザイン化するようになった。そしてそれらをアチェを象徴するデザインとして，ミシン刺繍であらわすようになったのである。

　ワハブによると，それぞれの民族を象徴するモチーフの違いや多様性を尊重しながら，他民族の文様もアチェ全体をあらわすモチーフとして用いることで，デザインをより豊かにすることができるという。また色糸を使ったミシン刺繍がアチェ人の間でも広く行われるようになった理由は，ミシンを使うことで，民族文化のイメージを比較的簡単に文様にあらわすことができ，量産できるようになったからである。

　彼らアチェ人によるこうしたデザインの再創出を支えてきたのは，1985年にバンダ・アチェに設けられた政府工業局である。1992年に赴任したスマトラ島南部パレンバン出身の官吏が，鞄や帽子のデザインを開発し，工業局でつくられる製品に，アチェを象徴するモチーフを刺繍でほどこし，これまで伝統的な手工芸品に使われることのなかった赤，緑，黄の色彩を用いるようになった。そうした製品が，アチェのデザインとして地元市場に流通し，アチェの人々の創作に影響を及ぼしてきた。それらはさらにパレンバンやメダンなどのスマトラの地方都市，およびジャカルタにも流通し，とくにパレンバンの手工芸品のデザインに影響を与えているという。

　このようなアチェのデザインは，国内だけでなく，第2章で述べたように，

アチェ地域全体を象徴するものとして国外にも紹介されたことがある。
　ワハブをはじめとするアチェ人は，自民族や隣接して居住する他民族の伝統文化を，自らのデザインに流用して，アチェを表象するデザインを再創出してきたのである。このことには，地元市場やその他の国内外の市場に展開する経済的な面と，地域を文化的に一体としてとらえようとする住民の意欲がもとになった新たな表象媒体の創出の面があるといえよう。

　インドネシア各地のローカル・デザイナーたちは，伝統染織をデザインの源泉として，地元の染織布を用いたり，移り住む土地のデザインを，出身地の伝統文化と活動する土地の伝統文化を合わせることでつくり出したり，自民族の伝統文化に他民族の伝統文化も合わせて流用することで，地元を含む地域の表象となるデザインを創出してきた。それらは，中央のデザイナーが創作したような国を表象するというよりも，むしろ地域を表象する意味あいを鮮明にもっている。ローカル・デザイナーたちは，自己の製品を地元市場の他にも広げようと試みながら，それぞれの地域で，主にその地域の人々が楽しめるファッションを形成するために，伝統的要素の表象工合の強弱を調整するというよりも，むしろ地域の伝統文化を前面に出して創作を行ってきたのである。
　しかしこれらのデザイナーたちの中には，ジョグジャからジャカルタに移ってきたイリアスのように，ビジネス・チャンスを拡張するために拠点を移す例がある。この場合も，長年活動してきた地域の伝統染織をベースに創作活動を続けているのがみられる。

■ 未来の表象

　若手デザイナー，オスカー・ラワラタは，1990年代の創作において，伝統文化に，西欧文化の恩恵ともいえる最新の科学技術のイメージを組み合わせることによって，近未来のファッションを創作し，壮年期のデザイナーとは異なる創作の特徴をあらわしてきた。
　ラワラタは，2001年のテーマとして，「ハイテクのシンプルさに匹敵する民族的ミニマリスム[3]」を導いた。科学技術のもつシンプルさのように，民族性を最小限におさえて，全体として女性らしさを強調するデザインづくりを試み

2. 伝統文化と西欧文化の混合　131

たといえる。彼がつくる近未来のデザインには，国産の布が大きな位置を占めている。彼は，自身のデザインについて，2001年のインタビューで次のように語った。

> 私たちは，異なる民族性と民俗による多くの文化をもっています。私はインドネシアの布を使い，南スラウェシで，地元と共同で手織布をつくっています。私は注文に応じて，異なったタイプのものをデザインします。例えばこれは，南スラウェシ，ウジュン・パンダンの絹だけを使ったものです。私たちは，自分たちでオリジナルの色を使って染めます。(中略)
> 　次の2002年のコレクションの準備で，ジャワの文化を使いはじめています。「オスカー・ラワラタ」のブランドのファッション・ショーでは，すべてバティックを使うことにしています。私は，ソロのバティック工場でコレクションをつくり，その素材はスラウェシのものです。しかしデザインは，本当に国際的なものです。

ラワラタは，国産のファッションをつくり出そうと，インドネシアの素材にこだわり，例えば，自分とのかかわりの深いマカサルの絹に，ジャワの文化的な要素を表現する。それは彼にとって，インドネシアを表象するデザインをつくることであった。

ラワラタはまた，伝統文化と科学技術を重ね合わせることに関心があり，この現代的な組み合わせに力を注いできた。国内各地のデザインや素材と量産技術とを組み合わせて，未来のインドネシアのファッションを創造しようとしてきたのである。

2008年には，彼はそれまでの方向を全面的に伝統文化に改め，インドネシア東部で織られた絣などの伝統染織をそのまま使ったワンピースやスーツなどのライン「カルチャー」を発表し，話題を呼んだ。彼はこのラインの準備のために2001年頃からインドネシアの各地を訪ねて伝統染織を調査してきたといい，デザイン創作に先駆けて，伝統文化についてフィールド調査する彼の態度は，ティルタやラトゥと共通するものである。このような伝統文化に根づいたデザインを，彼はインターネットのウェブを利用して，世界に向けて発信しようと

考えている。

　ラワラタの創作の目的は，インドネシアの伝統文化を源泉として，海外に通じるインドネシア発のファッションを創出することであり，未来のインドネシアらしいデザインを創作する意図を含んでいるといえる。

　ファッション・デザインを積極的に展開してきた興隆期のデザイナーたちは，伝統文化と西欧文化を混合することで国や地域を表象するデザインを創作してきた。中央のデザイナーたちの創作のしかたをまとめると，①伝統とファッションの境界を曖昧にする，②伝統文化をファッションと組み合わせながら伝統を際だたせる，③伝統文化の強弱を調整することがあげられる。彼らは，それぞれのしかたで，国際的に通じるデザインをつくり出し，それを海外に広げようと努めているといえる。このような中央のデザイナーに対して，ローカル・デザイナーたちによる伝統文化を前面に出す創作のしかたには，①自民族の伝統文化を用いる，②移住先の活動地域の文化を用いる，③他民族の伝統文化をとりあげて自民族を含む大きな地域をあらわすものとして流用するということがある。ローカル・デザイナーたちは，地元の伝統文化の要素をより豊かにすることで，地方発のデザインを多様なものにしようと工夫しているのである。さらに未来のファッションをつくる若手デザイナーの手法に，伝統文化と科学技術とを組み合わせて創出するデザインの例がある。

　これらのデザイナーたちの創作の源泉は，伝統染織や民族衣装，伝統文化や地域性である。彼らはそれらの創作の源泉から文化要素をとりあげ，西欧文化と組み合わせて，個々に，インドネシアや地域性を表象する独創的なデザインを創作してきた。彼らは，そのようなデザインを国内外に広げる目的で，伝統を操作の対象にし，伝統の位置を移動させ，意味を転換して創作を行ってきたといえる。

3. 伝統文化と西欧文化の超越

　インドネシアの伝統染織や民族衣装の伝統的要素を現代生活に合わせた布をデザインしながら，伝統と西欧の範疇を超越し，自らをただ日常生活に用いる

布のつくり手（クローズ・メーカー）であると考えて創作する例がある。そうした自らをファッション・デザイナーではないと語るオビンことジョセフィーヌ・コマラの考え方をみてみたい。

またデザイナーの中には，伝統文化と西欧文化の混合というこれまでの創作の方法を超越し，インドネシアという国や地域性をあらわさないデザインを創作しようとするデザイナーがいる。カルマニタとビヤンは，自身のそうしたデザインをそれぞれユニバーサルなデザインであると語っている。彼らによる「ユニバーサル」ということばの意味について考えてみたい。

さらに新世代のデザイナーとして，伝統文化と西欧文化の混合にこだわらず，インドネシアあるいはさまざまな地域の文化要素を選んだにしても，自由に複数の文化要素を組み合わせ，そのようなしかたを「クロス・カルチャー」とよぶロナルド・V・ガッガーナや，西洋服飾にはない非構造的な衣服をデザインしようとするセバスチャン・グナワン，またブサナ・ムスリマのかたちに制限されながらシックなムスリム・ファッションをつくり出そうとするシャリファ・ズハイラらのデザインの特徴について考えてみたい。

■ 日常に調和する布づくり

オビンは，収集した古い布を見てデザインを学び，また村々を独自に訪ねて染織技法を学ぶことから布づくりを始めた。最初は絹織りをしたが太い糸しかつくれず，無地の厚い布地を織ったという。そして木綿を使うようになり，無地から格子や縞柄を織るようになった。ビン・ハウスを設立した1980年代の創作について，彼女は次のように語った。

> 私は，現代的か伝統的かというものではなく，とても調和したものをつくってきました。ファッションでもなく，日常に使えるものというのが，私の考えです。
>
> 私たちは，絹の手織りから始め，糸はとても太く厚いものでした。それで無地で白だけにしました。それから私は木綿を使い，インテリアの布としてランプ・シェードにしました。格子縞や縞柄をつくり，絣をするようになったのは1980年代です。緯絣です。とても厚い布からどんどん良

くなっていき，薄く，薄くなり，始めてから10年，11年，12年経つと，どんどん良くなっていきました。そして1989年に手織りの絹でバティックをしました。[当時]誰も手織りの絹でバティックをつくってはいませんでした。

オビンは，絹や木綿を使った無地の手織りから，縞柄，絣，バティックへと，染色し文様をほどこすことに展開していった。彼女は，このように展開しながら日常に使える布づくりを心がける自身を，「クローズ・メーカー」とよぶ。この語には，斬新なデザインを考案することよりも，自然に使える布づくりが大切であるとする彼女の考えが読みとれる。

彼女は，自らの創作の変化を，周りからの評価やデザイナーたちの創作のしかたとかかわらせて，次のように語った。

> 以前，私は厚い布をつくり，木綿でしていました。そうすると人々は私を「コットン・メーカー」と呼びました。私がランプ・シェードをつくると，「ランプ・シェード・メーカー」と呼びました。私が衣服をつくると「ファッション・デザイナー」と呼びました。しかし私の問題は，いかに布をつくるかです。私は布から衣服をつくります。(中略)
>
> ゲアは，以前から布を多く使い，いつも[デザインを]変えていきます。エドワード・フタバラットもボール・ガウンをつくり，レースやスウェード，ビロードを使います。彼らは偉大なデザイナーです。人々は彼らをファッション・デザイナーと認識しています。[しかし]私については「クローズ・パーソン」です。私は「クローズ・メーカー」です。

オビンの創作には，クバヤなどのインドネシアに古くからある体形型衣服も含まれる。布だけではなく，クバヤを発展させたブラウスなどのデザインも手がけていることについて，私がなぜかと聞くと，衣服づくりは布づくりの延長にあり，インドネシアに古くからある体形型衣服もそれ自体はファッションではなく，日常に着る衣服であるからと，自身の考えを語ってくれた。彼女によれば，ファッションとは，常に移り変わる不安定なもので，西欧文化を象徴す

3. 伝統文化と西欧文化の超越　　135

るものである。私が，彼女のデザインにトレンドがあるのかについて質問すると，彼女は次のように答えた。

> あなたは布について話す時，あなたの心は自動的に伝統に向きます。あなたが着物について話す時，あなたの心は伝統に向きます。私たちが衣服について話すと，自動的に現代に行きます。これは「思考態度（mindset）」です。人々の考え方です。[それで]私は古代を意識するのではなく，[それらの思考態度の]外側から考えるようにしています。
> 私たちは西洋人の目で外からみています。あなたは毎年のトレンドについて話します。しかしそれは，あなたが西洋人の目でみているということなのです。私はもうずっとそのように考えてはいません。

彼女によれば，トレンドについて私が質問すること自体，私が西欧の視点でみていることを意味するのであり，気づかないうちに伝統と西欧を分けてとらえようとしていることを意識しなければならないと話してくれた。

オビンは，このような西欧の視点を客観的にとらえ，そのような視点でみるのではなく，インドネシアに古くからあり生活の中で使われてきた恒久的で変化しない布づくりを行ってきたといえる。彼女は，インドネシアには，さまざまな文化要素，すなわちジャワ，中国，東洋，ヨーロッパの文化要素がブレンドされて存在し，彼女によれば「マライ系のフレーバー，アジアのフレーバー」を布に表現したいと考える。古くから日常の生活に連綿としてあり，現代生活に合った布づくりは，オビンにとって，伝統と西欧の文化要素の範疇を超越したものといえる。

■ 心象の表現

カルマニタは，興隆期の多くのデザイナーのように，自己の創作の源泉に，伝統文化や伝統染織を置いている。しかし彼女は，自身の中での伝統文化の位置づけについて，他のデザイナーとは異なる特徴的な考えをもっている。それは，2001年のインタビューから理解できる。

> 私は，伝統文化や伝統染織が私につながっていて，私に創造性をもたらしていることを否定できません。伝統は，古い時代からの染織や文化遺産として私の中にあるからです。それらは，過去から現在まで，私の創造性の礎として私につながっているのです。

　カルマニタは，伝統を自己の創作の根源に置いて衣服デザインに表現することは，自己自身を表現することであると考えているのである。彼女は，インドネシア各地のバティックや絣，絞りなどから得られるアイディアを，タシクマラヤやスカブミの絹などのインドネシアでつくられた素材を使って表現する。そのようにしてつくられたデザインは，どの人々も自己の内にもつ自民族の郷愁につながるものであり，この意味で，世界の人々に共通する普遍的なデザインとなっていると考えているのである。
　彼女は，そのようなデザインについて語る時，ユニバーサルということばを使った。

> 私［のデザイン・テーマ］は，もっとユニバーサルなもので，実際意味をもつものではありません。なぜならそれは，私自身のものだからです。私はもっとユニバーサルで，あまり伝統的でないことを望んでいますが，つくり方は伝統的です。花や木の根，動物，パトラ（インドの経緯絣の布）や葉［などのモチーフ］をどう感じるか，どう描くかを，私は考えます。（中略）
> 　私のデザインは多様で，バティックの文様を内側から外側へ広がりをもつものにしたり，文様の内側をニティック（点）で埋めたり，インドネシアの忘れられた民族の［イメージの］蔓や葉，石，つた，螺旋，三角，幾何学文様などで満たします。

　カルマニタは，伝統的なものを自分の感覚で受けとめることを，ユニバーサルなものをつくり出す素地にしているのである。彼女はデザインを通じて，自らの感覚が他者と共有されることを信じ，地域を越えた人と人とのつながりや連帯感を求めようとしてきた。

3. 伝統文化と西欧文化の超越　　137

　2007年のインタビューでは，彼女は自らのデザインのユニバーサルという考え方について次のように語った。

　　私のバティックはユニバーサルです。バティックはわれわれの遺産です。私はもっとユニバーサルに続けるようにしようと，現代の色で敏感に何かを感じとろうとしています。布は私自身を語ってくれます。それで私は絵を描き，色を工夫して調合します。それで私のデザインはユニバーサルなのです。（中略）
　　ユニバーサルとはバティックの布が他のイメージをもたらすことであり，私は古い時代のバティックからデザインを始め，他の布に展開していきます。これは［カルマニタが創作中の布をさし］古い時代のものではなく，現代の方法によるものです。私が現代ファッションのデザイナーになったのは，布をつくるイマジネーションを与えられたからです。私にとってすべての布はユニバーサルで永遠のものです。また世界中の人々がバティックや絞りをつくり，それは私たちだけのものではないのです。それは私たちが万能の神から借りたものなのです。

　彼女が主にデザインに用いるバティックの技法は，インドネシアだけでなく，アジアをはじめ世界中に広がって存在し，人間にとって普遍的なもの，ユニバーサルなものと考えている。またバティックの色を自由にデザインし，彼女は染色に天然染料を意識的に用いている。

　　私は天然染料で染めています。私はヘナやタマネギの皮，ビーツを使います。来年，地球温暖化をテーマにした展覧会がタイで行われ，私はそのための1枚［のバティック］を出品します。タイに，16以上の国々の人々が，自身のイマジネーション，デザインで自由に描いたバティックを出品します。私は地球温暖化に関連して，染色材料をテーマにしています。私は植物を庭で育て，自分の家で草木染めをしています。その後，エア・ブラシなどの技法を用いて染めます。

このように，ユニバーサルなデザインを追求していくことは，カルマニタにとって，世界中のさまざまな人々とのバティックを通したつながりを認識することであり，自然環境について考えることである。彼女はユニバーサルなデザインを通して，さまざまな人々の共存と地球環境問題についての意識をもつにいたっている。

■ **感覚の表現**

ビヤンは，2002年のインタビューで，カルマニタと同様に，「ユニバーサル」という語を使って，自らの意図するデザインを表現している。ビヤンのいうユニバーサルなデザインとは，自己の存在自体を問い直した結果にあらわれる自己自身の感覚から生まれるといい，彼自身のアイデンティティのあり方と密接に結びついている。そして彼がファッションをつくることは，彼にとって，創作する時々の自分を表現することである。その模索の過程について，彼は次のように語った。

> 1980年代に私が卒業してここにもどってきた時，「あなたはインドネシア人だからインドネシア人らしいことをしなければならない」と，会う人誰もが言ったのを覚えています。私は，ロンドンから帰った時，若かったし，自分自身のアイディアをもっていました。とてもゆっくりと，私は，自分が本当に何がしたいかをみつけてきました。少しずつ，自分が何をしているのかわかるようになりました。こうして，私は興味をもつようになったのです。もしわからなくても大丈夫です。自分でわかっているので。どのように現代ファッションをつくるかは，自分で探せることなのです。私は，ファッションが自分自身の［生きるその］時を言い換えて伝えることができるはずだと思うので，ファッションはとても大切なのです。

ビヤンは，木綿や麻の天然素材を多く使い，一枚布やそのドレーピングの美しさをあらわしたシンプルなデザインを創作してきた。彼は伝統文化を用いるにしても，自らの感覚を作用させ，一旦，自分の中で消化し，それをデザインにあらわすのである。彼が，このような創作にいたった背景には，自己をイン

3. 伝統文化と西欧文化の超越

ドネシア人らしさから引き離したのちに，自己の文化的アイデンティティを模索する過程があった。そこで，自文化のみかたを養うことができ，自分の国を見直せたのである。そして彼は，その過程を経て，インドネシアのデザイン要素にこだわらず，自己自身をみつめて，自己の感覚をデザインに表現することが大切であると考えるにいたったのである。彼によれば，ファッション・デザインとは，そのような自分自身の考えを表現できる媒体なのである。

その後，2008 年に，「ポスト・ユニバーサルなデザイン」をどう考えているかと聞くと，自分自身の中にある感覚を信じてそれを表現したデザインであると考えていることは以前と変わりはないといい，またその感覚を導くために，衣服を着る人々について理解することが必要であると語ってくれた。

> あなたは，人々が何をして，何を必要としていて，心に何があって，彼らが自分自身をどう思っているかを理解していなければならないのです。つまり［社会を］読むのではなく，雰囲気を感じることができるということです。あなたは社会においてファッションの仕事のプロフェッショナルで，社会学者や心理学者のように，人々の感性がどのようで，社会で何が起こっているのかを知っています。その中には論理的なものもあれば，うれしいこと，悲しいこともあります。それは旅のようなものです。つまり長い距離を行く間に，眠くなったり，夢をみたり，疲れたり，座り直したりするようなものです。

彼は，人々の生活を知り，社会の動きの雰囲気をその時々に感じることが大切であるという。動きを感じながら，その動きの中にいる自分自身の感覚をデザインに表現することが，デザイナーに必要であると，彼は考えているのである。

カルマニタとビヤンに共通する考えは，伝統文化と西欧文化の範疇を超越し，自己自身の感覚を源泉としてデザインに表現することが，創作の目的とする世界に普遍的なデザインを新しく導き出すということである。この考え方は，興隆期を形成してきたデザイナーたちが行ってきた伝統文化と西欧文化の混合という，これまでのデザインのしかたを乗り越える新しい方向性を生み

出し，デザインをさらに広げていく可能性をもたらしている。しかし彼らの間に，相違点もある。カルマニタは，ユニバーサルとよぶ世界の人々に共通する普遍的なデザインに連帯の意味を含め，さらに近年，その考え方を地球環境問題の意識へと広げてきたのに対し，ビヤンは，ユニバーサルとよぶ地域の特徴にかかわりのないデザインに，社会における個人個人の感覚の動きを感じながら，自己の感覚を表現する意味をもたせているのである。

■ クロス・カルチャーの表現

ビヤンのもとでデザインの仕事を学び，その後独立して自身の会社を経営するロナルド・V・ガッガーナは，デザイン・コンセプトについて 2008 年のインタビューで次のように語った。

> 実際私は，テレビ，映画，雑誌などで見たものやコンピュータなど，何からでもインスピレーションを得ます。今やエレクトロニクスは速く進歩し，インフォメーションも速く変化します。私はそれらから何か新しいものをつくり，ビーズや美しい布を使って美しいコレクションをつくります。新しいコンセプトで新しいコレクションをつくる時，私は組み合わせます。それはクロス・カルチャーです。多くの異なったモチーフをバティックと組み合わせることができ，これがクロス・カルチャーです。(中略)
> 外に出る時，私はいつも紙と鉛筆をもち，何かを見ています。それをいったん壊し，そしてつくり，ファッションのディーテールをつくります。私はいつも描き，よく旅をし，フリーマーケットが好きです。1990 年代にはイタリアのコレクションを見に行きました。随分前になりましたがランバンの靴のショーを見に行ったことがあります。私はマレーシアのフリーマーケットに行ったり，パリのプルミエール・ヴィジョンの［テキスタイル］展示会に行ったりして，布の特別な色やそのコンセプトを見たりします。そして次のファッション・トレンドをグローバルな視点で見て，国際的なトレンドを見て，私たちはジャカルタにいるだけではないのです。何もかも見ることが大切です。

3. 伝統文化と西欧文化の超越　　141

　彼はデザインする時，インスピレーションを得るためにさまざまなものを見，さまざまなことを経験することが大切であると考えている。そして国内外を問わず，いろいろなものを見た経験を生かし，それらのものやアイディアを，西洋・東洋およびインドネシアというような文化的由来を気にせず，自由に組み合わせることを行っている。そして全体的にシンプルであるが刺繍やビーズワークをほどこして，ディーテールが豊かなデザインに仕上げることが，クロス・カルチャーとよぶ彼の創作の特徴である。

■ 脱構造の表現

　ファッションがなぜ女性を美しく変身させるのかを知りたいと思うようになり，ファッションの魅力に惹かれ，ファッション・デザイナーの道を歩むようになったセバスチャン・グナワンは，インドネシア国内外でファッションを学び，仕事をして何年も経って，ファッションの意味がやっとわかるようになったという。2008年のインタビューで，彼はその年のデザイン・トレンドとかかわらせて次のように語った。

> 　私はファッションに惹かれながら，それ自体の意味について理解しようとしました。そして何年も経ったあと，私はファッションが人生の一部であることを理解するようになりました。私にとってファッションとは表現であり，政治，文化，社会，宗教の刹那の表現なのです。人々の宗教，文化，経済は異なっていて，ファッションは常に類似と相違をもっているのです。
> 　今年，私はプリントのコレクションをします。私はそのコレクションを「ビヨンド・ザ・ライン」とよんでいます。何もかもを超越した直線のラインです。(中略)
> 　またもう一つのファッション・ショーを2カ月前にしました。そのショーのテーマは「スウィート・アンド・スウィング」です。なぜならこのコレクションは人生について［表現したもの］であり，とても軽く，1960年代や70年代を思い起こさせるもので，かわいらしく活発な女性を表現しています。彼女らは若く，また幸せに見えることを望んでいます。

「ビヨンド・ザ・ライン」は，西洋の構造的な体形型衣服とは異なり，ドレープやギャザーでラインを表現するデザインである。また「スウィート・アンド・スウィング」は，20世紀初めにパリで活躍したファッション・デザイナー，ポール・ポワレの創作をテーマにして，彼なりに現代風にアレンジした，これも脱構造的なシフォンやオーガンジーを使ったルーズ・フィットで柔らかいラインのコレクションである。

グナワンのような新世代のデザイナーは，西欧文化と伝統文化の混合というそれまでのデザイナーがしてきたデザインの手法を超越し，着装する女性の動きを美しく見せるラインを工夫した脱構造的な衣服を提案している。

■ **シックなムスリム・ファッションの創作**

シャリファ・ズハイラは，1990年以来，母親がバンダ・アチェに営むブティックで縫製やデザインを手伝いながら，母親からそれらの技術を学び，地元の大学で学んだ被服学の知識や技術とを合わせ，その後のジャカルタでの洋裁の勉強も重ねたことで，自分自身が，衣服創作についていろいろな角度からとらえてデザインできるようになったと考えている。

アチェ州で施行されているシャリア・イスラーム慣習法にしたがって，公の場では，女性はブサナ・ムスリマを着用するという社会的制限がある中で，ムスリム女性向けのデザインを工夫してきた。彼女は，ジャカルタから帰って，本格的に母親とともに仕事をするようになって，それまで一般的な衣服を仕立ててきたのが，デザインや技術を工夫したパーティ・ドレスなどの特別な衣服をつくるように変化した。2010年に設けられたA.P.P.M.I.アチェ支部入会のための審査作品として，緑色で統一したクバヤとサロンを基本とするデザインの衣服12着をジャカルタ本部に送り，審査の結果，A.P.P.M.I.のメンバーとなることが認められたという。

彼女によれば，ブサナ・ムスリマは，現在，インドネシア中でトレンドとして好まれて多く着られるようになっていて，シャリア・イスラームの教育を受けて衣生活を理解することで，日々の暮らしがより豊かで楽しいものになるという。バンダ・アチェでの近年のトレンドは，カフタン・ルックで，そのトレンドを意識しながら，外国に向けてもシックな，これまでにないブサナ・ムス

リマのデザインを工夫している。ブサナ・ムスリマは，西洋のファッションと相対するものではなく，適合するものであるという。シャリア・イスラームが存在しても，何を着るか，どのようなデザインを選ぶかは，個人に任されていて，着ることは個人的なものであると，彼女は考えている。

4. 創作のしかたと創作の目的・意味・源泉

　インドネシア人ファッション・デザイナーたちのデザインの創作のしかたは，どのように受け継がれ，変化してきたのだろうか。
　デザイナー誕生期を画したハルジョナゴロは，創作の源泉をバティックに求め，多民族国家の統合を表象するデザインを創出するために，国内各地のバティックの混合を行った。こうして創られた彼のデザインは，人々の間で，国家への帰属意識を高める役割を果たすことに成功し，彼ののちに輩出されたデザイナーたちに，創作の起点になるものとは何かを提示してきた。
　当初ハルジョナゴロからバティック・デザインを学んだティルタは，経済成長期の初めから仕事を開始し，創作の源泉をバティックに求め，手描きの一枚布を裁つ冒険を行いながら，伝統のフレームの部分を遵守し，エレメントを西欧的文化要素と入れ替える斬新な方法をとってきた。そしてそのような伝統文化と西欧文化を混合したデザインは，ジャワおよびインドネシア的価値体系を伝達する新しいデザインとして，広く人々に受け入れられるようになっていった。
　ハルジョナゴロの次世代にあたるデザイナー興隆期を担った人々は，誕生期のデザイナーによる創作のしかたを受け継ぎながら，創作の源泉をバティックのほか，絣や紋織などの伝統染織や伝統的文化要素へと広げていった。首都で活動する中央のデザイナーは，インドネシア各地の伝統文化を西欧文化と混合させてデザイン創作を行うようになった。彼らは，伝統文化と西欧文化を相互作用させることで，それぞれの要素的特徴を保持したデザインを創作してきたといえる。そして彼らは，伝統文化の要素の範囲を拡大させたことで，こうした要素の使い方の幅を広げることができるようになり，伝統文化の表出工合を弱めたり際だたせたり調整して創作を行うようになった。

一方，各地で活動するローカル・デザイナーたちは，自民族の伝統文化を創作の源泉として，地元の人々にファッションの楽しみを提供することに成功していった。彼らは，中央のデザイナーのように伝統の強弱を調整するというよりも，むしろ伝統文化を前面に出して創作することに力点を置き，地元の支持を得たといえる。さらに若手デザイナーが，伝統文化に最新の科学技術の成果を組み合わせて，未来志向のファッションをつくったりする例もある。このように壮年期のデザイナーたちに加え，若手デザイナーも，伝統文化と西欧文化を相互作用させることで，デザインを創作しているのである。
　デザイナーたちはそれぞれに，主体的に伝統文化の用い方を工夫し，操作してきたといえるが，その反面，地元での需要に沿って衣服を創作するヨハンナ・ギリ・ウォレカのように，自己のデザインに特徴をもたせ，個別化するために，伝統文化を用いざるを得ない状況が存在するのも確かである。
　今日では，伝統文化や西欧文化という範疇を超越した思考を創作にあらわす人々があらわれるようになった。伝統文化と西欧文化のバイナリーにこだわらず，恒久的に日常で使える手織布づくりに集中するジョセフィーヌ・コマラの例は，カルマニタが，世界の人々が自己の内側にもつ，自民族の郷愁につながる伝統染織や伝統文化に由来する普遍的なデザインの創作を目指す例に近いといえるが，自らをクローズ・メーカーとして，ファッションを否定的にとらえるコマラの考え方は，自由に衣服の形態を変え，トレンドのあるデザインを発表し続けるカルマニタとは異なる。世界の人々に共通するユニバーサルなデザインの創作を目的とするカルマニタとビヤンはそれぞれに，人と人のつながりをあらわしたり，創作する個人をあらわしたりして，新しい時代性を表現しようとしている。彼らのデザインの源泉は，自己自身の内側から発する感覚であるといえる。ガッガーナは伝統文化と西欧文化というバイナリーから自由に，自らの経験したさまざまな文化要素を選択し，自由に組み合わせて創作のインスピレーションを得てデザインする。グナワンも，洋服の構造的形態から自由であろうとして，創作の対象である着装する女性を本当に美しく見せるデザインとは何かを追求している。ズハイラは，女性のムスリム向けのシックなデザインを創作している。これらの例のように，デザイナーたちの伝統文化と西欧文化の超越のしかたも多様化してきているということができる。

次に，このように創作を行うデザイナーたちの創作の目的・意味・源泉の継承と変化についてみていきたい。

まずデザイナーたちの創作の目的について，ホブズボウム［1992:15］によると，デザイナーたちは，国民の統合，インドネシア，あるいは地域性をあらわすためにデザイン創作を行ってきたといえる。伝統染織や伝統文化を材料として用いているのはそのためであり，西欧文化と相互作用させることでつくり出されたデザインは，斬新な型式の中に各民族による古来からの伝統の意味を保持しながら，それとは異なる新しい文化的意味を生み出してきた。しかし近年，世界に普遍的なデザインをつくり出すことを創作の目的とするデザイナーや，着装する女性を美しくするデザインをつくりたいと考えるデザイナーがあらわれるようになり，創作の目的にも変化がみられるようになったといえる。

次いでデザイナーの創作の意味について，ホブズボウム［1992:20］から，かつて個々に独立して存在してきた各民族の伝統文化は，ファッション・デザインにとり入れられることで，地域の独自性をもつ存在として認識されるようになり，インドネシアらしさのイメージを帯びたものへと変化してきたと考えられる。それらは，ファッション・デザインとして国外に発信される時，インドネシアとしての総体的なまとまりをイメージさせるのに役立つ。そしてデザイナーたちが伝統文化を用いることは，同時に国家内の社会的つながりをもたらすことになるのである。このことは，ホブズボウム［1992:20］が指摘するように，インドネシア的価値体系を国内外に伝達する役割を，デザイナーたちのデザインが果たしてきたことを示している。

ホブズボウム［1992:20］はまた，伝統が権威を確立するものと考えている。デザイナー誕生期や興隆期の初期のデザイナーたちは，為政者の権威の確立に，デザイン創作を通して貢献し，その貢献によって，デザイナー自身の権威をも確立してきたといえるであろう。しかし近年のカルマニタやビヤンが創作するユニバーサルなデザインは，国家や権威，またインドネシア的価値をあらわす意味をもつものではなく，創作する個人をあらわすものであり，デザインの意味は変化してきた。またフタバラットのように，伝統文化をファッションに用いることが，インドネシアを表出する意味の他に，各地の伝統文化保護や職人の保護，自然環境問題をアピールする意味をもつように変化している例を

みることができる。したがって，ホブズボウム［1992］の議論は，1990年代までの伝統と政治性とのかかわりをみるのに適していると考えられ，この議論の汎用性には，時代的な限界があるといえる。

　さらにデザイン創作の源泉について考えてみよう。インドネシア人デザイナーたちは，再オリエンタル化の動きと伝統を守る動きの両方に対応したデザイン活動を行ってきた。例えばシムールは，欧米のデザインの動向に沿って伝統の位置を移動させ，自らのデザインを再オリエンタル化する。一方ティルタは，バティックの﨟纈染めの伝統的技法をかたくなに守ってデザインしている。またゲアは，伝統染織のイメージをデザインに表現することで，伝統を守る動きをしていると考えられる。ティルタやゲアは，染織技法やイメージといった伝統文化の部分をそれぞれに選択して，それを西欧化から守ろうとしているのである。彼らは選択した守るべき伝統を守り，それ以外の部分を，新たな要素に置きかえる対象として，主体的に操作してきたのである。

　このような伝統のとらえ方を，意味の移動という考え方［Clifford 1988］を用いて考察することができる。人間がものを集める行為に注目したClifford［1988:223-226］は，主体となる人間の行動と集める対象であるものとのかかわりの文化的意味について考察し，その結果，ものは集める主体の行動によって移動し，移動のしかたによって，真正さを獲得したり，失ったりすると考えた。すなわち真正さとは，美術品・工芸品的価値をもち，歴史的・民族的な博物館や美術館に収集されるものに存在し，他方，真正さをもたないものは贋作であったり，観光土産・日用品であるとする［佐野・菅谷 2000:22-23］。デザイナーが，どのように真正さを得ようとしているのかをみると，次のように異なった二つのタイプをみることができる。ティルタやカルマニタらのバティックの伝統的技法を常に用いるデザイナーたちは，文様や色彩に西欧文化を混合しても，染織技法に伝統文化の真正さのよりどころを求め，自らのデザインを真正なものにしようとしている。一方ゲアは，グリンシンやジュンプタンを，オーガンジーのような西欧の素材を使い，技法上でも西欧のプリントで表現し，伝統染織のイメージを文様や色彩に求めてきた。ティルタの真正さを求める思考は，美術品・芸術品的価値を求める思考に近い。このため，ティルタからみた場合，ゲアの真正さから解放された伝統染織のプリント表現は，贋作に近い

ものであると判断されるのである。しかしゲア本人にとっては，それは贋作ではなく，生活の中で着用するファッションである。ゲアのデザインは，ファッションと位置づけられることによって，クリフォードの枠組みの中では，美術品・芸術品に近い価値をもつようになり，別の過程を経て真正さに接近しているのである。デザイナーたちは，ある部分の伝統的要素に真正さを求め，デザインの他の部分に新しい要素を使いながら，それぞれの方法で創作を行っているのである。

彼らが伝統の位置を動かしながら，真正さを求めて創作を行っていることは，彼らが自らの伝統文化に価値を置いていることを示しているのであり，伝統文化が，デザイナーの創作の源泉となっていることを明らかにしている。しかし近年のデザイナーの創作に，デザインの源泉が，伝統文化から，それを超越した自己自身の創造性，衣服を着る人の個々の嗜好などへと変化してきた例をみることができるのも確かである。

デザイナーたちは，伝統文化と西欧文化の要素的特徴が混合しながら相互作用し，再構成が進行してきたインドネシアの服飾の歴史・文化的特徴を背景に，服飾を再構成してきたといえる。彼らの再構成のしかたには，伝統文化と西欧文化の相互作用という，社会・文化の時代的な流れの中で繰り返されてきたものもあれば，伝統文化を前面に出したり伝統の表出工合の強弱を調整するという，時代の流れにしたがって変化してきたものもある。彼らは服飾を，Iyotani［2005］がいうように，現代性か，反現代性つまり「発明された伝統」のどちらを選択するかを主体的に調整しながら，多様に再構成してきたといえるのである［Iyotani 2005:218］。このように再構成を行うデザイナーたちの創作の目的・意味は，地域性，国，個人の表現，文化および自然環境の保護であり，それにともなって創作の源泉も，伝統染織，伝統文化，自己自身の感覚，着る人の個々の嗜好へと，保持されたり変化したりしてきたということができる。

注
1　グリンシンは，インドネシアの中で唯一，バリ島トゥンガナン村でのみ織られる経緯絣である。輪状整経による経糸が輪状につながったままの布は，聖なる布として儀式で使

われる。儀式のあと，織り残しの経糸部分が裁たれた布は，世俗の布として着装される。
2　チュット・ニャック・ディエンは，19世紀末にアチェ戦争でオランダ軍と勇敢に戦ったアチェ人女性の名であり，インドネシア共和国誕生後，1964年に，カルティニと並んで，国の独立を導いた英雄として公に認定された［Sufi 2008:10］。
3　ここでいうミニマリズムとは，民族的特徴を最小限にまで抑えたシンプルな表現をいう。

第5章
デザイン活動と展開

　インドネシア人ファッション・デザイナーたちは，グローバル・ファッション・システムに対応したり適応したりするために，創作活動を活発に行っている。
　本章では，中央のデザイナーが，デザイン面およびビジネス面でグローバル化を果たすための戦略，インドネシア各地で活動するローカル・デザイナーたちのグローバルとローカルな動きにどのようなものがあるのか，また中央のデザイナーとローカル・デザイナーの違いについて考えてみよう。そしてデザイナーが協会を組織し，デザイナーどうしの連携をはかり，中央と地方のデザイナー，若手や壮年期を迎えたデザイナーと，地域や世代を超えてネットワークをつくっていることに注目し，彼らが，組織的に行っている活動の特徴について検討する。さらに協会の動きが，個々のデザイナーの活動に，また彼らのアセアン・アジア・世界とのかかわり方にどのように作用しているのかを明らかにする。
　近年，デザイン創作から伝統文化保存および振興活動，地球環境保護活動，アーティストの後援やチャリティ活動へと，行動の幅を広げていくデザイナーの例をみることができる。これらの多様化するデザイナーの活動の特徴についても考察してみたい。
　グローバル化とは，ある事象の世界規模化であり，普遍化の様相をあらわすこともあるが，一つの基準が世界的に共有されているとは限らない。ローカル化とは，ある地域の人々が意識的に固有の要素を探し求め，特徴あるものとすることによる地域的個別化である。
　このグローバル化とローカル化のかかわりについて，ロバートソン［1999］や伊豫谷［2002］，Appadurai［2000］，アパドゥライ［2007］は，現代におけ

る両者の入り組んだ状況について考察している。文化社会学者のロバートソン [1999:5] は，グローバリゼーションとは，世界を同質化し，個別性を抹消してしまう過程ではなく，本質的かつ内在的に個別性を推進することととらえるべきで，グローバルに多様性を推進するというみかたが必要であるとした。伊豫谷 [2002:60-65,78-79] は，グローバリゼーションとは決して均質に広がっていく概念ではなく，ナショナリズムが強められ，文化的差異や地域的格差を拡大するものであると考える。またローカルな多様性や境界のあることが，グローバル経済の発展をうながすと考える。Appadurai [2000:5] は，グローバリゼーションとは，国家のような不動のものではなく，国境を越えて移動する人々や労働，資本の流れといった，バウンダリーのない情動的で活動的なものととらえている。つまり彼は，グローバリゼーションの概念として，地域を越えた移民や企業，メディア，ツーリズムなどの動きをイメージし，それらの動きが今やグローバルに広く存在することについて言及している [Appadurai 2000:7-8]。さらにどの地域社会もグローバルにつくり出された装置であり，世界は各地域から成り，各地域もまたそれ自身の世界観をもつものであり，グローバリゼーションの議論は，各地域間の関係との両面でなされなければならないとする。そして人々の生活レベルからのグローバル化を，「草の根のグローバル化（grassroots globalization）」，「下からのグローバル化（globalization from below）」とよんで，それに向けた視点をもつことの必要性について言及している [Appadurai 2000:15]。またアパデュライ [2007] は，「ポスト電子社会」，つまり現代を，嗜好，快楽，政治をめぐる多様なローカルな経験が相互に交差するトランス・ローカルな性質を有するものととらえ，それはヴァナキュラー（土着的）なグローバル化を遂げていると考えている [アパデュライ 2007:30-31]。

　さらにアンダーソンは，グローバル化について，ある場所で生まれた理念や思想が世界中を移動し，その土地での固有の意味を帯びながら，人々を新しい実践へとかりたてていくプロセスであると述べ [梅森 2007:162]，グローバル化がローカル性を含みながら進行し，多様に変化していく特徴をとらえている。

　これらの議論から，グローバル化とは，ある事象が世界規模で広がりながら，各地域間のバウンダリーを流動化する一方で，各地域においては多様化，

個別化,差異化が進行することであり,ローカル性を内包しながら多様に変化することであるととらえることができる。このようにグローバル化がローカル化とかかわって成立するという考えが,インドネシア人ファッション・デザイナーによるデザインおよびビジネスの展開とどのようなかかわりをもつかについて考えてみたい。さらにこの考えが,序章で述べた Jones and Leshkowich [2003] と Niessen [2003] による,アジアのデザイナーによるファッションのグローバリゼーションと,それに相対する概念であるオリエンタリゼーションが,「衣服のダイナミクス」を推進していくとするとらえ方と,どのような関係をもつのかについて言及する。

1. 活動の展開

■グローバル化への対応

インドネシア人デザイナーたちは,比較的小規模な工房の経営者である場合がほとんどで,従業員が布を染め,裁断した布をミシンで縫製して,衣服を一点ずつつくっている。こうして生産された衣服を,ファッション・ショーで発表し,海外へ輸出したり地方市場で取り引きしたりしている。そのほとんどがプレタポルテで,中にはオートクチュールを手がけるデザイナーもいる。ジャカルタを拠点とする中央のデザイナーが,このような衣服創作の仕事を開始するようになった1970年代半ば頃,ビジネスはジャカルタを中心とする地域に限られていた。彼らがデザインした衣服をグローバルに販売・取り引きする仕事を始めたのは,1980年代に入ってからである。この動きは,スハルト政権下での工業製品の輸出振興政策に裏づけられた高度経済成長を背景にしていた。この頃,中央のデザイナーたちの中に,進行するグローバル化に対応して,事業拡大の考えが広まった。デザイナーによるグローバル化への対応について,デザインとビジネスの二つの面から考えてみよう。

＜デザインにおける対応＞

デザインと製品をグローバルに広げようとする戦略のあり方を,インドネシア発のデザインを工夫している点で共通している2人のデザイナー,ビヤンと

エリス・シムールの例からみてみる。彼らのグローバル化への対応のしかたは異なる。ビヤンは，国内と国外市場の違いをふまえながら，それらを総括したアジアのデザインを構築しようと考えている。シムールは，欧米市場が求めるデザインを，自らのブランドとして生産している。これらの違いについて，次に考えてみよう。

ビヤンは，欧米中心のグローバリズムに対応してデザインを行ってきた。1993年の最初のインタビューで，当時39歳のビヤンは，アジアや世界市場に向けた活動をさらに広げようとする自身の考えを，次のように語った。

> 私は，インドネシアにとても大きな潜在力をもった市場があると思います。なぜなら，私たちには何億人もの人口があるからです。そしてインドネシアには今や，購買力のある中産階級がいます。今や中産階級はとても大きく成長していて，消費好きで，おしゃれな服を着ることが好きです。そこに潜在的なものをみることができます。すべてが政府しだいであるし，個々の会社や工場しだいなのです。もし良いものをつくりたければ，工場でいろいろな専門の者が，共同で仕事をしないといけません。（中略）
>
> 私は日本市場で仕事をしたいです。なぜなら日本は，とても高い技術力をもっていて，インドネシアには，多くの発展している文化があるからです。ファッションの中心は，ヨーロッパやアメリカですが，私は将来，これをうち破りたいのです。人々は西欧の国について話したがります。将来，人々は東洋やアジアのファッションについて話すようになるでしょう。実際，インドネシアには，才能のあるデザイナーが多くいて，成長しています。しかし私たちは，自分たちで多くのことに努力しなければなりません。

ビヤンは，1993年当時，インドネシア国内の中産階級向けのデザインと，国外に広がるアジア市場に向けたデザインを別々にとらえるべきであると考え，両者の製品開発を同時に進める必要性を感じとっていた。彼はまた，西欧を頂点とするファッション・ヒエラルキーに疑問をもち，アジア発のデザインを創作する構想をもっていた。その具体化として，彼は，インドネシアやアジアの

デザイナーとの連携をはかりながら，アジア・ファッションの確立に努めてきた．

2002年のインタビューでは，ビヤンは，自身の会社が，1990年代後半からのインドネシア経済の悪化を順調に乗り越え，アジア・ファッションを指導する地位を保っていることを述べた．そして彼は，インドネシア全体の苦境の時期をふまえて，今後のデザインのあり方と若手デザイナーのもつべきグローバル化戦略について，次のように語った．

　　ジャカルタのファッション・カレッジの学生は，デザインだけを学んでいますが，私たちは，グローバルな世界の中に生きているのです．ですからインドネシアに住んでいても，グローバルに考え，グローバルに競争し，独自にやっていかなければならないのです．

ビヤンは，デザイン専門学校で教育してこなかったグローバル市場を意識した実践的なデザイン創作のしかたを，若手デザイナーは学ぶ必要があると考えている．そして彼のもとで仕事をしてきたロナルド・V・ガッガーナは，ビヤンの考えにしたがい，ヨーロッパでデザイナーのファッション・ショーや色の展示会などを見て，グローバル市場について実際に学んできたのである．ビヤン自身，1990年代に，経済的動きの中でグローバルに仕事を展開した経験をもち，それを契機に，21世紀のデザインのあり方として，インドネシア地域を越えたユニバーサルな方向性を考えたのである．彼はまた，グローバル・ファッション・システムの中で，現在まで，インドネシア・ファッションが底辺に位置づけられている情況を打開しようと考えている．

　　人は，もし国際的であろうとするなら，ロンドンやパリ，ニューヨークへ行かなければなりません．しかし私の場合，インドネシアの市場で，もっとユニバーサルなコンセプトをもって何かしたいのです．

彼の考える今後の戦略は，あくまでもインドネシア市場を意識しながら，グローバルな視点をもって，国際市場に通じるユニバーサルなデザインを創出す

ることである。そうすることで，インドネシア発のデザインを国内外に無限に広げることができると考えているのである。

シムールは，ビヤンとは異なる対応のしかたをとっている。彼女の戦略は，自らのデザイン創作活動を，欧米の顧客の嗜好の変化に合わせてフレクシブルに変えることである。

彼女は，自らのデザインについて，2002年のインタビューで次のように語った。

> 1980年代の終わり頃から1990年代にかけて，[欧米のトレンドが] アーバン・ルック，スポーツ・ルックからエスニック・ルックへと変わりました。ハンド・ワーク・スタイルを評価していたので，私は，1988～89年頃にバティックを始めました。当時，西欧のファッションが変わったのです。[欧米の] 人々は，以前バティックを知りませんでしたが，1980年代後半に彼らはバティックを知るようになり，バティックを評価し，バティックについて，伝統的なバティックやその文様について話をするようになり，本物のバティックづくりのしかたについて翻訳するようになったからです。

1980年代後半に，欧米でバティックが注目されるようになり，それと相まって欧米のトレンドがエスニック・ルックへと変化したことに注目したインドネシア人デザイナーは，インドネシアの文化要素をデザインの対象とするようになった。シムールの活動するバリ島クタでは，1980年代半ば頃から衣料品店が出始めていた。そこでは，アメリカ人旅行者がエスニック・ファッションを買い求めるようになり，このことは，彼女の創作に大きな変化をもたらすことになった。彼女は，バティックや絣を見直し，それらをアイディアにとり入れてデザインした製品を，欧米に輸出するようになったのである。

> 1988～95年の，以前，私が最も成功した時代には，私たちは，1カ月で3万着つくりました。私は，「エリス・シムール」[のブランド] を1982年から1994年まで，アメリカやロンドンへ輸出しました。輸出用

のデザインはもっとエスニック調でした。私はバティックの伝統的な文様をたくさん使いました。
　今私は，自分がムードを感じた時には，伝統的なパターンをフレクシブルにとりあげています。伝統的なパターンをとりあげて新しいルックにします。実際，私はとてもフレクシブルにやっているのです。

　シムールは，バリやその他のインドネシアの伝統的な文化要素をとりあげて，エスニック・テイストを柔軟に加減するという手法でデザインを行っている。この柔軟性は，ビヤンやダルソノとは異なる特徴である。
　2008年のインタビューでは，シムールは，フレクシブルな創作を着用者の嗜好に合わせて行うようになっていて，彼女はデザイナー主導のトレンドのない個々人の嗜好に合ったデザインをつくることが，グローバル市場に合うものになると考えていることがわかった。

　これまでみてきたように，グローバル化に対するデザイン創作の面からの対応のしかたには，国内と国外でそれぞれ求められるデザインを察知し，コンセプトを分けて対応すること，欧米の顧客や着用者の嗜好の変化に合わせて，柔軟にデザインを変えて対応することがあった。このようなグローバル化への対応のしかたをみると，グローバル化に，ローカル化を共存させたり，うながしたりする要素が含まれていることが示唆される。

＜ビジネスにおける対応＞
　デザイン面でのグローバル化に対応するしかたがあるように，ビジネス面でもいくつかの戦略がある。
　現実的戦略をとるダルソノは，グローバルにビジネスを広げるために，自分のブランドの製品をつくるだけでなく，欧米のデザインにしたがった安価な製品をつくり，欧米に輸出している。2001年のインタビューで，ダルソノは，次のように語った。

　　　衣服として，40％をヨーロッパやアメリカに輸出しています。ずいぶ

ん前，私たちは，日本へも少し衣服を輸出していましたが，今はもうしていません。アジアの国々へでなく，アメリカやヨーロッパ向けだけです。私たちは基本的に，ブルージーンズのような衣服を求め，アメリカのリーバイスに提供しています。かつてジバンシーなどと仕事をしていました。彼らは私たちにデザインを与えて注文するだけで，私たちがデザインすることはありません。

欧米から求められるのは，インドネシアの素材や人件費の安さのみなので，ダルソノは，欧米から提供されるデザインにしたがった製品づくりを，ファッション・デザイナーとしての活動と並行して，現在まで続けている。つまりローカルにはデザインの仕事を，グローバルにはデザインのない衣服製作を共存させているのである。ここに，デザインには全面的にこだわることをせず，低迷する経済的情況を乗り切ろうとする彼女のしなやかな戦略があるといえる。

もう一つの戦略は，ファッション関連ビジネスとしてのイベント会社の経営である。ラムリは，ファッション性の高いイベントの企画・演出にたずさわるようになってから，こうした活動のために，自らイベント会社を設立した。彼のイベント関連ビジネスの中には，1994年に行ったピエール・カルダンのショー，ムスリム向けのデザインのショーの開催がある。こうした活動を，国内のみならず，シンガポールなどの海外でも行うことで，彼は，自らのファッション・デザインを海外へと広げながら，ショーやイベントを催す関連ビジネスを並行して行ってきた。このビジネスのしかたは，1997年に始まる不況にも強く，経営の安定をもたらす戦略であった。

このようにデザイナーたちは，デザイン以外の関連業種へと仕事の領域を拡大したり，活動の拠点を複数もつマルチサイトな活動を行ったりすることで，戦略的に，自らの活動をグローバルに拡大しているのである。

■ **ローカル化への対応**

中央のデザイナーには，グローバル化に対応した仕事を展開するほかに，1997年以降の景気の悪化の中で，国内でのビジネスの充実をはかろうとする動きがみられる。本節では，この国内市場への回帰現象が，デザイナーの活動に

1. 活動の展開　　157

どのようにかかわっているかについて考えてみたい。また，ローカルな場でローカルな活動をしてきたデザイナーとの違いを明らかにするために，地方でグローバルにビジネスを行うローカル・デザイナーたちの活動について考えてみよう。

＜中央のデザイナーのローカル化＞
　中央のデザイナーのローカル化について考えるのに，国内経済の現状や消費者の変化を認識するチョシー・ラトゥと，インテリアやアクセサリー業界にも進出して国内での事業拡大をはかるビヤンとエドワード・フタバラットの事例をあげて考察する。また国際市場と比較しながらインドネシア市場の状況を認識するシャムシダール・イサが，どのようにファッション・ビジネスをローカル化してきたのかについて考えてみたい。

・国内での変化の認識によるローカル化
　ラトゥは，1990年代の10年間に，自身のデザインと自身を含めたファッション・デザイナーをめぐる状況が変化したことについて，2002年のインタビューの中で次のように語った。

　　　かつてのシニア・デザイナーは私を含め，今やあまり活動的ではありません。（中略）私は仕事を最少限にしています。私は今，パーティ・ドレスを専門的につくっています。でもメインは制服です。
　　　私は，現在もバティック・デザイナーとして，イワン・ティルタのための仕事をしています。彼のアシスタントは，間もなく，実用的なバティックをつくるでしょう。それを「プサカ・ティルタ[1]」というブランドにするつもりです。もちろんバティックです。
　　　イワン・ティルタのドレスはとてもすてきですが，とても重く，とても高価です。しかしスカーフなら，もっとフレクシブルに身に着けることができます。それで私はそのラインを発展させています。それはデイリー・ウェアだけでなく，パーティ・ウェアにもまだ使われています。
　　　私たちは，「プサカ・ティルタ」という新しいラインを，来年3月に発

表するつもりです。

　1997年の経済的変化は，ジャカルタのデザイナーたちの仕事を縮小させ，彼らに仕事の転機をもたらした。ラトゥは，これまでのイワン・ティルタの製品につけられた高価でフォーマルなイメージを外そうと，ティルタのバティックの技術を大切にしながら，現代生活の中で日常に使いやすい，スカーフなどの安価な小物へのカジュアル化を試みてきた。
　彼によれば，1990年代に入ってから，顧客の嗜好が変化したという。ウェディング・ドレスを含めたパーティ・ドレスという西欧のデザインから，クバヤとカイン，サロンといったインドネシアの民族衣装へと好みが変わったのである。このことについて，2002年のインタビューで，彼は次のように語った。

> 　以前，私はウェディング・ドレスを70％位の割合でつくっていました。残り30％ぐらいが伝統的なクバヤでした。今は60％が伝統的なクバヤで，40％が白い[ウェディング・]ドレスになっています。クリスチャンでさえ，以前は白いボール・ガウンだけを着用していたのですが，今やクバヤとバティック，ジャワのクバヤを着用します。それはどんどん増えています。10年前はさほど多くはありませんでした。しかし今は非常に多くの人が着用しています。(中略)
> 　ゲアのように，私は多くのクバヤをつくり，それは承知のようにとてもシンプルなクバヤで，普通のヘア・スタイルで着ることができます。多くの人々がそれを好んでいます。私はそれを良いことであると思います。かつては，インドネシアの伝統的な衣服がたくさんありました。20年前，私が[仕事を]開始した頃，誰もクバヤを着なかった頃と比べると，今は良いです。今や私たちデザイナーがクバヤを現代化するので，[この]写真のように，普通のブラウスと一緒にカインとスレンダンを着けることができます。クバヤは，今や人々が着用するように現代化され，袖なしのクバヤもあります。私は，ゲアがジュンプタンをポピュラーにしたことは，良いことをしたと思います。彼女は，インドネシアの伝統的モチーフをプリントした最初の人です。彼女は，人々がジュンプタンのことを忘れている

ので，小さな工房を助けることもしています。しかし今は誰もが，ジュンプタンについて知っています。多くの人々がそれを用いるようになっています。またアンティークなバティックの値段はとても高くなっています。多くの人々はソンケットも好み，私はそれは良いことであると思います。インドネシアの伝統的な布は，バティックだけでなく，ジュンプタンもソンケットも，再びインドネシアで広く使われるようになっています。今や多くの人々が買い，収集して着ていますが，それは良いことです。しかし私たちデザイナーは，今，あまり伝統的でない何か現代的なクバヤやバジュ・クルンなどを，地方の布に合わせて着装できるようにデザインしているのです。それはとても良いことだと思います。

ラトゥによれば，2000年頃になって，インドネシアのデザイナーがつくり出す衣服は，外国製品と比べて安価ながら，同程度の質をもつようになったという。人々は，国産製品の良さを知って，それを着用するように変化したのである。この消費者の意識と行動の変化を，彼は仕事の可能性を広げる好機とみて対応してきた。彼は，ゲアのエトゥニック・ファッションが国内へ浸透していることの意味を把握し，顧客が伝統文化に対する関心をもつようになったことに対応した事業転換をはかったのである。

拡大する国内市場の動きに対応して，ファッションではない他の業種へとビジネスを広げ，ローカル化を行うデザイナーとして，ビヤンとエドワード・フタバラットの例があげられる。ビヤンは，2006年，ジャカルタ南部のクマンに，ブライダルとともにインテリア製品をあつかう店「ビヤン・リビング」を設けた。これは，2000年代後半から国内で急激に伸びたインテリア嗜好に対応しての事業拡大であった。ビヤン・リビングでは，カーペットやベッドカバー，クッション，カーテンなどの，主にオリジナル・デザインのファブリックをあつかっている。またフランス，イタリア，ドイツのインテリア小物や香水を輸入し，コンセプトであるシンプルで美しいライフ・スタイルを提案している。

エドワード・フタバラットも，ビヤンと同じように，国内でのインテリア嗜好に対応して，インテリア製品，生活小物，またアクセサリーなどの他の業種

へとビジネスを拡大している。しかしビヤンがインテリア用品にヨーロッパからの輸入品をとり入れて自身のデザインとともに提案するのに対し，フタバラットは，1990年代後半から行うようになったインドネシア各地の伝統工芸の保存活動の経験から，インドネシア各地の伝統工芸の手法を現代的なデザインにほどこしたインテリア用品を提案している。木工や彫金などの手工芸にたずさわる職人の技術を保存し，デザインを新しくして国内市場に合ったもの，あるいは海外市場にも合うものをつくるために，各地でデザインを提案・指導し，工芸製品の制作を依頼してきたことをビジネスとしているのである。そしてそれまでになかった新しいデザインの壺や棕櫚の編み物などのインテリア製品，また木や金・銀，貝やビーズを用いたアクセサリー類，バッグなどを手がけるようになった。フタバラットもビヤンと同じ，おしゃれな店が集まるクマンに店を構え，衣服とともにそれらの製品を主にジャカルタおよび国内の顧客に向けて販売している。

このようにデザイナーたちは，国内市場の変化を認識することで，自らの活動をローカル化してきたといえる。

・国際市場の認識によるローカル化

インドネシア・ファッション・デザイナー協議会 I.P.M.I. 会長のシャムシダール・イサは，欧米のデザイナーの製品と比較して，インドネシア人デザイナーの製品の質を高く評価し，彼らこそ，国内の消費者に向けた製品を開発するべきであると考えている。彼女は2001年のインタビューで次のように語った。

> ［インドネシアは］何もかも無茶苦茶です。誰もが経済のことを言いますが，お金はまだたくさん持っているのです。おそらく今でも，彼らはディオールやバルマンを買うでしょう。しかし彼らは現在，大金を払いたいとは思っていません。今や何でも高価になっています。それで人々は，ローカル・デザイナーのところへ行くのです。しかし消費者は今，もっと注意深くなっていると思います。彼らは10年前とは違い，すでに質を知っているのです。
>
> 今の顧客は，センスの良さと［低］価格を求めています。それで，より

安くて良質であることから，今はインドネシア人デザイナーの製品の時代なのです。私は，ディオールの製品が，ビヤンのものより良いとは思いません。消費者はもはや安っぽいものを求めているわけではないのです。彼らは知っていて，賢いのです。ですから，もしデザイナーが一生懸命に仕事をしなければ，彼らはチャンスを失うことになるでしょう。今がチャンスなので，コレクションに対し，その素材やデザイン，質，経営方法について，充分に注意深く考えなければなりません。もしそうすることができて一生懸命に仕事をすれば，成功するでしょう。

彼女は，1990年代に相次いで開催されるようになったアジアにおける国際会議での議論の影響を受けている。国際的な視野から，インドネシア人デザイナーの製品は，経済的に不安定な現在，値頃感があり，国内市場に適していると考えている。この考え方は，2007年のインタビューでも同様に聞かれ，国内の消費者向けに製品を充実させるべきであるという。これについて，彼女の次の話から詳しく知ることができる。

　　私たちは，シンガポール［での会議］以来，毎年議論してきて，実際私は，輸出してはいけないという結論に達しました。インドネシアがなぜ大きいのか知っていますよね。人口が2億人ということです。もしドレス・アップする人が，その10％の2千万人いれば充分です。輸出など必要ないのです。（中略）輸出を止めさせるほどの大きな市場がここにあるのです。もし［インドネシア製品の］質が良いなら，人々は買うでしょう。2億人の人口があるのです。もし彼らのためだけに生産したとしても，非常に多くの収入が得られるのです。
　　そうであるから，これらのことが，1992年に福岡で開催された「アジア・アラウンド・テーブル・ミーティング」で議論されたのです。（中略）そして私たちは結論を得ました。「アジアはアジアのために」というものです。なぜなら実際，世界中の最大の市場は，アジア太平洋だからです。（中略）私たちアジア人は，態度や行動が似ています。同じアジア人として，行動や，いつも何をしているか，どんなライフスタイルであるかがわ

かっています。それ［を考えるの］は，ヨーロッパ人のライフスタイルを考えるより簡単です。それで輸出したいのなら，アジアに限定することにしましょうということです。

　その後シンガポールで，私たちは，「新アジア・トロピック・スタイル」について話しました。それは，赤道上のワン・シーズンの国についての話し合いでした。そしてなぜ私たちは，熱帯の国に集中しないのかと考えました。なぜなら［私たちは］ワン・シーズンの国だからです。私たちは，赤道上の国々，つまりチリ，メキシコからインドまでの国々です。これらの国はワン・シーズンで，フォー・シーズンではないのです。(中略) 私たちは夏のコレクションをつくるだけでよく，かつては実際にそうしてきたのです。私たちはこのことについて話し合いました。しかし私たちはヨーロッパへ輸出します。なぜでしょう。第一，インドネシアには大きな市場があります。多くの人々がいるので，人々はここに集まってきます。人々は今，シンガポールに行きます。そこにたくさんの人がいますか。しかしインドネシアでは，一人のデザイナーが100万人の顧客を得ることが可能で，もうそれで充分です。彼らのためにドレスをつくることができるのに，政府は，輸出，輸出と言っています。

　イサは，それまでのインドネシアのファッション業界における欧米中心の考え方を，アジアおよび自国中心の考え方に転換してきた。自国のデザインと品質の向上がある程度達成され，人口の多さに裏づけられた大きな市場が存在することから，彼女は，ファッション・デザイナーたちのグローバル化からローカル化へのビジネスの転換の必要性を主張してきた。このような市場の存在の認識とともに，彼女の考えにあるのは，インドネシア人デザイナーたちが，欧米をみてデザインするのではなく，自国をみてデザインするべきであるということである。そこには，西欧文化と比較して自文化を再認識する過程を通して，それまで欧米に追随してきた立場を，自国主体に改めるべきであるとする彼女の考え方が含まれている。2007年のインタビューでも，この姿勢は変わっていなかったが，2000年代半ば過ぎになってからの政治経済の安定した状況から，再び国内から国外へグローバルにビジネスを広げていく必要性を感じとる

ようになっていった。インドネシア製品を，他のアジアの製品と比較すると，生産コストの安さでは中国や他の東南アジアの国々に勝てないので，インドネシア製品の付加価値を高めるべきで，そこにインドネシア人デザイナーの果たすべき役割があると考えている。

　1980年代半ばからのアジア経済拡大の動きに沿った輸出振興政策に合わせ，中央のデザイナーたちは，自らの製品の輸出を活動の中心にしてきた。しかし1997年以降の経済不況と政変を経て，彼らは，経済政策がそれまでと同じ輸出振興路線にあることに疑問をもつようになり，国内の顧客向けの製品をつくるようになった。デザイナーたちのこうした転換は，1990年代に入り，国内の消費者の意識が，自文化を再認識する方向に向かい，同時に顧客らが，アパレル製品の消費経験から質をみる目をもつようになったことを，デザイナーたち自身が認識したことから始まっている。国内の消費者の意識の変化とアジア経済の動向を的確にとらえ，中央のデザイナーたちは，活動をグローバルに広げるとともに，ローカルへと回帰させたのである。

＜地元デザイナーの活動＞

　首都ジャカルタのデザイナーたちが，アジアを中心とした世界に向けてビジネスを展開しようとしてきたのに対し，1980年代後半から1990年代初めにかけて仕事を始めるようになった地方都市のデザイナーたちは，ジャカルタへ仕事の場を広げようとしてきた。1997年以降，経済不況になると，ジャカルタのデザイナーたちが海外との取り引きを主とするビジネスの伸展に苦しむ一方で，地方都市のデザイナーは，地元の顧客に支えられ，比較的安定したビジネスを維持してきた。こうして中央のデザイナーと対照的な活動をしてきたローカル・デザイナーについて詳しくみていくことにする。

・中産階級向けのデザインの提供

　バンドゥンで最も早く，1975年にデザイナーの仕事を始めたエディ・P・チャンドラは，開店当初から顧客に恵まれ，不況時でも安定した会社経営をしてきた。チャンドラは，自身の会社の経営状況について，2002年のインタビューで次のように語った。

私のところはとても良い状態です。私の［製品の］価格は，それほど高くないからです。中産階級の人々のために，ドレスをつくるのです。それが私の主義です。私の主義は，高価でないことです。私の主義は，あまり高価ではないことなので，［仕事が］伸展するのです。もしあまりにも高価なものなら，買えなくなって，人が来なくなります。それで私は中産階級をつかむのです。私には中産階級［の顧客］がいます。中産階級は安定しています。

　彼の女性の顧客の中には，自分の母親がしてくれたように，娘のためにこの店のウェディング・ドレスを注文する母親が増えてきているという。ウェディング・ドレスの値段は 400 万ルピア[2] ほどで，地元の人々にとって少々高価ながら，手の届く範囲の値段である。チャンドラの会社は，既製のウェディング・ドレスも並行して生産し，製品を，地元のメトロやマタハリ・デパートに卸している。個人の注文と百貨店用に，毎月 30 着ほど生産しているため，40 人ほどの従業員がフル・タイムで働いている。彼は大変忙しく，発足時からメンバーとなっている A.P.P.M.I. バンドゥンの毎年 10 月のトレンド・ショーに出品する作品を準備できないほどであるという。
　この状態は，2009 年のインタビュー時でも変わらず，2008 年 9 月の世界同時不況の影響を受けたとはいえ，チャンドラは，中産階級に向けた高価ではない衣服を提案し続けているため注文は多くあり，仕事の忙しさは前と変わらないという。
　デザイン面では，チャンドラはバティックやクバヤを多く使い，バティック文様などに自らの文化的背景である中国系の要素をとり入れながら，インドネシアのスタイルに合ったデザインをつくっている。中国系住民が多く住むバンドゥンにおいて，彼は，地元の顧客の好みに合わせて，中国，西欧，インドネシアの文化要素を混合したデザインを創作し，地元の人々の支持を受けている。
　バンドゥンで活動する他のデザイナーも，ターゲットを地元に置いていて，ジャカルタや海外へ商品を出すことはほとんどないという。彼らは地域の生活の中で，地元の消費に支えられて，デザイナーとしての仕事を続けることができるのである。

・地元発ファッションの需要の高まり

　都市や海外のファッション・トレンドをデザインにとり入れた手近で値頃な商品が，地方都市の人々に求められるようになった情況は，バンドゥン以外の他の地方都市にもみられるようになっている。例えばランプンでは，デシー・ムナフのデザインが地元の人々に好評を得ている。

　ムナフの商品は，主に婚礼衣裳，パーティ用のクバヤとサロン，ムスリムに向けた丈長のチュニックにサロンやカインである。彼女は，バジュ・クルンやクバヤをデザインする時，ムスリム向けの商品には，彼らの好むゆったりしたラインを用いることで，ムスリムの顧客の心をとらえている。

> 私は，婚礼衣裳の注文を多く受けてきました。それは伝統的なクバヤとサロン，カインです。バティックは，サロンとカインに使われますが，時々ランプンの人たちは，ランプンの伝統的な布タピスを［バティックの代わりにして，クバヤと］組み合わせることを好みます。私のコレクションには，ムスリムのための丈を長くしたクバヤを用いたラインがあります。

　ランプンで古くからつくられてきたタピス（金糸で刺繍した布），プルパイ，スバゲ（バティック）は，現在でも，アパレル用や壁掛，また土産品として各家で小規模につくられている。それらをあつかう衣料品店であるバティックの店「スンタロ」は，2000年頃から，プルパイに描かれてきた霊船のモチーフを使って，これまでになかったバティックをつくり出し，販売していった。レース刺繍は，地元の主婦らの現金収入源で，彼女たちは，家事や育児の合間に完成させると，それをこの店に持って来る。このように女性の内職が，プルパイやタピス，またアパレル製品の生産を支えているのである。

　このように，ランプンのデザイナーや衣料品店は，地元の伝統染織や現代の衣服と結びつけ，それをさらにファッションにしていく役割を担っているといえる。

・地元の伝統染織の製造販売をするタイロールとファッションの浸透

　1990年にワイカブバクで衣服や鞄の仕立ての仕事を始めるようになったヨ

ハンナ・ギリ・ウォレカは，1997年まで，地元の顧客に恵まれ，仕事を拡大していった。しかし1997年の経済危機以後，仕事が少しずつ減り，2001年のインタビュー時に，注文に応じて鞄や小物などをつくる程度であったが，2006年頃から制作をほとんどしなくなったという。

彼女の仕事の状況と同様に，地元でタイロールとよばれるこのような店は，1990年代に入り増え，1993年には20軒ほどあったのが，2001年には6〜7軒，2008年の調査時には3軒ほどに減ってしまった。

1993年のウォレカへの最初のインタビューで，彼女から聞いた話では，1989年から，毎年2〜3月頃に，ワイカブバク南部のワヌカカの伝統的騎馬戦の儀式パッソーラの日に合わせて文化祭が開かれ，そこでは，染織や衣服の部門が設けられて，ファッション・ショーが開催されていたという。このショーは，レジャー着，儀式用衣服，仕事着（オフィス用），ウェディング・ドレスなどの部門別に行われ，出品者は，それぞれ自分でつくった衣装をもち寄り，ショーを行い，順位が決められた。彼らは，ワイカブバクやワイタブラのタイロールが多く，一般の人々も参加できた。このような催しは，スンバ島中でワイカブバクでしか行われず，主催する行政の積極的な方針によって実現したことであるという。

地元のタイロールが，伝統染織を使ったファッション・デザインをつくるようになったのは1990年代である。この1990年代は，地元文化の見直しが全国的にみられるようになった時で，ワイカブバクにおいても行政が，伝統染織の生産を振興するようになった。

ワイカブバクのタイロールは，1998年のスハルト政権崩壊後，経済危機がインドネシア全体を覆い，それに続くワヒド時代も，政治的に不安定な状況が続いたため，減少していったと考えられる。生き残るタイロールを支えてきた行政の試みとして，1989年から，伝統的な騎馬戦の儀式パッソーラが催される2〜3月に，西スンバの物産展示会が開催されるようになったことがある。この展示会によって，タイロールのつくった製品がより多くの人々に知れ渡るようになった。さらに政府工業局，観光局およびダルマ・ワニタ（女性慈善会）が，地元の手織布を使った手工芸展を1991年から後援するようになり，そこで行われる手織布を使った衣服のファッション・ショーを通して，さらに手織布

の知名度が高まっていった。優勝者にトロフィを授けるなどして，行政による染織工芸の保護奨励が，1992〜93年頃に行われていた。

しかし，このファッション・ショーは，スハルト体制が崩壊する兆しがみえた1997年頃に行われなくなった。そして行政は，別のかたちの支援を中心に行うようになっていった。その一つは，観光局主催の手織教室である。観光局の職員や染織に通じる女性が，村の若い女性に，西スンバの伝統的な絣織や紋織を教えるもので，このような教室は数年前から定期的に開かれていて，このおかげでワイカブバク近郊では，現在，合成染料を使った染色や，市販の色糸を使った織りが盛んに行われるようになったという。これらのワイカブバクにおける染織工芸の保護奨励の動きは，ランプンの場合と同様に，スハルト時代の政策の一つであった女性による手工芸品生産の振興策が，地方で実施されていることをあらわすものである。このように地方において，その土地にかつてからある染織を振興する政策が，地元経済の活性化の助けとなっている状況をみることができる。

他に，手織布でつくった衣服の着用が，毎週木曜日に学校教員を含む公務員全員に義務づけられていることがある。これは，西スンバを含む東部ヌサ・テンガラ州全体で，1997年に始まり，2008年の調査時にもその着用が続いていることを確認することができた。(写真4) その政策の契機は，目立った生業のない東ヌサ・テンガラ州の主要産物として，手織布が見直されたことにあった。

写真4　スンバ島ワイカブバクでの手織布による制服を着る公務員 [2008年8月]

それを保護奨励するために，手織布を使って仕立てた衣服を公務員が着用する政策がたてられたのである。

　これらの政策により，1990年代に入って，西スンバの結婚式などのフォーマルな集まりに，このようなデザインの衣服を人々が着用するようになった。私が2001年8月に参列したワイカブバクの結婚式では，新郎新婦が，伝統的な衣裳を身にまとい，伝統の儀式にのっとった方法で結婚式が行われた。その数日後，手織布を現代的にアレンジし，デザイン化した衣服を着用して，プロテスタント式の結婚式と披露宴が行われた。これは，行政による伝統染織の保護奨励によって，手織布を，現代の洋装化する服飾と混合させることで，しだいに西スンバの人々の暮らしの中に，手織布でつくられた衣服が再び定着してきている例である。この再定着化は，地域の行政の政策によるローカル化であるといえる。

　2000年代に入り，タイロールが減少していったのは，現在，タイロールを営んでいる家で，その仕事の後継ぎが少なくなっているためである。伝統染織は西スンバでも女性の必須の技術であり，母から娘へ受け継がれている。しかし経済的に余裕のある家庭の女性は，島外の大学で学ぶ例が多く，大学卒業後もスンバ島に帰ることが少なくなっていて，つくり手の高齢化と後継者不足が，現在の課題となってきている。

・ローカル・デザインの国際化

　行政が，ローカル・デザインの国際化をバック・アップすることもある。その一例を，アチェの事例で考えてみたい。

　バンダ・アチェの大学で服飾デザインの教鞭を執り，自宅で衣料品製造を営むヘラワティ・サヌシ・ワハブは，1991年にワシントンD.C.で開催された「アチェの夕べ」の催しにたずさわった経験がある。この催しは，政府による「インドネシア・フェスティバル1990〜91」の一環として行われたもので，この年には，インドネシアの文化を再発見しようとするスローガンが掲げられた。このテーマにかかわる催しが国内外でさまざまに行われる中，伝統的な民族衣装やそれらの伝統文化をとり入れたファッションも，舞踊やショー形式で紹介された。

1. 活動の展開

「アチェの夕べ」で紹介されたデザインは，ワハブがとりあげるアチェの伝統的な民族衣装やアチェ州に住む少数民族であるガヨ人やアラス人の刺繍がテーマとされ，ジャカルタのデザイナーであるゲアとラムリが，それらをアチェを表象するデザインとしてファッション化した。これらのデザインは，海外に向けてインドネシアをあらわすのではなく，あくまでもアチェをあらわすように印象づけられたものであった。この催しのパンフレットには，アチェの歴史・文化的特徴が紹介され，海外に直接，ローカルな一地域を紹介する形式をとっている［The Embassy of Indonesia 1991］。このようにローカルなデザインや民族文化が行政によってとりあげられ，ジャカルタのデザイナーを介して，直接にその地域名で海外に紹介されたのは，この地域が共和国からの独立を求める問題をはらんだ地域であることが背景にある。反政府の動きに対して，インドネシア政府の寛大さを国内外に示すためであったと考えられる。しかし現地での聞きとりによれば，この催しと裏腹に，アチェの山岳地帯に隠れる独立推進派に対する国軍の追求と虐殺は，1990年代に入ってから目立って行われるようになったという。このことから，民族衣装やファッション・デザインが，国家からの独立という，国家統合を目指すインドネシア政府にとって根幹の問題をもたらす動きをカモフラージュするのに使われたと考えられる。この催しのパンフレット中の一文に，「手工芸の保護とその発展は，その地域の生計の源として，また文化的特定」に大きな意味をもち，国家開発計画の一部であり，デクラナス（全国手工芸品会議）とPKK（家族福祉運動）の共同体組織によって遂行されてきた」［The Embassy of Indonesia 1991:20］とあることからも，政府が，アチェを国家に組み入れ，統合しようと意図して，アチェの手工芸や伝統文化の理解者であることを表明しようとしたと考えられる。

　2004年12月の津波後，復興が進んでアチェが急速に国際都市化する中で，独立推進派の人々と政府との間の溝は徐々に解消され，街の再建・整備と人々の生活の向上が果たされてきた。そうした社会的状況と，アチェのファッション・デザインは密接に関係していて，ワハブが一員となるデクラナスは，緯糸紋織，刺繍，バティックを振興し，衣服やバッグなどの生活小物として製品化し，アチェらしさの表現されたデザインを地域内外に提案し広げようと活動を続けている。

ジャカルタの中央のデザイナーが，1997年から経済不況に直面することで，デザインやビジネスの展開のしかたを直し，主にジャカルタの中産階級向けの衣服づくりへと転換した背景には，地方で地元の中産階級に向けて好況なビジネスを行うローカル・デザイナーたちの存在を認識したことがあったと考えられる。中央のデザイナーのこれまでのグローバルな活動とは対照的に，ローカル・デザイナーたちは，自らの活動する地域に根づき，中産階級向けの衣服を中心に，デザインにジャカルタや海外のトレンドをとり入れた地元の住民が求める製品を生み出す戦略をとっていた。インドネシア全体の不況にもかかわらず，これらローカル・デザイナーが事業面で好調である理由には，インドネシア各地の人々が，西欧のファッションと自民族の文化をとり合わせたデザインを，楽しんで着用するようになってきたことがある。そこには，歴史的に，異文化の要素を自らの文化要素に混合させて受け入れる精神の継承があり，近年発達したメディアを通して，地方と中央の情報の差が縮まったことも作用しているのであろう。

西スンバの事例からわかるように，行政の積極的な伝統工芸品の保護奨励政策の中には，中央政府の多文化国家統合のための方策に沿った面がある。また日常生活の豊かさの向上の面からみると，伝統染織を使った衣服が，盛装として社会的に位置づけられ，伝統的な民族服の再定着現象がみられるようになっている。アチェの事例からは，ローカルなデザインを，ジャカルタのデザイナーを経由して，その地域性を国外へアピールしようとする活動に，行政や政府の政策的ねらいがあることが明らかである。その政策に沿って，アチェのデザイナーたちは，自らの文化要素を見直して，自らが創作したものを，アチェをあらわすデザインにしようと活動しているのである。

このように，各地のローカル・デザイナーたちは，地元の人々によるファッション・デザインの需要と，行政による伝統染織の積極的な保護と伝統染織を使ったファッションの奨励に沿った戦略，そして自らの文化的アイデンティティとの接合によって，ビジネスを維持し，発展させようとしているのである。

2. デザイナーの組織化

　グローバルおよびローカルに活動するデザイナーたちは，組織活動の必要性を感じて，デザイナー協会を設立し営んできた。ここでは，デザイナー協会の成立とその特徴を述べながら，デザイナーたちが集団で活動することの問題点・利点・可能性について考える。

　インドネシアのデザイナーをまとめる組織には，現在，主にインドネシア・ファッション・デザイナー協議会 I.P.M.I. とインドネシア・モード・デザイナー協会 A.P.P.M.I. がある。これら二つの組織は，ともにジャカルタを本拠地としている。

　I.P.M.I. は，現在の壮年世代の多くのデザイナーたちが仕事を展開していった 1985 年に，シャムシダール・イサを長として設立された。

　一方 A.P.P.M.I. は，この I.P.M.I. （当時は I.P.B.M.I.）の方針に反対を唱えるデザイナーによって，1993 年に，若手デザイナーを中心として設立された。A.P.P.M.I. の支部は，2010 年現在，ジャワ島バンドゥン，ジョグジャ，スラバヤ，スマラン，バリ島，スマトラ島ランプン，パダン，メダン，アチェとカリマンタン島ポンティアナック，スラウェシ島マカサルに，計 11 あり，2002 年の調査時の 5 つと比較して，支部数は拡大し，会員数も急増していて，会員数は I.P.M.I. に比べて圧倒的に多い。

　このほかにバリに，MOBAS とよばれる独自のデザイナー協会があり，エリス・シムールを長として，1999 年に設立された。

　このようにインドネシアのファッション・デザイナー界は，地域や組織の方針によって，現在，三つに分かれている。このことは，国内の文化的多様さ，地域的多様さがもたらすデザイン上の豊かさに恵まれていることで可能になっていると考えられる。しかしインドネシア全域のデザイナーを統括する統一した組織がないことを考えると，これは，インドネシア発のデザインを，国外にアピールする能力が充分ではないことの要因ではないかと考えられる。

　ここでは，協会づくりや，協会どうしあるいはデザイナー個人のネットワーク化が，地方の人々に，新しい生活の変化をもたらしていることに注目してみていきたい。ネットワーク化は，欧米のファッション情報を服飾デザインにと

り入れる楽しみを提供したり，地方の服飾文化を豊かにすることに寄与していたり，アジアや欧米，イスラーム諸国などの国外に広がることで，ローカル・デザインのグローバル化の新たな手だてを提供しているのである。

■ **インドネシア・ファッション・デザイナー協議会**

インドネシア・ファッション・デザイナー協議会 I.P.M.I. は，壮年期を迎え経験を重ねたデザイナーに門戸を開いた協会である。この組織が生まれたのは，経済成長の時期で，経済成長が勢いを増す1980年代半ばにかけて，多くの人が，ファッション・デザイナーとして活動を始めた。現在，壮年期を迎えている彼らは，1980年代半ば頃，マスコミや一般の人々の間でファッション・トレンドが注目されるようになったことから，また，国のテキスタイル産業ブームに対応するために，デザイナーを組織化する必要性を認識し，1985年に，I.P.B.M.I. を設立した。しかしこの組織は，1993年に二つに分裂することになり，もとの組織を引き継いだのが，I.P.M.I. である。

インドネシアで最初の協会組織として確立された I.P.B.M.I. をつくった経緯について，当初から会長を務めるイサは，2001年のインタビューで次のように語った。

> ［1973年］当時，すでにモード・インドネシアとかいうデザイナーをまとめる I.P.M.I. のような協会がありました。［当時］ファッション・デザイナーとよべる人といえば，靴工場の人や，いろいろな人がいました。それで当時うまく行かず，とても多くのデザイナーがいたために，デザイナーたちを組織化するのはたやすいことではありませんでした。彼らは皆，芸術家のような人たちでした。
>
> その後，1985年に，何人かのデザイナーが，協会の必要性を唱えるようになったことがあります。なぜなら，当時，報道機関も，次の年のトレンドについて書こうとした時に文句を言うようになったからです。［事情はこうです］まず，デザイナーと一緒にやることがすでに難しくなっていて，一つの見通しを立てられる状態になかったのです。それで，記事を書いたり人々に情報を与えることが混乱を招いてしまったのです。また当

2. デザイナーの組織化   173

時，デパートとよべるものがつくられ，デザイナーのスペースが設けられるようになり，デザイナーたちは，デパートとも問題を抱えました。［そこで働いた場合］自分たちがどれくらいの報酬を得たらよいかわかっていなかったので，彼らは協会をつくろうと考えたのです。彼らは対立し，実際に皆ライバルだから，デザイナーではない人，つまり全体のチーフを探していて，ちなみに私はデザイナーではありません。それで彼らは，この仕事をどう構築したらよいのか，ファッションのことを知っていてデザイナーたちのまとめ方を知っている人を探していたのです。それで彼らは，私に，彼らのチーフになるように頼みました。

　［発足メンバーは］12人ほどで，プラユディ，スーザン・ブディアルジョ，ポピー・ダルソノ，チョシー・ラトゥのような人たちだったと思います。その時，彼らは，皆がシニア・デザイナーでした。彼らは，私たちがシンガポールのアセアン・ヤング・デザイナー・コンテストに参加を始めた時，すでに一人前になっていました。

　イサが，インドネシアで実質的に最初のデザイナー協会の会長に就任した契機は，彼女が壮年期のデザイナーたちの先駆けとして，ファッションにかかわる仕事を始めた人物であり，ヨーロッパでデザイン教育を受け，外からの視点で，インドネシアをみることができる人物であったことによると考えられる。
　イサは，1981年から1984年にかけて，いろいろな場所でショーを行ったという。大手バティック会社ダナール・ハディとも仕事をし，シンガポールなどでショーを行った。協議会設立後は，デザイナー全員によるトレンド・ショーを毎年11月に行い，インドネシアのファッション・トレンドを提案してきた。
　この協議会の活動の特徴について，イサによって1995年にまとめられた協議会活動報告書からわかることは，I.P.M.I.の方針が，インドネシアの国策に一致していること，そしてグローバル・ファッションに挑戦するには，アセアン諸国と仕事をすることにあることである［Isa 1995:2］。また若手デザイナーの育成活動として，女性雑誌『フェミナ』とデザイナー・コンテストを共催し，その優勝者を，1988年から始まったシンガポール・ファッション・コネクションのヤング・デザイナー・コンテストに送り出してきた。このシンガポールで

の催しについて,彼女は次のように語った。

> 私たちは,インドネシア・ヤング・デザイナー・コンテストの開催を始めました。私たちは,それから毎年,選んだ二人の若手デザイナーを,彼らを選ぶことに専念していることを示すために,シンガポールに送りました。この二人は,私たち協議会のメンバーになります。(中略)[シンガポールの]アセアン・ヤング・デザイナー・コンテストの基準はとても高くなってきていて,このコンペティションに参加するどの国も,勝者になりたいと思っています。私たちは,インドネシアでのコンペティションを始めた時にすでにコンペティションについて把握していました。それでアセアン・ヤング・デザイナー・コンテストに出品するのは容易ではないのです。(中略)伝統的なものを含まなければならないのですが,国際的にみえるものでないと。若手デザイナーにとって,それは容易なことではありません。(中略)
>
> 今年は,[シンガポール・ファッション・コネクションは]もうアセアンだけのものではなく,アジアのものになっています。(中略)今年,[インドネシアから]代表者を派遣することはできませんでした。4年前も,3年前も,今もまた状況が変わっています。実際,シンガポールは,香港のようにバイヤーを招待したいのです。彼らは,東南アジアのファッションの中心になりたいのです。

シンガポールのヤング・デザイナー・コンテストにかかわる活動は,I.P.M.I.にとって中核的活動となり,2000年まで若手代表者を送り続けてきた。しかし,インドネシアの政治が不安定となり,経済不況が始まると,デザイナーたちの活動が低調となったために,シンガポールから,I.P.M.I.メンバーの出場が求められなくなった。このため2001年以降は,ビヤンのように,I.P.M.I.メンバーであっても,組織とは無関係にこの催しに出場しているデザイナーが存在する。

1990年代末までに,会員たちは,毎年11月に開催されるトレンド・ショーで,それぞれのデザイナーが同一会場でそれぞれのショーを開くだけになって

いて，統制のとれない状態が続いてきたが，2008年8月から，政府の援助により，ジャカルタ・ファッション・ウィークが開催されるようになった。これは2000年代に入り，バリやジョグジャで相次いで開催されるようになったファッション・ウィークとかかわり，インドネシア国内外にデザイナーの製品を浸透させようとする試みで，イサやカルマニタらのI.P.M.I.のデザイナーたちが中心になって行っている。

■インドネシア・モード・デザイナー協会

　1993年7月に，当時のインドネシア・ファッション・デザイナー協議会I.P.B.M.I.は二つに分裂した。壮年世代のデザイナーの活躍を協会の柱と考えるI.P.B.M.I.に対し，インドネシア各地の協会メンバーの仕事の発展，および若手デザイナー育成が大切であると考える人々が一派をつくり，ポピー・ダルソノを長として，新たにインドネシア・モード・デザイナー協会A.P.P.M.I.を設立した。ジャカルタにおける二つのデザイナー協会は，現在も双立した状況にあるといえる。

　A.P.P.M.I.は，設立後，若手デザイナーの会員を増やし，彼らを育成することを協会の目標として活動している。若手デザイナーが，国際的な最新の情報を得るために，ポピー・ダルソノは，トレンド・カラーやデザインを分析する本の写真を撮り，プリントして，会員に配布している。これは，世界のトレンドを知るデザインの本が高価で，入手困難なことに対する配慮であり，彼女によれば，このようなことも，若手デザイナーの質の向上に役立っているという。彼女は，若手デザイナーの将来について，2001年のインタビューで次のように語った。

　　私は，ラサール・カレッジの指導者の一人です。私はインドネシアは大丈夫だと思います。これらのデザイナーがいるし，エスモードやラサールのような良い基本的なファッション専門学校があるのです。将来，ファッションに関心をもつ若者や若手デザイナーが学校に入ることができて，数年後によく成長した人材をもち始めるでしょう。そういうのが本当に良い学校であるといえます。

私は，若手デザイナーには，とても良い素質があると思います。なぜならファッション系統のことは常に興味がもたれ，この［経済］危機でも，ファッションは依然として生き延びているからです。

　若手デザイナー養成の必要を感じ，協会の改革とデザイン教育の充実を推進するダルソノは，ヨーロッパでデザイン教育を受けた経験があり，インドネシアの国のデザイナーのあり方や，協会組織のあり方について，現状を把握し改革していく力をもった人物である。個々独立して活動しているデザイナーたちを組織化することによって，ジャカルタを中心とするネットワークを，インドネシア全体に広げてまとめようとする試みは，国によるナショナル・アイデンティティ構築の試みにかなった動きと考えられる。2003 年には，A.P.P.M.I. 誕生 10 周年を記念して，その使命が，1945 年憲法とパンチャシラ[3]に基づき，インドネシア国内外にインドネシアのモードを広げ，国と人々に利益をもたらすことにあることを再確認した［A.P.P.M.I. 2007:86］。

　A.P.P.M.I. はまた，設立以降，インドネシア各地に支部を設け，地方のデザイナーを支援する動きを活発化させている。2007 年にジャカルタで開催された A.P.P.M.I. のトレンド・ショーでは，ジャカルタのデザイナー 27 人が出品して 3 日間開催され，延べ数千人の観客が訪れた。1990 年代のショーでは，観客は富裕層であったが，しだいにファッションが中間所得者層に求められるようになり，2007 年の時の観客の多くは若者であった。彼らはデザイナーが提案する伝統染織をとり入れた現代ファッションに身を包み，ショーを楽しんでいるようすがみられた。

　2000 年代前半までは，ジャカルタを拠点とするデザイナーが半数を占め，残りはジョグジャ，バンドゥンに集中していて，まだ全国規模になっていなかったが，2008 年の調査時には，ジャカルタの会員数にはほとんど変化がないのに対し，ジャカルタ以外の地方都市のデザイナーは 3 倍ほどに急増した。また 2010 年には，アチェ支部が新たに設立された。このことは，各地で人々にファッションが求められ，デザイナーの職域が急速に拡大していったことを示している。ここでは，支部の状況について，ジョグジャカルタ，バンドゥン，ランプンとバンダ・アチェの 4 例をとりあげて考える。

2. デザイナーの組織化

　ジョグジャカルタでは，ジャカルタより少し遅れて，1980年代の終わりにデザイナーが出現し，ファッション・ショーが開かれるようになった。そして1990年代にかけて，仕事のネットワークが形成され，1993年に，A.P.P.M.I. 発足と同時に，その支部がジョグジャに設けられた。ジョグジャのデザイナーの職域は，ジャカルタほど専門的ではなく，今日までバティック・アーティストが，サロンやカインを中心とした衣服デザインを行っている。彼らの顧客のほとんどが地元の人々であり，顧客はそれぞれのアトリエを訪ね，一点一点注文している。デザイナーは，自らのアトリエをブティックのようにしたり，百貨店にコーナーを置いたりして，地元中心の活動をしている。支部会員たちは，2005年から活動の場をジョグジャやジャカルタに広げようと，ジョグジャ・ファッション・ウィークを始めるようになった。ジョグジャの行政府とクラトン（王宮）が協力し，毎年ジョグジャ全体のテーマを設けてクラトンで行い，調査を行った2008年には，「文化的多様性」のテーマで，ジョグジャには多くの文化が集まり，そこはインドネシアの縮図であるという考え方をアピールするために，バティックをはじめとする伝統染織を全面的に用いたファッションを提案した。

　バンドゥンでは，1999年に，A.P.P.M.I. 支部が設けられた。本部に合わせて毎年10月に支部のトレンド・ショーが行われ，毎年，デザイナーたちが異なったテーマのデザインを披露している。バンドゥン支部の会員には中国系が多く，彼らは地元中心に活動している。彼らはアトリエを設け，国内や海外から仕入れた布を使って，香港で学んだテイラー技術を生かしながら，アパレル製品を生み出してきた。そしてそれらの製品を支部のトレンド・ショーで発表している。

　ランプンでは，バンドゥンと同じ1999年にA.P.P.M.I. 支部が設けられた。支部会員であるデシー・ムナフが，ランプンにおける草分け的存在となっていて，地元での活動を中心にしている。しかし会員数が少ないために，トレンド・ショーは，最も近いジャカルタ本部に合流して行うという。

　バンダ・アチェは，2004年の津波後の復興が進み，おしゃれ好きな女性たちは，バンダ・アチェにあるブティックで，結婚披露宴などに向けたパーティ・ドレスやイスラーム暦の新年ハリ・ラヤに着る衣服を注文している。調査

時の2010年までには，バンダ・アチェを中心として，ファッション・デザイナーの職域が確立していて，2010年10月に，ファッション・デザイナーたち7名が集まってA.P.P.M.I.アチェ支部が設けられた。支部設立には，その地域にA.P.P.M.I.の設ける審査基準を満たしたデザイナー，ファッション専門学校などの教育機関，支部事務局職員の存在が必要とされる。その事務局を運営する「ヴィンネル・ハウス」の経営者でデザイナーのネリスマ・アミン（Nelisma Amin）は，ジャカルタでの仕事の経験を生かしてA.P.P.M.I.とコンタクトをとり，2010年初めにバンダ・アチェに仕事の場を移してから，支部設立の具体的な準備にとりかかった。アミンは，インタビューで，ブサナ・ムスリムでなければならないアチェのデザインは，今やインドネシア全体のトレンドとも重なって，2020年には，インドネシアの服飾のトレンドが，西洋ではなく，ブサナ・ムスリムになっているだろうと語った。こうしてアチェのデザイナーたちは，ムスリム・ファッションのインドネシア社会全体への浸透を期待して仕事にとり組み，2011年5月には，バンダ・アチェでA.P.P.M.I.支部会員による「アチェ文化の開花」をテーマとするファッション・ショーを開催した（写真5）。

　A.P.P.M.I.の組織の会員は，全体的に若手が中心で，ジャカルタの壮年世代のデザイナーがリーダー・シップをとっているといえる。輸出振興を目的として活動するI.P.M.I.に対し，A.P.P.M.I.は，地方ごとのローカルな活動を中心と

写真5　アチェでのA.P.P.M.I.ショー［2011年5月］

し，それらをジャカルタを中心に結びつけようとするナショナルな協会である。

■ バリのデザイナー協会 MOBAS

インドネシア最大の観光地として有名なバリは，ファッション・デザインの面で，ジャカルタに比べ後進地である。それでバリ発のファッションを向上させようと，エリス・シムールが，1999年にバリ・デザイナー協会 MOBAS を設立した。シムールによると，会員にはバリ人は少なく，ジャワから来た人々が多いという。

設立当初から今日まで会長を務めるシムールは，MOBAS の動きとバリ・ファッションの現状について，2002年のインタビューで次のように語った。

> 私は常にリーダーとなってきました。そして 1985 年には，ファッション・デザイナーたちがインドネシアで成長してきていました。人々は，布を正当に評価するようになり，それから 1988 年に，バリに多くの店ができたのです。バリでは以前から，個々人それぞれに活動していたので，私たちは自分たち自身に誇りをもっています。私たちは，輸出を多くしていました。私たちは，バリ・ファッションを世界に向けて見せたいと思い，MOBAS をつくりました。

MOBAS が構築しようとしているのは，ジャカルタと比較して，いまだローカルに位置づけられるバリのデザインを，ジャカルタを経由せずに国外に発信する，つまりローカルからグローバルへ転換するしくみである。このため，MOBAS はメンバーのデザイナーのほか，ジャカルタの著名デザイナーやバイヤーを招待して，7月に毎年恒例のトレンド・ショーを開催している。I.P.M.I. 会員のオスカー・ラワラタが，シニア・デザイナーとしてジャカルタから招待されて，ショーを指導している。会長のシムールはカルマニタやイリアスと交流している。これらの協会間や個人的な交流を通して，彼女はバリのデザイナーの創造性を高め，彼らが国外に向けた発信ができるように援助する方策を開拓しているのである。

■ 協会組織とネットワーキング

　以上にみてきたように，インドネシアのデザイナー協会には，ジャカルタを中心とするものが二つとバリを中心とするものの，計三つが存在する。

　最も長い歴史をもつジャカルタのI.P.M.I.は，2000年頃までアセアンやアジアへと活動を広げていて，グローバルに活動を広げようとしてきた。しかし経済不況と会員相互の関係の希薄さから，2000年代前半に活動が鈍っていた。2008年からは政府の輸出振興のための援助もあり，ジャカルタ・ファッション・ウィークを開催して活動を広げようとしている。

　一方，1993年にI.P.B.M.I.（のちのI.P.M.I.）から分裂したA.P.P.M.I.は，I.P.M.I.が，国内各地の連携を見逃していたことを察知すると，各地に支部を設けて国内のデザイナーを結ぶ戦略をとるようになった。この組織は，今日まで，若手デザイナーの育成とインドネシア全域におけるファッション・デザインの活性化を目指した活動を行っている。この組織はまた，個々に仕事するI.P.M.I.のデザイナーからみると，無名デザイナー集団とみなされることが多い。しかしジョグジャカルタやバンドゥン，ランプンにあるA.P.P.M.I.支部には，それぞれの地元の顧客に支えられて活躍するデザイナーをみることができる。このようにA.P.P.M.I.組織の特徴として，若手によるローカルな活動を集約し，ナショナルへと転換させようとする活動をあげることができる。

　ジャカルタを拠点とするデザイナーがビジネスをグローバルに展開しようとするのに対し，バリのデザイナーたちは，いまだバリでのローカルな活動を中心としている。そうした中，シムールは，海外でのビジネス経験をもち，ローカルからグローバルへと活動の場を広げようと努力している。そして2008年には，MOBASがジャカルタのデザイナーをショーに招聘するなど，協会のボーダーを超えた発展を目指している。

　協会組織の主な活動は，年1回のトレンド・ショーと各地でのファッション・ウィークである。それぞれの協会あるいは組織では，次の年や催しの全体でのテーマが決められ，それに沿ったデザインが，各デザイナーによって発表される。しかしトレンドは，欧米のモード様式の踏襲であり，雑誌などでそのトレンドがとりあげられることはあっても，実際にそれが市場を動かしたり，顧客の話題になることは少ない。インドネシアのファッション・デザインは，

欧米の変化の様式にしたがっているものの，その様式は，実際には社会の中で機能していないといえるのである。またシムールのように，デザインのデザイナーによる主導であるトレンドのあり方を否定し，着装者の嗜好を尊重するデザイナーも存在する。この点を考慮に入れると，ゲアやグナワン，ラワラタは，トレンドを明確に打ち出そうとする数少ないデザイナーであるといえる。

　以上のように協会組織は，個々それぞれ利潤を追求して互いにライバルのデザイナーたちをつなげ，コミュニケーションをはかり，ネットワークをつくって情報を交換したり，ともにファッション・デザインを推進していく役割を果たしている。組織間どうしの交流もはかられ，個人経営による中小企業の形態をとって，個々には弱い存在のデザイナーたちが，ビジネスを継続していく力を得ているのである。そしてインドネシアに三つある協会組織は，I.P.M.I. が中央からグローバル，A.P.P.M.I. がローカルからナショナル，バリのMOBASがローカルからグローバルへ，個々に活動の機能を違えて活動している。近年，協会を越えたデザイナーの交流やファッション・ショーへの参加が行われ，デザイナーたちの協会や地域の枠を越えた活動が行われ，彼らの動きは複雑化している。また実際に，世界へと活動域を広げることを，ティルタやゲア，ラトゥ，フタバラット，ビヤンらの中央のデザイナーたちが個々に行ってきている。しかしそのようなデザイナーはまだ少数で，このことは，デザイナー協会が，さまざまなキャリアのデザイナーたちを組織的にまとめて，世界にアピールすることの実際の困難さを示しているといえる。

3. 活動の多様化

　デザイナーたちは，衣服創作のかたわら，協会組織で活動したり，ビヤンやフタバラットのように，インテリアやアクセサリーなどのファッション関連の異業種に事業を展開している例をみることができる。その他，デザイナーたちはそれぞれに特徴ある活動を行っている。ここでは，彼らによる各地の伝統文化のプロモート活動，教育活動，環境保護活動の三つについてみてみたいと思う。

■ 伝統文化のプロモート活動

　各地の伝統染織および伝統文化をプロモートする活動として，エドワード・フタバラットは，インドネシア各地の伝統工芸を保護奨励するために各地に自ら赴き，染織のほか，木彫りや彫金などの職人に仕事を依頼し，自らのデザインによってつくったものをインテリアやアクセサリー製品として販売している。筆者が2008年にスンバ島ワイカブバクで調査していた時，政府観光局で聞いた話では，フタバラットはワイカブバクをたびたび訪れ，伝統染織や金属の装身具などのデザインをどう新しくし，産業として振興していくかというテーマのセミナーの講師を務めていた。2008年のフタバラットへのインタビュー時には，バリ島の伝統工芸のプロモートに関する依頼講演後，彼は，スンバ島，ティモール島，フローレス島などに出かけ，工芸職人の技術指導を行う予定であると話した。

　I.P.M.I. 会長のシャムシダール・イサは，2007年にリアウの行政府から伝統染織布ソンケットのプロモートを依頼され，チョシー・ラトゥやカルマニタとともにデザインを現代的にして，ファッションに応用できるようにする活動を行ってきた。デザイナーたちは，リアウの行政府に，テキスタイルの文様や色彩を伝統から切り離して新しいデザインを提案し，また生産システムの効率化の一つとして自動織機の導入を提案した。しかしラトゥによれば，このプロジェクトは6カ月間で，ファッションに用いられるテキスタイルをつくるためには，リアウの織手にデザインの大幅な刷新を理解してもらう必要があるが，実際には，彼らは裁断するための布をつくることには抵抗があったという。伝統を擁護したいリアウの人々と，斬新なデザインにしてファッションに用いようとするデザイナー側との意見のすれ違いがあり，実際にプロモートは困難であったという話を聞いた。

　インドネシア各地の伝統染織を創作のテーマにしてきたゲアは，近年，スマトラのミナンカバウやパレンバンの行政府から，金糸刺繍や絹の緯絣チンデを現代ファッションに用いられるようにプロモートしてほしいと依頼を受けてきた。彼女がそれまで訪ねたことのなかった土地を訪れ，それらの伝統文化や伝統染織について強い印象を受けたことについて，2009年のインタビューで，彼女は次のように語った。

工業局のような政府は，パートナーを過去3回，私に送ってくれましたが，ゲアはパレンバンに行きなさいというように，デザイナーが数人選ばれました。それで私は，職人に新しい色のものをつくってもらうためにスマトラやスラウェシに行きました。

2001年から私はもちろん多くのことをしていて，私の好みはスマトラで，その後ミナンカバウになり，私はミナンカバウに政府から派遣されました。私はパダンに行ったことがないので，私は驚き，大変幸せでした。［染織や民族服は］とても洗練されていて美しく，「ワオ！」と思いました。政府はゲアをミナンカバウに派遣したのです。私は［伝統染織の］色を変えて売れるものをつくり，タイ・シルクを［素材に］使いました。

デザイナーが地方の行政府に伝統染織のプロモートを依頼されることは，デザイナーたちに，その土地の伝統文化を見直す機会を与え，それらの美しさを再認識することをうながすことにつながっているのである。

以上の例のように，デザイナーたちは，地元の人々と伝統文化についての意見を調整しながら伝統文化を保存したり，デザイナーが使うテキスタイルを新しくプロモートする活動を展開し，地方文化の再形成に貢献しているといえる。

■ 教育活動

インドネシア国内にファッション・デザイナー養成機関がない時代には，イワン・ティルタがハルジョナゴロに師事し，イワン・ティルタにシャムシダール・イサが師事したように，弟子入りしてデザインを学ぶ例がみられた。その後，ヨーロッパなどの外国でデザインを学んだデザイナーの中で，スーザン・ブディアルジョは，インドネシアに教育機関がないことを認識し，1980年に，インドネシアで最初のファッション専門学校をジャカルタに設立した。彼女は，自らがロンドンをはじめとする欧米で学んだデザイン，仕立て方，ファッション・マーケティングなどの知識・技術を再構築し，学費のかからない，1年という短期間コースでファッション・デザイナーを養成する教育システムを完成させた。本書でとりあげたデザイナーのうち，スーザン・ブディアルジョ・ファッション・カレッジの卒業生として，ジョグジャのカリエット・バン

バン，ジャカルタで活躍する若手デザイナー，ロナルド・V・ガッガーナ，セバスチャン・グナワン，ランプンのデザイナー，デシー・ムナフ，アチェのデザイナー，ネリスマ・アミンがいる。他に現在 A.P.P.M.I. 会員のデザイナーで，この学校の卒業生は多い。スーザン・ブディアルジョは，1990年代半ば以降，ジャワ島スラバヤ，スマラン，バリ島に分校を設け，全国から学びに来るファッション・デザイナー志願者の教育にたずさわっている。

A.P.P.M.I. で指導的立場に立つポピー・ダルソノは，1995年にジャカルタに設立されたファッション専門学校ラサール・カレッジの初代校長を務めた。彼女は若手デザイナーの育成に積極的で，欧米のさまざまなファッション・ショーの写真を焼き増しして若手デザイナーに配布したりし，世界のトレンドやデザインの啓蒙に努め，若手デザイナーたちの創造性の向上に寄与している。

ジョグジャ出身で，スーザン・ブディアルジョ・ファッション・カレッジでファッション・デザインを学び，その後両親のバティック工房を継いでファッション・デザイナーとなったカリエット・バンバンは，2007年にジョグジャにファッション専門学校を設け，夫とともにジョグジャの若者にデザイナー教育を行っている。また近年人気のアロマ・テラピーやマッサージ，ヘア，ネイルなどを学ぶコースも設け，ファッション・デザインとともに教育活動も積極的に行っている。

こうしてデザイナー業の他に若手デザイナー育成を行うデザイナーがいる。国産のファッション・デザイナー教育の必要性を感じとり，自身で学んだデザインやビジネスの方法をさらに独自に工夫して教育を行っている。

■ 環境問題の意識と環境保護活動

エドワード・フタバラットやカルマニタは，ファッションの創作活動から環境問題への意識をもつようになったデザイナーである。フタバラットは，各地の伝統文化や伝統工芸の保護奨励活動によって，各地の人々の文化的環境を認識するとともに，自然環境についても認識するようになり，その認識をファッション・デザインのコンセプトに用いるようになった。

カルマニタは，バティック創作を通して環境問題への認識をもつようになった。バティックの染色を草木染めにこだわり，化学染料を使用することが環境

に負荷を与えることについて認識するようになった。そして海外での環境問題をテーマとした展示会に彼女の作品を出すことで、草木染めの良さを見直し、さらにさまざまな色彩の表現を工夫している。

地球環境保護に向けて積極的に活動を展開しているのは、ポピー・ダルソノである。彼女は、若手デザイナー育成に積極的で、またデザイナーをまとめる協会活動でリーダーシップを発揮するなど、デザイナーの指導者的立場に立ってきた。また母親の出身地の中部ジャワでは、バティック工房のデザイン・プロモートの仕事を行政の援助で進めるなど、伝統染織の産地の保護奨励にも尽力してきた。そのような社会貢献ともいえる活動がもととなり、彼女は2000年代に入り、環境保護活動に向かうようになった。2001年から彼女は、ジャカルタを本拠地として全国に活動を広げる「ココナツ・ファンデーション」の会長を務めている。これは各地でココナツを植えるキャンペーンを展開し、緑化をうながすプロジェクトである。ダルソノは、2007年12月にバリ島で開催された地球温暖化防止会議COP13にインドネシア代表として出席するなど、積極的に活動を続けている。

以上にみてきたように、デザイナーたちは、デザイン活動の伸展とともに、さまざまな活動を展開するようになったといえる。各地の伝統染織保存奨励活動、環境保護活動は、デザイナーたちがデザイン活動の余力に行い、またそれまでの仕事の方向性を転換してきたものであり、社会環境や自然環境への意識をもって文化活動を行うようになってきたのである。

4. 創作活動の展開とグローバル化・ローカル化・組織化

デザイナーたちは、スハルト時代の経済成長期である1980年代から1990年代にかけて、輸出振興政策による繊維業界の発展・輸出の増大と相まって、さまざまな方法でグローバルに仕事を広げてきた。デザイナーによる衣服の生産・流通の形態は、資本主義的流通経済の中に、家内手工業的小規模生産の特徴を残し、インドネシアの歴史・文化的特徴である西欧近代と伝統の文化的特徴が混在した二重経済的特徴をもつといえる。これは、グローバルに多様性を推進していこうとするデザイナーたちの経済活動の特徴となっている。カルテ

ィニが，ジュパラの手工芸品やバティックを，ジャワ島の他地域やオランダに向けて広げようとしたように，ジャカルタをはじめとする中央のデザイナーは，デザインやビジネスの方法を社会・経済的状況をみながら工夫することで，アセアン，アジア，世界へと活動の場を広げてきた。この背景には，1980年代から世界各地でファッションのグローバル化が進む一方で，1990年代に入ると欧米優位のファッション・ヒエラルキーにゆらぎがみられるようになったことがあると考えられる。インドネシア人デザイナーたちは，欧米，とくにパリを頂点としたヒエラルキー構造の底辺に組み入れられてきたことを認識しながら，インドネシア発の下からのデザインの発信を目指し，そうすることでヒエラルキーの外に，独自の位置を築こうと努力してきた。

　このようにグローバルに仕事を展開してきた中央のデザイナーに，1997年以降の景気の悪化の中で，国内でのビジネスの充実をはかろうとする動きが顕在化している。それは1990年代に入り，国内の消費者の意識が自文化の再認識の方向に向かい，同時に消費者が，アパレル製品の質を知るようになったことをデザイナーが認識したことによる。また1997・98年の経済不況，その後のスハルト体制崩壊と2000年代前半にかけての政治・経済の不安定の状況により，彼らは，国内市場に合わせた衣服をデザインするようになった。国内の消費者の意識の変化と，アジアおよび国内の経済動向が，中央のデザイナーに，グローバルからローカルへとビジネスを回帰させる戦略へと変化させたのである。これは一つのローカル化の過程である。

　首都ジャカルタのデザイナーたちは，アジアを中心として世界に向けたビジネスを展開しようとしてきた。一方，1980年代から1990年代初めにかけて仕事を始めた地方都市のデザイナーたちは，ジャカルタへ仕事の場を広げようとしてきた。その後経済不況に陥ると，ジャカルタのデザイナーたちが海外との取り引きを主としたビジネス展開に苦しむ中，地方都市のデザイナーは地元で活動を続け，地元の顧客に支えられて，安定したビジネスを展開してきた。ローカル・デザイナーたちは，自らの活動する地域に根ざし，中産階級向けの衣服を中心に，地元の住民が求める製品を生み出す戦略をとっている。地方では，行政による伝統染織工芸の保護奨励策も，伝統染織を使ったファッション・デザインが地元の人々に求められている状況も，ローカル・デザイナーに

有利にはたらいている。

　このようにジャカルタで活動する中央のデザイナーと地方で活動するローカル・デザイナーの活動領域は，それぞれ「ジャカルタ／国外」と「地方」に二分され，それらが互いに交わることはほとんどなく，住み分けが行われてきた。アチェの事例のように，地域の特殊性から，その特徴を地方から国外へとダイレクトにファッション・デザインとして広げようとする試みもみられる。また地方からジャカルタに拠点を移すデザイナーもあらわれるようになった。しかしそれぞれのデザイナーたちは，活動域をおよそ分けることによって，お互いの経営を浸食し合わないように守っているのである。このような分断する領域内でそれぞれに活動するデザイナーたちをつなげる役割を果たしているのが，各地に存在するデザイナー協会である。

　インドネシアの協会組織は，経済の発展の時期である1980年代に，首都からアセアン，アジアへと活動を広げ，人々の生活にゆとりがみられるようになった1990年代に入り，国内の各地を結ぶようになったといえる。インドネシアにおけるファッションの概念が，1980年代に入り首都で急速に広がるようになったことから，この頃誕生した協会組織が，比較的短期間に，中央から地方へと活動を展開していったと考えられる。さらに2000年代半ば頃には，各地のデザイナーの人口が急速に増えていったと考えられる。デザイナーによる協会組織の運営は，活動地域の違いによって二分される中央のデザイナーと地方のデザイナーをネットワーク化してつなげ，インドネシアのデザイナーとしてのまとまりを生み出すと同時に，国外に向けてビジネスを発展させようとしてきた。それと同時に，四つの組織は，相殺し合わないように，それぞれに活動領域と展開を目指す方向性を定め，共存をはかっているといえる。しかし近年，ビジネスの効果を考え，活動地域とは異なる地域のファッション・ショーに参加したり協会の領域を超えて活動することも行われ，デザイナーの活動域が交錯する例がみられるようになっている。

　次にインドネシアにおけるファッション・デザイナーのグローバル化とローカル化とのかかわり方について考えてみよう。デザイナー個人の活動が，グローバル化とローカル化の両面に向かい，デザイナーをまとめる協会組織が，「ローカル／ナショナル／グローバル」と目指す領域を分けながら同時に活動する

ことは，伊豫谷［2002:60-65,78-79］のいう，グローバル経済が，ローカルな多様性やバウンダリーを内包することによって発展することの例示となっていて，グローバル化とローカル化が相互にかかわりあって進行するようすをみてとることができる。デザイナーたちの活動は，個人と組織の二つの手段を併せもちながら，グローバル化を最終目標にしてきたといえ，2000年代後半の政治経済の安定の時期以降，ローカルでの活動の充実とともに，再びグローバル化を積極的にはかるようになった。

　こうしてインドネシア人デザイナーたちは，欧米を頂点とするファッション・ヒエラルキーの底辺に位置づけられてきた自らのデザインをグローバルに広げようと努めてきた。このことは，Appadurai［2000:15］の議論にある移民，企業，メディアやツーリズムのように，グローバルにつながる事象として，ファッション・デザインがあることを示している。ヒエラルキーの底辺からのインドネシア・ファッションのグローバル化がさらに進み，デザインがアセアン，アジア，世界へと拡散していくのと同時に，他方で，国内外の社会・経済状況にしたがって，現在，ローカル化の充実がはかられ，グローバル化と内在的なローカル化が同時進行するようすがみられる。連綿と地方で活動してきたローカル・デザイナーたちは，中央のデザイナーのようなグローバル経済のあおりとはかかわりなく，国内の政治経済状況と連動していて，それぞれ地元を中心に活動する特徴をもっている。ローカル・デザイナーたちは，主体的で自律的であり，ロバートソン［1997:5］のいうように，個々に活動しながら，各地方において，個別化を推進しているととらえられるのである。またアパデュライ［2005:30-31］やアンダーソン［梅森2007:162］がいうように，各地の豊かなローカル性を保持しながらグローバル化を目指すデザイナーの活動が活発化している。つまりデザイナーの活動は，Jones and Leshkowich［2003］やNiessen［2003］がいうような，グローバリゼーションとオリエンタリゼーションの固定化されたバイナリーとしての特徴ではなく，グローバリゼーションとローカリゼーションの入り組み包括する動きの特徴をもつといえる。

　デザイナーの活動をみると，彼らのファッション・デザインが，ビジネスの国外への展開によってグローバル化することで，西欧のファッション・デザインと相互作用し，両者のバウンダリーが流動するようすをみることができる。

4. 創作活動の展開とグローバル化・ローカル化・組織化　　**189**

　他方で，国内外でインドネシア発のデザインの特徴を際だたせるために，伝統的な民族文化をとり入れて，デザインの個別化を進めることが行われてきた。デザイナーによるデザインとビジネスの展開において，グローバル化と個別化およびローカル化が同時進行するようすは，資本主義経済と伝統的商業スタイルが混在するインドネシアの歴史・文化的特徴を反映したものであると考えられる。そしてデザイナーの組織化は，デザイナーたちをネットワークで結ぶことで，彼らのグローバル化とローカル化とをつなぐ役割を果たしているのである。こうして，インドネシア人ファッション・デザイナーによるデザインおよびビジネス展開において，グローバル化とローカル化が相互にかかわりあって成立していることが明らかである。

　さらに近年，デザイナー協会の枠を越えてファッション・ショーに参加したり，活動する地域を越境して異なる地域の協会の会員になって活動するデザイナーの例がみられ，デザイナーの活動領域が交錯する状況にあるといえる。またデザイナーの活動の対象が，ファッション・デザインだけではなく，さまざまな文化活動や若手デザイナーの教育に向く傾向があり，デザイナーたちの活動はさらに多様に展開しているのである。

注

1　"Pusaka Tirta"とは，「ティルタの遺産」の意味。
2　2002年8月現在，約2万8千円。
3　Pancasilaとは，1945年憲法の前文に書かれたインドネシア建国5原則であり，唯一神への信仰・公正な人道主義・統一・民主主義・社会的公正の国是である。

第6章
ファッション・デザイナーのインドネシア的あり方

　本章では，これまでの各章で導いたインドネシア人ファッション・デザイナーたちの思考様式・創作・活動のあり方を，インドネシアの歴史・社会文化的脈絡の中でとらえ，その考察を，さらに欧米でのアジアン・シック・ファッションについての研究とかかわらせて，彼らのインドネシア的あり方を明らかにする。

　第二次世界大戦後のデザイナーの思考様式・創作・活動のあり方について，1970年代中頃までのデザイナー誕生期，それ以降から政治経済の転換期である1997年までのデザイナー興隆期，1998年のスハルト政権崩壊を経て2000年代から現在までの，仕事をさらに広げていこうとするデザイナーの拡散する時期という三つの時期に分けてとらえることができる。

1. 誕 生 期

　インドネシア人ファッション・デザイナーたちは，自らの思考様式・創作・活動の各面で，18世紀頃までに再構成が繰り返されてきた伝統的文化体系醸成の時代と，その後西欧文化と伝統的文化体系が相互作用し，さらに大きく再構成されていった時代とによって形成された，伝統文化と西欧文化を混合させ共生させる文化的特徴を受け継いでいる。

　オランダによる植民地支配下にあり，西欧近代による資本主義の影響によって，大きな歴史的転換期を迎えた19世紀末のジャワで，カルティニは，バティックに西欧文化的要素をとり入れ，クバヤのデザインを考案し，それらの制作を行った。彼女は，オランダ語を習得することでもつようになった西欧という外からの視点で，自己のエスニシティを自覚し，ジャワ人としてのアイデン

ティティをもつことで，自民族の生活の向上を目指すために，自らの伝統文化と西欧文化を相互作用させることを考えた。そして彼女は，その考えを衣服デザインに表現し，地元からジャワ島全域へ，さらにはヨーロッパへと，伝統工芸の保存・奨励の活動を通して広げていったのである。カルティニの思想は，その後，ジャワの民族主義者たちの国のあり方を導く議論に受け継がれていった。

　第二次世界大戦後，自民族の文化を基盤とした社会に西欧文化をとり入れようとするカルティニの思想は，さらにスカルノ大統領によって受け継がれ，新しい民主主義の時代を築くための礎に位置づけられた。そしてカルティニによる服飾の再構成のしかたは，その後出現したファッション・デザイナーたちによって再生されるようになっていった。

　共和国としての基盤が築かれた1950年代後半に，スカルノは，ジャワ島を中心としてスマトラ島やスラウェシ島などの多くの地域に共通してあったバティックを，多様な民族を統合するための一つの文化政策的手段に選んだ。スカルノは，中国系ジャワ人という混合したエスニシティをもち，バティックを農民の生活と結びつけて考えるハルジョナゴロを，多民族から成る国を象徴するバティックを創作するのにふさわしい人物であると考えて選んだのである。ハルジョナゴロは，自己の中国とジャワに由来するエスニック・アイデンティティを調整してナショナル・アイデンティティを導き出すことで，国内各地にあるバティックを混合し，地域の特定できないバティックを創作することができたのである。バティックをある目的に合うようにデザインすることは，必然的にそれをファッション化することに結びついていった。ハルジョナゴロによって再構成されたりファッション化されたバティック・デザインは，1960年代に女性の顧客の支持を得，人々に広く受け入れられるようになっていった。

　その後，1970年代のスハルト政権下での経済成長の時代は，デザイナーの創作を，さらにファッション化へと導いていった。この頃にはジャカルタをはじめとするジャワ島の都市を中心にデパートが出現するようになり，ファッションに注目する都市の成立が，デザイナーの誕生をうながしていったといえる。ハルジョナゴロの創作から学んでバティック・デザインを始めたティルタは，生まれ育った中部ジャワの文化的アイデンティティをもって，バティックの伝

統的技法を守りながら，布を裁つ葛藤を調整し，西欧の文化要素を創作に応用していった。そのような伝統文化と西欧文化を相互作用させて再構成されたデザインは，ジャワ文化を表出するとともに，インドネシアを代表するデザインとして国内外から評価されるようになった。

　建国から経済基盤の形成期である第二次世界大戦後から1970年代半ば頃までの時代は，デザイナー誕生期にあたる。この頃デザイナーが，多くの地域に共通してあったバティックをファッション・デザイン化し，それを国内外に向けて紹介するようになったことは，彼らとそれを着用する人々に，国の存在を意識する一つの共通基盤を成立させ，ナショナル・アイデンティティの形成を導いたと考えられる。これはギアツ［1987:85-86］のいう，伝統をもち出して国の意識の形成をはかることで，ナショナリズムがあらわされるようになることの一つの例として考えられる。多様な伝統的生活様式に注目して，その中から，異なるアイデンティティの基盤に一つの共通した要素をとり出すことが，ナショナリズムを象徴的に支えるイメージを形成してきたといえる。そしてそのイメージは，人々に，国民同胞という連帯感をもたらしたのである。

2. 興　隆　期

　1970年代後半から1980年代に入り，現在壮年期を迎える多くのデザイナーたちが，ジャカルタを中心に仕事を開始するようになった。その背景には，スハルト政権下における経済成長があった。1980年代半ばから1990年代初めにかけて，経済成長とともに，デザイナーの仕事がしだいにインドネシア各地へと広がっていったのである。さらに1980年代後半になると，ジャカルタを拠点とするデザイナーたちは，国外へと仕事を展開していくようになった。彼らはバティックから他の染織文化や伝統文化へとテーマを広げ，多様な伝統文化の要素的特徴をデザインの源泉とし，それらを自在に選択して用いるようになった。デザイナーたちは，そのように服飾を再構成することで，伝統文化の要素的特徴を保持した多様なファッション・デザインをかたちづくっていったのである。デザイナーたちの文化的差異の表現には，スカルノ時代に形成されたインドネシアの人々による国への帰属意識や連帯感が前提としてあったと考え

られる。
　デザイナーたちが国内外に仕事を展開していった頃，西欧化する生活の中で，人々は，自らの伝統染織や伝統文化を再認識し，それらが国を構成する一つの文化要素であることを意識するようになっていった。こうしたインドネシアの人々による自民族の文化についての認識の形成とともに，デザイナーたちは，多様なデザインを表現するようになったと考えられる。
　アンダーソン［2005:500］によれば，スハルト大統領はマレー系の土着の人々に政治面での権力を認め，華人には政治から排除して商業面での権力を認め，エスニシティの違いによって権力を分散させる統治を行ったように，Hoey［2003:111］によれば，さらに彼は地方間のつながりを断つ分割統治を行っていったのである。1980年代末の経済の伸展・広がりの中で，スハルト大統領は，広範な島嶼国において，「地方の衛星的コミュニケーション・システム」をつくることに批判的で，中央から離れた遠隔地域において，人々に就労を推し進めることが，国の統一と完成を実現することにつながると考えたという。このことは，スハルトが，各地を統一的に支配するために，地方にさまざまなイデオロギーが生まれることを許さず，地方間のコミュニケーションよりも，地方の人々の単純労働を重んじたことを意味していると考えられる。しかしこれはとくに男性にあてはまり，女性にかかわる政策としては，染織生産における伝統的なジェンダー役割がそのまま踏襲され，女性労働は，家内工業的な伝統的手工芸品生産，とくに染織に結びつけられ，各地でデクラナス（全国手工芸品協議会）のような伝統染織振興政策が女性を対象にすすめられていった。これはPKK（家族福祉運動）やダルマ・ワニタ（女性慈善会）といった女性と家庭内役割にかかわる施策と相まって，とくに地方の服飾文化に作用し，その展開をうながしたといえる。
　これらの政策は，さらにファッション・デザイナーの創作にも影響を与え，伝統文化をもとにして現代生活に適応したデザインの，積極的な創出をうながしてきたのである。彼らは，自己のエスニック・アイデンティティを西欧文化的な視点に通すことでナショナル・アイデンティティを導き出し，それによって解釈した伝統文化をそれぞれにデザインに表現してきた。そして彼らは，デザイン活動や協会組織を通して，主体的に国内のコミュニケーションをはかる

ことに貢献してきたのである。このことは，スハルトによる伝統的手工芸品振興政策が，彼の意図しなかった地域間のコミュニケーションを，逆に進める役割を果たすことにつながったことを示している。そして Hoey［2003:111］がいうように，文化的差異は，経済的にもインドネシアの資本家やナショナリストによって消費され，これらの文化的差異を消費する人々の中に，ファッション・デザイナーも含まれると考えることができる。

　ファッション・デザイナーが彼らのデザインに伝統文化を重ねることは，多様な民族を社会・文化と生活の両面から統合しようとする政府と，自民族のアイデンティティを保持しようとする人々との相対する双方の意図を，象徴的にインドネシア社会の中で実現化することを意味する。ギアツ［1987:84-90］は，国家とその中で生きる地域住民のつながりのあり方について，インドネシアのような新興国には，独立国家という政治的な統一を維持しようとするために，国家を支えるその時代的精神といえる「エポカリズム（新時代主義）」と，国を構成する人々の共通の経験である伝統的な文化や生活にあらわされる「エッセンシャリズム（本質主義）」の間の緊張関係が存在するとしている。そしてその緊張関係の中で，人々が自分の立場を確立しようとするせめぎあいが繰り広げられ，国の政治と人々の生活の変化が展開していくというのである。インドネシア人ファッション・デザイナーたちは，政治的な力によって異なるエスニシティの間，あるいは地域間の結びつきを希薄なものにしながら統合を進めようとしてきた政府と，自己の伝統的慣習を保ちながら，国民同胞という連帯感をもって，自己の伝統文化を相対的にみることができるようになった人々とのせめぎあいを調整する役割をもっているとも考えられる。

　デザイナーが，国の政治と人々の生活とのせめぎあいを調整していくほかに，政府がデザイナーを積極的に政策に利用しようとする場合が存在する。スカルノは，デザイナーを用いて国の象徴となるバティックをつくり，それを国内外に広げることで，国の統合を確実なものにしていった。スハルトは，各地の多様な社会・文化を尊重する政治を行っていることをアピールするために，伝統染織の保護奨励を行い，デザイナーを利用して，伝統染織を現代生活の中に転用したり，海外に発信することを行ってきた。その顕著な例として，アチェのケースをあげることができる。政府が，国家におけるアチェの特異な位置

を容認していると国内外に印象づけるために，政府がアチェのデザイナーと協力して，アチェの伝統文化をとり入れたファッション・デザインを，アチェのデザインとして海外で披露したことである。このようにファッション・デザインは，伝統文化と結びつけられることで，ポリティカルな役割をも併せもつようになる。そして同時にファッション・デザインのこのような役割は，逆にデザイナーによって，活動をグローバル化する手段として利用され，デザイナーの興隆をうながしてきたと考えられる。

　デザイナーたちは，資本主義経済と密接にかかわって創作活動を行ってきたといえる。伊豫谷［2007:11-12］は，近代国家が，人が国境を越える移動を制限してきたのに対し，資本や商品の自由な移動をうながしてきたことを述べている。自由に移動する資本，商品のように，デザイナーたちも，彼らがつくるデザインとともに国境を越えて活動を広げていったといえる。そして彼らは，インドネシア社会の動きと，欧米での伝統文化志向の動きに合わせて，伝統文化を商品化することが，創作活動を維持することにつながると認識し，主体的に伝統文化を用いてきた。しかしその表裏一体として，ローカル化や伝統文化を用いることを余儀なくされてきたという状況もうかがうことができる。アパデュライ［2007:341］がいう，観光とも結びつき，ローカル性それ自体が商品化される現代の資本主義経済のもとでは，デザイナーたちがつくる商品化された伝統文化やローカル性は，国内外の人々にとって，インドネシアやその各地を象徴するものとして消費の対象となってきたのである。

　このように政治経済と密接にかかわりながら創作活動を行うデザイナーたちは，伝統的文化要素に，自らの文化的アイデンティティを込めてデザインすることで，地域どうしにつながりをもたらしたり，そのようなデザインの衣服の着用を通して，人々に，国や地域，また自民族への再認識をうながしている。彼らは，文化的アイデンティティを場合に応じて選択することで，自らのデザインを，Eicher and Sumberg［1995:304-305］がいう，各地に古くからある「民族服」，国を象徴する「ナショナル・ドレス」，「洋服」という三種類の衣服の間に自由に位置づけているのである。彼らがアイデンティティを場合に応じて選択することについて，ピーコック［1988:103-104］のジャワ人についての考察を参考にすることができる。つまり彼は，ジャワ人が，西欧人ほどには，人生を

通じて個人のアイデンティティの連続性を強調せず，その時々の社会的地位と自分自身との間につりあいをとって，アイデンティティを切り換える傾向にあると考えている。このようにアイデンティティを選択するデザイナーたちの行動は，範疇化された三種類の衣服をむしろつなげる役割を果たしているとも考えられる。デザイナーたちは，複数の文化的アイデンティティの境界を自由に越えることができ，一般の人々に，そうした乗り越え方を提示することができる存在である。ターナー［1996:126-127］のいう「リミナリティ（境界性）」の性格，すなわちある領域の境界を自由に越えることができ，どの領域にも属さない曖昧で不確定な存在という特徴を，ファッション・デザイナーたちはもっていると考えられる。デザイナーたちが，文化的アイデンティティに束縛されることなく，それを自由にデザインに表現できることは，チョシー・ラトゥが伝統染織布を自由に裁ってインドネシアらしさを含めたデザインを国際化したり，ゲアが，「エトゥニック」なデザインを世界に広げようとしているように，デザイナーたちが，彼らの思考様式や創作・活動を多様に展開していく可能性をもつことにつながっている。西欧化する多文化社会というインドネシアの社会・文化的特徴が，デザイナーたちに，西欧をはじめとする外の世界からの視点で自己を再認識することをうながし，そのような視点をもって，伝統文化と西欧文化を相互作用させて服飾の再構成を行う彼らを，リミナルで中間的な存在に位置づけているのである。

3. 拡　　散

　ジャカルタを中心として活動するデザイナーたちは，1980年代後半からの輸出振興政策と相まって，海外にビジネスを広げようとするようになり，1990年代に入り，インドネシアらしさをアピールする活動をさらに国外へとさまざまに展開しようとするトランスナショナルな特徴をもつようになった。

　彼らは，1997年以降の政治経済の混乱期を乗り越え，さらにグローバルに仕事を広げていったり，国内における地方市場の比較的安定した状況を察知し，そこにターゲットを転換させたりするようになった。グローバルに仕事を広げていくデザイナーたちの中には，西洋と東洋という範疇を超越し，自己自身の

あり方を求める「透明なアイデンティティ」をもつようになった例をみることができる。彼らはそのような文化的アイデンティティをもって，これまで行ってきた伝統文化と西欧文化の相互作用というデザインの方法を越え，自己自身の表現をテーマとする普遍的でユニバーサルなデザインを追求し，広げていこうとする，新たな服飾の再構成を行うようになっていった。

このようにデザイナーの活動には，ローカル性を内包しながらグローバルからさらに拡散していくさまざまなあり方をみることができる。その例として，ジャカルタのポピー・ダルソノと，バリ島のエリス・シムールをあげることができる。

ダルソノは，自らのバティックなどの伝統染織を用いたブランド・デザインと並行して，欧米向けにジーンズなどの欧米のブランドにしたがったデザインで縫製だけを行うビジネスを行い，ビジネスのしかたを使い分ける。これはReinach［2005］が中国のアパレル・メーカーについてとりあげた，イタリアのブランドのアパレル製品と同時に，そのブランド・デザインの安価なコピー製品とを同時に販売する「パラレル・プロダクション」と同様の意味をもつものである。

シムールは，欧米の顧客に合わせながら，伝統文化と西欧文化の組み合わせ方を加減したデザインを行い，また MOBAS の活動で，バリのデザイナーたちの創作をいわばユニバーサルに広げていこうとする活動を行っている。ザポテックの染織布の生産について考察した Wood［2000:133-146］は，染織布が，現在ではザポテックという一地域だけではなく，複数の地方でフレクシブルにつくられ，文様も，旅行者が好むデザインがつくられていることを「フレクシブルな生産」と述べ，地方の生産物が，グローバルな経済につながっていることについて言及している。このザポテックの事例のように，シムールは，バリの工場でつくった衣服をアメリカにもっていき，自らのデザインを広げようとする。このような複数の拠点をもつ拡散した活動のしかたを，地方生産とグローバル経済とのつながりの事例として，バリのデザイナーにみることができる。このことは，バリが，ファッション・デザインの面でジャカルタに比べて後進であるというローカル性と，国際的な観光地であるというグローバル性を併せもっているためであると考えられる。

またデザイナーたちは，協会を組織的に運営し，本部と支部，あるいは協会どうしの交流をはかり，他の組織とジョイント・ショーを行うなど，ネットワークをつくり，お互いのコミュニケーションをはかろうとする動きもみられる。しかし個々に企業経営するデザイナーたちが，競合する他のデザイナーたちとコミュニケーションをはかることには，実際の困難さがともなっている。またネットワークをつくって海外に広げようとするデザイナーたちの活動を，インドネシアの政治経済，アジア全体の経済状況が拒んでいる現状もある。デザイナーたちの中には，このような状況を認識しながら，個々にデザインのテーマや活動を，国や民族文化を越えて広げようと活動してきた者がいる。ビヤンは，東洋と西洋の範疇を超越した「ユニバーサルな」デザインのテーマをインドネシアからアジアへと拡大し，それにともなって創作活動も世界各地へとさらに広げてきた。このように組織および個人でのデザイナーの活動に，国や民族を貫いて広がるトランスナショナル，トランスカルチュラルな特徴をみることができる。このことは，デザイナーたちが，衣服創作の思考様式の面で，国や文化のバウンダリーを自由に越える存在であることを示している。

　以上から，第二次世界大戦後に誕生したインドネシア人ファッション・デザイナーたちは，建国と経済基盤の形成の時期であったデザイナー誕生期，社会・文化・経済が発展を遂げたデザイナー興隆期のそれぞれにおいて，社会・文化と相互作用しながら，そのたびごとに服飾を再構成してきたと考えることができる。つまり彼らは，多文化的背景をもつ自己のエスニシティをそれぞれに認識することで文化的アイデンティティを導き出し，それを選択し，操作しながら，伝統的文化要素をとりあげ，デザインに表現してきたのである。そのデザインは，伝統文化の要素的特徴を保ちながら，伝統文化と西欧文化が相互作用し，調整されたものであるといえる。そしてデザイナーたちは，そのようなデザインを，グローバルに，そしてローカルに広げようと活動を展開してきた。

　さらに近年，デザイナーたちは，伝統文化と西欧文化，国や民族の範疇を越えて，自己の文化的アイデンティティのあり方，創作・活動のしかたにおいて，トランスナショナルに拡散していくようすをあらわすようになった。この

ようなデザイナーたちのインドネシア的あり方とは，彼らの思考様式・創作活動が，伝統文化の要素的特徴を保ちながら，それと西欧文化が相互作用することで再構成を繰り返し，さらにそれを超越して拡散していくことであるととらえられる。

　若手デザイナーの中には，自己のアイデンティティを意識することなく，創作する対象である女性，つまり他者の嗜好・意識をとらえてデザインするという，国や民族・地域から，個人・他者の意識へと転換していく思考の特徴をもつ例がみられるようになっている。さらにファッション・ビジネスと並行して，デザイナー教育のほか，伝統文化のプロモート，環境保護活動にたずさわるなど，経営にかかわらない文化活動へと，活動の内容が多様化していくようすをみることができる。

4. アジアン・シック・ファッションへの挑戦

　最後に，Niessen, Leshkowich and Jones［2003］をはじめとするアジアン・シック・ファッションについての一連の研究とかかわらせて，インドネシア人デザイナーたちが，アジアン・シック・ファッションの影響とどう向き合ってきたのかを考え，彼らの社会・文化的特徴を導く。

　Jones and Leshkowich［2003:1-48］やNiessen［2003:254-255］によると，伝統と現代（西洋）の概念は二分され，相互補完的な関係にあるとされる。そして「世界規模でファッションの通る弾道」が各地に及ぶようになると，「アンチ・ファッション」の位置にあった非西洋の衣服の伝統も作用を受け，「ファッション化」の対象となったとされる。このとらえ方はオリエンタリズムに依拠し，西洋と他者（東洋，ここではアジア）という二分法で世界の服飾文化全体をとらえようとしているといえる。つまり西洋人の立場で他者をとらえて，アジア・ファッションのダイナミクスが，西洋からの作用で成立すると考えているのである。

　このNiessen, Leshkowich and Jones［2003］をはじめとするグローバリゼーションの理論は，オリエンタリゼーションの考え方につながっている。グローバリゼーションとは，洋服（Western dress）が世界規模で広がり，拡散し，画

一化することであり，また「ファッションの再定位化（re-Orienting fashion）」の現象，つまりグローバル・ファッションが，東洋の人々によって東洋のスタイルで置きかえられ，広がることであると考えられている。これに対し，オリエンタリゼーションとは，西洋人が東洋の伝統文化をデザインにとり入れることであると同時に，アジアのデザイナーが自らの伝統文化をデザインにとり入れることである。これらの考え方のもとには，自己と他者を二分し，相対化するみかたがある。東洋はヨーロッパの文明・文化の一構成要素であり，西洋は東洋を求め，相互補完的であると同時に，グローバリゼーションとオリエンタリゼーションは，西洋（現代）対東洋（伝統）として，対立する概念であるとされる。

　しかし西欧と他者の対照性が薄らぐ現在の状況において，オリエンタリズムでアジアのファッションが説明できるとは考えられない。オリエンタリゼーションが，常に西洋と東洋に二分される概念であり，もともとサイード［1986］が主張したように，西洋人からみた東洋というヨーロッパ中心主義の思想の存在が否定できないからである。

　ここでKondo［1997:57］におけるオリエンタリズムの考え方をみると，日本人デザイナーの創作を考察するのに，西欧の側の「西欧のオリエンタリズム（Western Orientalizing）」，日本人デザイナー（とアジアの側）による「対抗的オリエンタリズム（counter-Orientalisms）」，さらに日本人デザイナー（とアジアの側）の「自らのオリエンタル化（self-Orientalizing）」が，アジアの国々を方向づけ，それらのせめぎあいが，デザイン上の「日本」をつくり出しているとしている。このような立場をとるKondo［1997］は，Niessen, Leshkowich and Jones［2003］のように，日本およびアジアのファッションをグローバリゼーションとオリエンタリゼーションのバイナリーとして固定的にとらえるのではなく，両者によるとらえどころのない入り組んだ特徴を描き出しているといえる。

　インドネシア人デザイナーが，欧米側のデザインの動きに影響を受けて，Jones and Leshkowich［2003］のいうように，自己を再オリエンタル化し，自らの伝統文化をとり入れたファッション・デザインをつくり出す例が，シムールにみられる。しかしHelman［2008］が，アンチ・ファッションがファッショ

ンに対して意図的に反動すると考えたように，ここでとりあげたインドネシア人デザイナーたちは，欧米側の影響を受けながらも，ティルタやラムリ，ゲアやビヤンのように，むしろ自らの伝統文化をデザインの主体にしていることが明らかである。彼らは，伝統文化と西欧文化を相互作用させながら，トランスナショナルな立場で，自らのデザインの伝統的な意味を調整し，国や自民族，自文化あるいは自己自身を象徴するものとして積極的にアピールしようとしてきたのである。こうしたインドネシア人デザイナーの活動を，オリエンタリズムを用いて考察するのには無理がある。むしろ彼らの活動には，グローバリゼーションとローカリゼーションの動きが，入り組んで存在するととらえられるからである。つまりデザイナーの活動には，ロバートソン［1999］がいうように，グローバリゼーションがローカリゼーションを内包しながら両者が同時に進行したり，グローバリゼーションからローカリゼーションへの転換が行われたりして，さまざまな方向性が混在しているのである。

　このような結論を，Niessen, Leshkowich and Jones［2003］の編書についての書評を参考にして，さらに考察を進めることができる。

　Major［2003］は，Niessen, Leshkowich and Jones［2003］の一連の研究が，オリエンタリズムのモデルに依拠しすぎていると批判している。サイードによるオリエンタリズムの概念では，「オリエント」が，アジアの少数民族，中東，北アフリカ，また東南アジアの一部をさす語に使われていて，東アジアや東南アジア，北東アジアの文化的差異や多民族の状況に目を向けたものではないという。また，サイードによる分析の鍵は，オリエントの人々をエキゾチックで女性的で危険であると感じ，他者として蔑視するという特徴をもつことであるとする。したがってサイードの概念は，西洋と東洋の力関係と文化的なダイナミクスを理解するためのものではないと考えている［Major 2003:423］。

　また Sharma, S. and A.［2003:302］は，オリエンタリズム論が出されて30年ほど経った今日，過去のオリエンタリズムにあったような白人の絶対的に優位な地位は，現在では不安定となり，その不安定さの中で，西洋が「他者」を求めると考える。グローバル経済やアジア経済の台頭により，現在，西洋による他者のコントロールが困難な中で，西洋のデザイナーがつくるアジアの伝統文化をとり入れたデザインは，東洋に対し，主導的地位を保とうとする行為の

象徴であるとする。しかし現在においては，サイードが考えたような固定されたバウンダリーはもはやなく，資本や労働力，情報などの流動性が，西洋に断片的な主権しかもてない状況を生み出していると考える［Sharma, S. and A. 2003:303-304］。

　以上のような，オリエンタリズムをアジアのファッションに適用することに否定的立場をとることで，インドネシア人デザイナーたちによるデザインが，アジアン・シック・ファッションの影響を受けて西洋の作用によって生じたとする「シック・イン・アジア」としての固定された意味だけをもつものではないと結論づけられる。彼らは，彼らのデザインにおけるグローバル化とローカル化の動きを，トランスナショナルな立場で，社会・文化的状況に応じて主体的に操作していて，自律性の特徴をもっている。彼らはグローバル・ファッション・システムの中に組み込まれながら，欧米優位のファッション・ヒエラルキーの外に，独自の位置を築く試みを続けてきたと考えられる。

　インドネシア人ファッション・デザイナーたちのインドネシア的あり方とは，彼らの思考様式，創作活動が，多様な伝統文化の要素的特徴を保ちながら，それと西欧文化を相互作用させることで，服飾の再構成を繰り返すことである。そして，さらにそれをリミナルに超越して，思考様式および創作活動における拡散の特徴が，トランスナショナルに進行していくことである。このような彼らの精神的・文化的・社会的系譜は，伝統文化と西欧文化が相互作用し，伝統文化の要素的特徴を保ちながら再構成を繰り返して進行してきたインドネシアの社会・文化の動態によってかたちづくられてきたものであると考えられる。

　デザイナーたちは，国是「多様性の統一」を，デザインする意識の根底にもちながら，インドネシアの多様な伝統文化を尊重し，それらをテーマにデザインすることで，国の統合をはかることに貢献してきた。その一方で，現実には，多民族の統合の困難さによって存在する，豊かなローカル性の恩恵のもとに，彼らは，独自のデザイン創作を行ってきたということができる。

あとがき

　これまであまり研究対象とされることのなかった，ファッションと民族服が交錯する現在の服飾文化をテーマにとりあげた本書を，これからファッションや服飾について学びたいと考える若い人たちに，幅広く読んでもらい，これからの探求の参考になることを，私は願っています。

　本書を書くきっかけとなった私の研究は，1986年から1990年頃にかけてたびたび行ったスンバ島でのフィールド調査中に読んだインドネシアのファッション雑誌から始まりました。どの雑誌にも，必ずといってよいほど，伝統染織を使った現代ファッションが掲載されていました。私は，インドネシア人ファッション・デザイナーの存在を知り，その文化的背景について考えるようになりました。

　まずインドネシアのファッション雑誌を手がかりにして探ろうと，当時銀座にあったマガジン・ハウスに通って，雑誌のバックナンバーを探したりしました。そのうち，女性雑誌『フェミナ』に，当時の繊研新聞社編集局の松尾武康氏が，シンガポール・ファッション・コネクションについてコメントした記事をみつけました。松尾氏に，この催しについて教えていただき，1992年のシンガポールでの催しを見に行くことができました。そしてインドネシア人デザイナーへのインタビュー調査を，この時最初に行いました。突然話しかけたチョシー・ラトゥ氏には，インドネシア・ファッションの状況について聞くことができ，その翌年のイワン・ティルタ氏へのインタビューの機会をいただきました。この1993年8月からだいたい1年おきのペースで，私は，インドネシアのファッション・デザイナーに関するフィールド調査を続けてきました。ショーの会場でたびたび出会ったシャムシダール・イサ氏とポピー・ダルソノ氏は，それぞれの国際経済的視点で，デザイナー協会について話してくれました。

　スンバ島は，私が，1986年にインドネシアにおける最初のフィールド調査をしたところです。ヨハンナ・ギリ・ウォレカ氏には，タイロールの現状について話を聞き，私の宿泊の世話もしていただきました。レニー・チャン氏は，ワ

インガプでの私の滞在をいつもあたたかく受け入れてくれました。ワインガプで，私の調査をアレンジしてくれたコパ・リヒ氏は，2002年12月に永眠しました。

スマトラ島アチェで，私が最初にフィールド調査したのは，1998年です。スハルト時代が終わり，新しい時代の幕開けに，アチェの誰もが期待した時期でした。しかし2004年12月のアチェを襲った津波で，1998年に聞きとりした海岸近くの村が，何もかもなくなったことを，私は，2005年9月の再訪時に知りました。それから現在まで，豊かな歴史と文化をもつアチェは，国際都市へと大きく変貌を遂げてきました。シャー・クアラ大学のヘラワティ・サヌシ・ワハブ先生には，文化学園大学による服飾文化共同研究として，アチェの服飾デザインや，各村の伝統服飾についてともに調査する機会をいただきました。

インドネシア人ファッション・デザイナーたちの存在は，こうしてインドネシアを研究し始めてから現在まで，いつも私とともにありました。2000年に社会人入学した奈良女子大学大学院人間文化研究科博士後期課程では，このテーマで博士論文を書こうと決心し，デザイナーたちの活動やデザインの社会文化的意味について，調査研究を続けることにしました。

博士研究当時の，私の主任指導教員の佐野敏行先生には，研究の構想，フィールド調査の計画と実施，インタビュー資料の翻訳，論文の構成・内容・本文の書き方にいたるまできめ細かいご教示をいただきました。またアチェの服飾文化共同研究では，文化人類学的視点による多くのご教示をいただきました。

1990年代に継続してファッション・ショーを調査する機会を与えて下さった，武庫川女子大学の横川公子先生には，その後も，研究会や研究誌に，公表の場をご提供いただきました。ここに，深くお礼申し上げます。

南山大学名誉教授，倉田勇先生には，インドネシアの政治・社会・文化全般についてご教示をいただきましたが，2010年12月に逝去されました。ここにご冥福をお祈りします。

シャー・クアラ大学のシャフウィナ先生には，アチェ社会について貴重なコメントをいただき，現地での通訳，インドネシア語のインタビュー文の翻訳にご協力をいただきました。

インタビューにご協力いただきましたインドネシア各地のファッション・デ

ザイナーの方々，ご教示いただきました先生方に，ここで厚くお礼申し上げます。

なお，2002年から2010年までの一部の調査を，高知女子大学学長特別枠研究費および高知女子大学生活科学部長留保金によって行い，2009年から2011年までのアチェについての調査を，文化学園大学・文化ファッション研究機構・文部科学省「特色ある共同研究拠点の整備の推進事業」による服飾文化共同研究として行いました。

また本書籍の刊行を，平成26年度琉球大学研究成果公開（学術図書刊行）促進助成を受けて行いました。これまでの一連の研究とその成果公開を実現に導いてくださった各研究機関に，深くお礼申し上げます。

最後になりましたが，私の研究活動を常に支えてくれた家族に，感謝の意を表します。

引用文献

Achjadi, Judi (ed.)
  1999 "The Twentieth Century", *Batik, Spirit of Indonesia*, Judi Achjadi (ed.), Jakarta: Yayasan Batik Indonesia: pp.83-120.
Anderson, Benedict
  1983 *Imagined Communities: Reflections on the Origin and Spread of Nationalism*, New York: Verso.
  (アンダーソン, ベネディクト著, 白石さや・白石隆訳 2000年『増補・想像の共同体・ナショナリズムの起源と流行』 NTT 出版)
Appadurai, Arjun
  2000 "Grassroots Globalizaion and the Research Imagination", *Public Culture* 12 (1): pp.1-20.
A. P. P. M. I.
  2007 *Seni Fashion Indonesia: Inspirasi Kebaya*, Jakarta: Penerbit PT Gramedia Pustaka Utama.
Badan Pusat Statistik Kota Bandar Lampung
  2008 *Kota Bandar Lampung dalam Angka*, Katalog: 1102001. 1871.
Badan Pusat Statistik Kota Bandung
  2009 *Bandung dalam Angka*.
Badan Pusat Statistik Provinsi Nanggröe Aceh Darussalam
  2009 *Aceh dalam Angka*, Katalog BPS: 1403. 11.
Bangkaru, Mohamad
  1997 *A Hand Book to Aceh 1998*, Banda Aceh: CV Penerbit Balohan Haloban.
Clifford, James
  1988 *The Predicament of Culture: Twentieth-Century Ethnography, Literature, and Art*: Harvard University Press.
Coté, Joost (Kartini, R. A.)
  1991 *Letters from Kartini, An Indonesian Feminist 1900-1904*: Monash University.
Eicher, Joanne B. and Sumberg, B.
  1995 "World Fashion, Ethnic, and National Dress", *Dress and Ethnicity*, Eicher, Joanne B. (ed.), Oxford: Berg: pp.295-306.
Frazer-Lu, Sylvia
  1986 *Indonesian Batik, Processes, Patterns and Places*, New York: Oxford University

Press.

Geertz, Clifford
1960 *The Religion of Java*, Chicago: The University of Chicago Press.

Geertz, Hildred (Kartini, R. A.)
1964 *Letters of A Javanese Princess, Raden Adjeng Kartini*, New York: W. W. Norton.

Gittinger, Mattiebell
1979 *Splendid Symbols, Textile and Tradition in Indonesia*, Washington, D. C. : The Textile Museum.

Hardjonagoro, Kangjeng Pangeran Tumenggung
2001 *Lambang Alam Semesta dan Kesejahteraan*, Solo.

Helman, Anet
2008 "Kibbutz Dress in the 1950s: Utopian Equality, Anti Fashion, and Change", *Fashion Theory, The Journal of Dress, Body & Culture*, 9 (12/3), Berg: pp.313-340.

Heringa, Rens
1996 "Batik Pasisir as Mestizo Costume", *Fabric of Enchantment, Batik from the North Coast of Java*, Heringa, Rens and Veldhuisen, Harmen C.: Los Angeles County Museum of Art: pp.46-69.

Hoey, Brian A.
2003 "Nationalism in Indonesia: Building Imagined and Intentional Communities through Transmigration", *Ethnology* 42 (2): pp.109-126.

Hutabarat, Edward
1999 *Busana Nasional Indonesia*, Jakarta: PT. Karia Cipta Mandir.

Isa, Dipl. Des. Syamsidar
1995 *Indonesian Fashion Designer Council*, Jakarta.

Iyotani, Toshio
2005 "The Modern World System and the Nations of the Periphery", *Deconstructing Nationality*, Sakai, Naoki, Bary, Brett de and Iyotani, Toshio (ed.): East Asia Program, Cornell University, Ithaca, New York: pp.211-228.

Jones, Carla
2003 "Dress for Sukses: Fashioning Femininity and Nationality in Urban Indonesia", *Re-Orienting Fashion, The Globalization of Asian Dress*, New York: Berg: pp.185-214.

Jones, Carla and Leshkowich, Ann Marie
2003 "Introduction: The Globalization of Asian Dress: Re-Orienting Fashion or Re-Orientalizing Asia?", *Re-Orienting Fashion, The Globalization of Asian Dress*, New York: Berg: pp.1-48.

Kondo, Dorinne

1997 *About Face, Performing Race in Fashion and Theater*, New York: Routledge.
Leshkowich, Ann Marie and Jones, Carla
 2003 "What Happens When Asian Chic Becomes Chic in Asia?", *Fashion Theory, The Journal of Dress, Body and Culture*: Berg 7 (3/4): pp.281-300.
Major, John S.
 2003 "Book Review: Re-Orienting Fashion, The Globalization of Asian Dress", *Fashion Theory, The Journal of Dress, Body and Culture*: Berg 7 (3/4): pp.419-424.
Maxwell, Robyn
 1990 *Textiles of Southeast Asia, Tradition, Trade and Transformation*, New York: Oxford University Press.
Niessen, Sandra A.
 2003 "Afterword Re-Orienting Fashion Theory", *Re-Orienting Fashion, The Globalization of Asian Dress*, New York: Berg: pp.243-266.
Niessen, Sandra, Leshkowich, Marie and Jones, Carla (ed.)
 2003 *Re-Orienting Fashion, The Globalization of Asian Dress*, New York: Berg.
Polhemus, Ted and Proctor, Lynne (ed.)
 1978 *Fashion and Anti-Fashion*, London: Thames & Hudson.
Ramli
 2000 *Ramli, 25 Tahun Berkarya, 50 Tahun*: PT Jayakarta Agung Offset.
Reid, Anthony
 1988 *Southeast Asia in the Age of Commerce, 1450-1680; Volume One: The Lands below the Winds*, New Haven and London: Yale University Press.
 1992 "Southeast Asia: A Region and a Crossroad", *Cultures at Crossroads, Southeast Asian Textiles from The Australian National Gallery*: pp.8-17.
Reinach, Simona Segre
 2005 "China and Italy: Fast Fashion versus Prêt à Porter, Towards a New Culture of Fashion", *Fashion Theory, The Journal of Dress, Body & Culture*, 3 (9/1), Berg: pp.43-56.
Roach-Higgins, Mary E. and Eicher, Joanne B.
 1995 "Dress and Identity", *Dress and Identity*, Roach-Higgins, Mary E., Eicher, Joanne B. and Johnson, Kim K. P. (ed.), New York: Fairchild Publications: pp.7-18.
Roestam, Ny. K Soepardjo. (ed.)
 1990 *Satu Abad Kartini Bunga Rampai Karangan Mengenai Kartini*, Jakarta: Pustaka Sinar Harapan.
Rouffaer, Gerret Pieter and Juynboll, H. H.
 1914 *De Batikkunst in Nederlandsch-Indië en haar, Geschiedenis en andere Openbare en Particuloere Verzannelingen in Nederland; 2 Volumes*. Utrecht: Oosthoek.

Rustopo
    2008 *Jawa Sejati; Otobiografi, Go tik Swan Hardjonagoro*, Yogyakarta: Yayasan NABIL.

Sharma, Sanjay and Sharma, Ashwani
    2003 "White Paranoia: Orientalism in the Age of Empire", *Fashion Theory, The Journal of Dress, Body and Culture*: Berg 7 (3/4): pp.301-318.

Smith, Holly S.
    1997 *Aceh Art and Culture, Images of Asia*, Kuala Lumpur: Oxford University Press.

Soeroto, Sitisoemandari
    1982 *Kartini, Sebuah Biografi*, Jakarta: Gunung Agung.
    (スロト，シティスマンダリ著，舟知恵・松田まゆみ訳　1992年『民族意識の母カルティニ伝』井村文化事業社）

Sufi, Rusdi
    2008 "Menelusuri Tindak Cut Nyak Dhien Melawan Kolonial Belanda [Sebagai Sumber Inspirasi Bagi Perempuan di Era Pembangunan]", *Cut Nyak Dhien, Spirit Penguatan Peran Perempuan*, Saifuddin Bantasyam (ed.), Provinsi Nanggröe Aceh Darussalam: Badan Pemberdayaan Perempuan dan Perlindungan Anak.

Sujitno, H. Sutedjo and Achmad, H. Mashud
    1995 *Aceh, Masa Lalu, Kini dan Masa Depan*, Banda Aceh: Biro Umum PEMDA.

The Embassy of Indonesia, Washington, D. C.
    1991 *An Evening in Aceh* (Exhibition Catalogue)

The Philological Society (ed.)
    1970 *The Oxford English Dictionary: A New English Dictionary on Historical Principles*, Vol. Ⅳ, F-G, Oxford: Oxford University Press.

Tirta, Iwan
    1996 *Batik: A Play of Light and Shades*, Jakarta: Gaya Favorit Press.
    1999 "Batik in Fashion", *Batik, Spirit of Indonesia*, Judi Achjadi (ed.), Jakarta: Yayasan Batik Indonesia: pp.167-203.

Veldhuisen, Harmen C.
    1993 *Batik Belanda 1840-1940, Dutch Influence in Batik from Java History and Stories*, Jakarta: Gaya Favorit Press.
    1996 "The Role of Entrepreneurs in the Stylistic Development of Batik Pasisir", *Fabric of Enchantment, Batik from the North Coast of Java*, Heringa, Rens and Veldhuisen, Harmen C.: Los Angeles County Museum of Art: pp.70-83.

Warming, Wanda and Gaworski, Michael
    1991 *The World of Indonesian Textiles*, Tokyo: Kodansha International.

Wiryonagoro, Soewito Santoso
    2000 *Minta Bedug Berbunyi*, Solo.
Wood, W. Warner
    2000 "Flexible Production, Households and Fieldwork: Multisited Zapotec Weavers in the Era of Late Capitalism", *Ethnology* 39 (2): pp.133-148.
Zainu'ddin, Ailsa Thomson
    1980 "Kartini-Her Life, Work and Influence", *Kartini Centenary, Indonesian Women Then and Now. Annual Indonesia Lecture Series No.5*, Zainu'ddin, Ailsa Thomson, Lucas, Kadar, Raharjo, Yulfita, Dobbin, Christine and Manderson, Lenore, Australia: The Centre of Southeast Asian Studies, Monash University: pp.1-22.

浅田実
    1984年 『商業革命と東インド貿易』法律文化社。
アパデュライ, アルジュン著, 門田健一訳
    2007年 『さまよえる近代：グローバル化の文化研究』平凡社。
    (Appadurai, Arjun 1996 *Modernity at Large, Cultural Dimensions of Globalization*: The University of Minnesota Press.)
アンダーソン, ベネディクト著, 糟谷啓介・高地薫訳
    2005年 『比較の亡霊――ナショナリズム・東南アジア・世界』作品社。
    (Anderson, Benedict 2005 *The Spectre of Comparison, Nationalism, Southeast Asia, and the World*: SAKUHINSHA.)
伊豫谷登士翁
    2002年 『グローバリゼーションとは何か――液状化する世界を読み解く』平凡社新書。
    2007年 「序章方法としての移民――移動から場をとらえる」『移動から場所を問う：現代移民研究の課題』伊豫谷登士翁（編）有信堂: pp.3-26。
梅森直之（編）
    2007年 『ベネディクト・アンダーソン, グローバリゼーションを語る』光文社新書。
ヴァサンティ, プスパ
    1980年 「第16章インドネシアの華人文化」『インドネシアの諸民族と文化』クンチャラニングラット編, 加藤剛・土屋健治・白石隆訳, めこん：pp.423-446。
    (Koentjaraningrat (ed.) 1971 *Manusia dan Kebudayaan di Indonesia*: Djambatan.)
荻村昭典
    2002年 「流行」『服装大百科事典：な―わ』服装文化協会編, 文化出版局：pp.504-505。
鏡味治也
    2000年 『政策文化の人類学――せめぎあうインドネシア国家とバリ地域住民』世界思想社。

カルティニ, R・A 著, 早坂四郎訳
　　1955 年　『光は暗黒を越えて——カルティニの手紙』河出新書。
　　(Kartini, R. A. *Habis Gelap, Terbitlah Tjahaja*.)
北山晴一
　　1991 年　『おしゃれの社会史』朝日新聞社。
　　1999 年　『衣服は肉体になにを与えたか：現代モードの社会学』朝日新聞社。
ギアツ, クリフォード著, 吉田禎吾・柳川啓一・中牧弘允・板橋作美訳
　　1987 年　『文化の解釈学Ⅱ』岩波現代選書 119。
　　(Geertz, Clifford　1973　*The Interpretation of Cultures, Selected Essays*: Basic Books, Inc..)
クンチャラニングラット
　　1980 年　「第1章インドネシアの歴史および文化の概観」『インドネシアの諸民族と文化』クンチャラニングラット編, 加藤剛・土屋健治・白石隆訳, めこん：pp.19-58。
神山美津雄
　　1996 年　「インドネシアのポリエステル繊維事情」『化繊月報』1996 年 6 月号：pp.78-82。
サイード, エドワード・W 著, 板垣雄三・杉田英明監修・今沢紀子訳
　　1986 年　『オリエンタリズム』平凡社。
　　(Said, Edward W.　1978　*Orientalism*, London: Penguin.)
佐野敏行・菅谷千春
　　2000 年　「他文化の素材をめぐる評価行動——ピーニャの場合」『人間文化研究科年報』奈良女子大学大学院人間文化研究科, 第 15 号：pp.15-27。
白石隆
　　1992 年　『インドネシア国家と政治』リブロポート。
　　2007 年　「第1章インドネシア政治の現状と展望」『インドネシア研究会』財団法人国際金融情報センター：pp.1-9。
繊維総合研究所
　　1999 年　「第3回アジア化繊産業会議（上）」『化繊月報』1999 年 12 月号：pp.9-21。
戴エイカ
　　1999 年　『多文化主義とディアスポラ』明石書店。
ターナー, ヴィクター・W 著, 冨倉光雄訳
　　1996 年　『儀礼の過程』新思索社。
　　(Turner, Victor W.　1969　*The Ritual Process: Structure and Anti-Structure*, New York.)
土屋健治
　　1991 年　『カルティニの風景』めこん。
デ・ヨセリング・デ・ヨング, P・E 他著, 宮崎恒二・遠藤央・郷太郎訳

1987年　『オランダ構造人類学』せりか書房。

戸津正勝
1989年　「インドネシアにおける民族文化と国民統合―BATIKの変容過程を中心として―」『国士舘大学教養論集』国士舘大学 28号：pp.51-83。

富永泰代
1993年　「カルティニの著作と追悼記事について――十九世紀ジャワとオランダにおいてカルティニはどのように認識されていたか」『史林』京都大学史学研究会，第76巻第4号：pp.124-142。

中谷文美
2000年　「『女性の仕事』としての布生産――インドネシア，バリ島における手織物業をめぐって」『民族学研究』日本民族学会，第65巻3号：pp.233-251。

日本綿業・技術経済研究所
2003年　「第7回アジア太平洋繊維産業フォーラム」『日本紡績月報』656号：pp.49-56。

長谷川芳正
1997年　「最近のインドネシア繊維産業の状況」『日本紡績月報』602号：pp.15-26。

ピーコック，ジェイムズ・L著，今福龍太訳
1988年　『人類学と人類学者』岩波書店。
(Peacock, James L. 1986 *The Anthropological Lens: Harsh Light, Soft Focus*: Cambridge University Press.)

フィンケルシュタイン，ジョアン著，成美弘至訳
1998年『ファッションの文化社会学』せりか書房。
(Finkelstein, Joanne 1996 *After A Fashion*: Melbourne University Press.)

ホブズボウム，エリック
1992年　「序論――伝統は創り出される」『創られた伝統』エリック・ホブズボウム，テレンス・レンジャー編，前川啓治・梶原景昭他訳，紀伊國屋書店：pp.9-28。
(Hobsbawm, Eric and Ranger, Terence (ed.) 1983 *The Invitation of Tradition*, England: The Press of University of Cambridge.)

松本由香
2007年　『インドネシア人デザイナーの創作と思考――多文化性，伝統およびグローバル化との関連から』奈良女子大学大学院人間文化研究科博士論文。

山下晋司
1992年　「『劇場国家』から『旅行者の楽園』へ――20世紀バリにおける『芸術―文化システム』としての観光」『国立民族学博物館研究報告』国立民族学博物館，第17巻1号：pp.1-33。

吉本忍
1976年　『インドネシア染織体系（上巻/下巻）』紫紅社。

1993年 『現代のジャワ更紗——ニューファッションへの展開』国立国際美術館展覧会図録。

レッグ，ジョン・D著，中村光男訳

1984年 『インドネシア歴史と現在』サイマル出版会。

(Legge, John David 1977 *Indonesia*: Prentice-Hall of Australia Pty. Ltd..)

ロゼル，ブリュノ・デュ著，西村愛子訳

1995年 『20世紀モード史』平凡社。

(Roselle, Bruno du 1980 *La Mode*: Imprimerie Nationale Editions.)

ロバートソン，ローランド著，阿部美哉訳

1999年 『グローバリゼーション・地球文化の社会理論』東京大学出版会。

(Robertson, Roland 1992 *Globalization: Social Theory and Global Culture*: Sage Publication.)

事項索引

アイデンティティ　5, 87, 191, 197
アジア・ファッション・コネクション　73
アジアの身体　8
アジアン・シック・ファッション　6, 113, 200
アセアン・ヤング・デザイナー・コンテスト　174
アンチ・ファッション　10, 114, 201
衣服のダイナミクス　151
インド・ヨーロッパ系　30
インド更紗　24
インドネシア・ファッション・デザイナー協議会　I.P.B.M.I.　45-46, 171, 172
インドネシア・モード・デザイナー協会　A.P.P.M.I.　46, 171, 175
インドネシア・ヤング・デザイナー・コンテスト　174
インドネシア・ルック　122
ウロス　104
エスニシティ　32, 191
エスニック・アイデンティティ　87, 194
エッセンシャリズム　195
エトゥニック・ファッション　101, 159
エポカリズム　195
エレメント　119
オリエンタリズム　9, 11, 200, 201
オリエンタリゼーション　151, 188, 201
オリジナル・ブランド　13

か
カイン　23, 27
　──・パンジャン　42

　──・ホーコウカイ　41
カフタン・ルック　142
カリエット・バンバン・モード教育協会　75
金糸刺繍　67
クバヤ・カルティニ　36
クバヤ・パンジャン　29
グリンシン　24, 121, 122
クルドゥン　83
グローバリゼーション　150, 188, 200
グローバル化　88, 151
グローバル・ファッション・システム　7, 149
コピー・ブランド　13
個別化　189

さ
再オリエンタル化　10, 114, 201
ザポテック人　12
サロン　27
刺繍　169
シック・イン・アジア　10
絞り　122
ジャカルタ・ファッション・ウィーク　180
シャリア・イスラーム　142
ジャワ北岸様式　56, 92
ジュバ　25
ジュンプタン　121, 158
ジルバブ　83
シンガポール・ファッション・ウィーク　73
スーザン・ブディアルジョ・ファッション・カレッジ　70, 183
スバゲ　77, 165

スルアル　25
スレンダン　43, 59
西欧文化的要素　191
西洋の衣服　10
世界のファッション　7
相互作用　21
ソガ染め　34
ソンケット　25

た
対抗的オリエンタリズム　9, 201
タイロール　47, 166, 168
経緯絣　24
経糸紋織　23
経絣　23
タピス　77, 165
ダルマ・ワニタ　43, 194
チャップ　28
チャンチン　28, 93
中部ジャワ様式　31, 92
昼夜織　79
チンデ　67
ティカール　121
デクラナス　43, 169, 194
テレポック　24
伝統的衣服　10
伝統的文化体系　21, 191
透明なアイデンティティ　106, 198
トゥラン・ブラン　35
トゥリティック　25
トランスカルチュラル　199
トランスナショナル　9, 87, 197, 199, 203

な
ナショナリズム　88
ナショナル・アイデンティティ　87, 94, 192, 194
ナショナル・ドレス　7, 71, 196

は
バイナリー　11, 188
バウンダリー　88
バジュ・クルン　25, 62, 165
バジュ・ボド　97
バティック　169
　——・インドネシア　89, 115
　——・ナショナル　42, 56
　——・プラダ　124
　——・ブランダ　30
パトラ　24
パラレル・プロダクション　13, 198
バリ・デザイナー協会　MOBAS　46, 171, 179
パンチャシラ　176
ビン・ハウス　65
ピンギタン　32
ヒンドゥー・ジャワ文化　23, 57
ファッション　3
　——の再定位化　201
ブサナ・ナショナル・インドネシア　97
ブサナ・ムスリマ　83, 142
ブサナ・モディフィカシ　97
プラダ　24, 124
ブランギ　25
プリブミ　28-29
プリヤイ　28
プルパイ　77, 165
フレーム　118
PKK（ペーカーカー）　43, 169, 194
ペラナカン　26

ま
マラム　123
自らのオリエンタル化　9, 201
ミニマリズム　120, 130
民族服　7, 196
ムスリム　26, 128, 165
　——・ファッション　178

モード　3

や
ユニバーサル　153, 199
ユニバーサルなデザイン　74, 104, 133
緯糸紋織　169

ら
ラサール・カレッジ　66
ランバレッコ　126
リミナリティ　197
リミナル　203
ルリック　57
ローカリゼーション　202
ローカル化　17, 149, 189

人名索引

A
アベンダノン　37, 38
Achjadi, J.　43
Achmad, H. M.　18
アンダーソン（Anderson, B.）　45, 88, 108, 109, 150, 194
アパドゥライ（Appadurai, A.）　149, 150, 188, 196
アリ・サディキン　43
浅田 実　27

B
Bangkaru, M.　24
ビヤン　15, 72, 73, 80, 84, 104, 105, 138-140, 151-155, 157, 159-161, 181, 199, 202
ビンタン・スディブヨ（イブ・スドゥ）　42, 53, 72, 94-96

C
チャン・ツー・シン　90
チョシー・ラトゥ　2, 15, 59, 69, 84, 123-125, 131, 157-159, 173, 181, 182, 197, 205
チュット・ニャック・ディエン　148
クリフォード（Clifford, J.）　113, 114, 146, 147

コパ・リヒ　206
Coté, J.　32, 37, 38

D
デ・ヨセリン・デ・ヨング　50
デシー・ムナフ　15, 70, 77, 165, 177, 184
ドリス・ヴァン・ノッテン　6

E
エドワード・フタバラット（Hutabarat, E.）　15, 71, 84, 94, 96-99, 104, 110, 145, 157, 159, 160, 181, 182, 184
エディ・P・チャンドラ　15, 76, 163, 164
Eichar, Joanne B.　7, 8, 87, 106, 196
エマ　37
エリス・シムール　15, 76, 146, 152, 154, 155, 171, 179-181, 198

F
フィンケルシュタイン（Finkelstein, J.）　5
Frazer-Lu, S.　26

G
Gaworski, M.　26, 50, 51

ゲア　15, 67-70, 78, 84, 101, 103, 104, 118, 121-123, 134, 146, 147, 158, 159, 169, 181-183, 197, 202
ギアツ（Geertz, C.）　24, 193, 195
Geertz, H.（Kartini, R. A.）　32
Gittinger, M.　50
G. K. アントン　33
ゴーブ（Gobe）姉妹　31

H

ハルジョナゴロ　15, 42, 43, 55-60, 84, 89-93, 95-96, 111, 115, 116, 143, 183, 192
長谷川芳正　45
早坂四郎　52
Helman, A.　12, 202
ヘラワティ・S・ワハブ　15, 77, 78, 125, 128-130, 168, 169, 206
Heringa, R.　30, 31
ホブズボウム　113, 145, 146
Hoey, B. A.　194, 195

I

伊豫谷登士翁（Iyotani, T.）　88, 110, 114, 147, 149

J

ジョン・ガリアーノ　6
ヨハンナ・G・ウォレカ　15, 53, 79, 125, 126, 144, 166, 205
Jones, C.　9, 10, 43, 113, 114, 151, 188, 200-202
ジョセフィーヌ・コマラ（オビン）　15, 44, 64, 65, 133-135, 144
ジョコ・ティンキル　89, 90

K

鏡味治也　40
神山美津雄　44
カルディナ　33
カリエット・バンバン　15, 70, 75, 184

カルマニタ　15, 53, 72, 84, 94-96, 124, 133, 135-140, 144-146, 175, 179, 182, 184
カルティニ（Kartini, R. A.）　2, 3, 13, 17, 18, 31-41, 50-52, 83, 86, 107-109, 148, 185, 191, 192
カルトノ　38, 39
川久保 玲　9
北山晴一　5, 6
Kondo, D.　8, 9, 87, 88, 106, 201
クンチャラニングラット　22, 25
倉田 勇　206

L

レッグ, J. D.　21, 28, 29, 39-41, 51
Leshkowich, M.　9, 10, 113, 114, 151, 188, 200-202

M

メガワティ　48, 53
Major, J. S.　202
松本由香　19
松尾武康　205
Maxwell, R.　23-27, 29, 41, 50, 51
三宅一生　9

N

中谷文美　43
ネリスマ・アミン（Nelisma Amin）　178, 184
ンガシラ　34
Niessen, S. A.　9-12, 114, 151, 188, 200-202

O

荻村昭典　17
オスカー・ラワラタ　15, 82, 85, 130-132, 179, 181

P

ピーコック　196

ペル・スプーク　　79
ピエール・カルダン　　156
ポール・ポワレ　　142
Polhemus, T.　　10
ポピー・ダルソノ　　15, 46, 65, 66, 155, 156, 173, 175, 176, 184, 185, 198, 205
ボヨンズ・イリアス　　15, 74, 94, 99, 125-128, 130, 179
プラユディ　　173
Proctor, L.　　10

R

ラデン・サレ　　72
ラムリ（Ramli）　　15, 44, 62, 63, 78, 84, 116-118, 156, 169, 202
Reid, A.　　24, 29
Reinach, S. S.　　12, 198
レニー・チャン　　205
ルクミニ　　17, 18, 33
R. M. ソスロニングラット　　33
Roach-Higgins, M. E.　　8, 87, 106
Roastam, Ny. K Soepardio　　32
ロバートソン　　149, 150, 188, 202
ロマニ・サントソ　　17
ロナルド・V・ガッガーナ　　15, 73, 80, 85, 133, 140, 144, 153, 184
ロゼル（Roselle, B. D.）　　6
Rustopo　　42

S

サイード, E. W.　　11, 201
佐野敏行　　115, 146, 206
セバスチャン・グナワン　　15, 70, 80, 85, 133, 141, 142, 144, 181, 184
Sharma, A.　　202, 203
Sharma, S.　　202, 203
白石　隆　　48, 53
スカルノ　　36, 39-44, 56-58, 72, 83, 84, 86, 89, 91, 94, 95, 107, 115, 116, 192, 193, 195

Smith, H. S.　　25, 39
スナン・バヤット　　89
Soeroto, S.（スロト）　　32-34, 37-39, 52
Sufi, R.　　148
菅谷千春　　115, 146
スハルト　　42-43, 48, 53, 58, 84, 108, 117, 151, 166, 167, 185, 186, 191-195, 206
Sujitno, H. S.　　18
Sumberg, B.　　7, 8, 196
スーザン・ブディアルジョ　　15, 71, 173, 183, 184
シャフウィナ　　206
シャムシダール・イサ　　15, 44, 45, 53, 59, 63, 64, 69, 73, 124, 157, 160, 162, 171-173, 175, 182, 183, 205
シャリファ・ズハイラ　　15, 82, 83, 133, 142, 144

T

戴　エイカ　　111
ティルタ（Tirta, I.）　　15, 28, 42, 43, 55, 56, 59-61, 63, 64, 68, 69, 72, 74, 84, 89, 92-95, 102, 116, 118-125, 131, 143, 146, 157, 158, 181, 183, 192, 202, 205
富永泰代　　37
戸津正勝　　42
ターナー　　197
土屋健治　　32, 33, 39, 40, 51, 88, 108-110

U

梅森直之　　150, 188

V

ファン・ツァイレン（Eliza Charlotte van Zuyien）　　30
ヴァサンティ, P.　　26, 27
Veldhuisen, H. C.　　30, 31, 35, 41, 42, 51, 52
フォン・フランクモン（Carolina Josephina von Franquemont）　　30

W

ワヒド　48, 53, 166
Warming, W.　26, 50, 51
ウィルヘルミナ　37
ウィリアム・モリス　31
Wiryonagoro, S. S.　91
ウォルター・シューピース　90, 91, 111
Wood, W. W.　12, 198

Y

山本耀司　9
山下晋司　111
横川公子　206
吉本　忍　22-24.28, 30, 51, 119
ユドヨノ　45, 48, 67, 85

Z

Zainu'ddin, A. T.　38, 40, 52

【執筆者紹介】
松本由香（まつもと・ゆか）
琉球大学教育学部教授
博士（学術）
主著に，『生活をデザインする』（分担執筆，光生館，2011），「インドネシア・アチェの人々の暮らしと衣服・布づくりのもつ意味」（共著，『日本家政学会誌』64巻8号，2013：429-442頁）など．

インドネシアのファッション・デザイナーたち
多文化性・伝統・グローバル化を読み解く

2015年3月20日　初版第1刷発行　（定価はカヴァーに表示してあります）

著　者　松本由香
発行者　中西健夫
発行所　株式会社ナカニシヤ出版
〒606-8161　京都市左京区一乗寺木ノ本町15番地
　　　　　　　Telephone　075-723-0111
　　　　　　　Facsimile　075-723-0095
　　　　Website　http://www.nakanishiya.co.jp/
　　　　E-mail　iihon-ippai@nakanishiya.co.jp
　　　　　　　郵便振替　01030-0-13128

装幀＝白沢　正／印刷＝ファインワークス／製本＝兼文堂
Copyright © 2015 by Y. Matsumoto
Printed in Japan.
ISBN978-4-7795-0903-2

本書のコピー，スキャン，デジタル化等の無断複製は著作権法上での例外を除き禁じられています。本書を代行業者等の第三者に依頼してスキャンやデジタル化することはたとえ個人や家庭内の利用であっても著作権法上認められておりません。